磅礴新时代

| 海南答卷 |

董三仁　蒋子军　郭　晋　著

海南出版社
·海口·

图书在版编目（CIP）数据

磅礴新时代：海南答卷 / 董三仁，蒋子军，郭晋著
. — 海口：海南出版社，2022.10（2023.4 重印）
ISBN 978-7-5730-0796-4

Ⅰ. ①磅… Ⅱ. ①董… ②蒋… ③郭… Ⅲ. ①改革开放—成就—海南 Ⅳ. ① D619.66

中国版本图书馆 CIP 数据核字 (2022) 第 175306 号

磅礴新时代：海南答卷
PANGBO XINSHIDAI: HAINAN DAJUAN

作　　者：董三仁　蒋子军　郭　晋
责任编辑：谭丽琳　马俊波　李佳妮
封面设计：黎花莉
责任印制：符燕梅
读者服务：谢五城
出版发行：海南出版社
地　　址：海口市金盘开发区建设三横路 2 号
邮　　编：570216
电　　话：0898-66819831
印刷装订：湛江南华印务有限公司
版　　次：2022年10月第1版
印　　次：2023年4月第2次印刷
开　　本：787 mm × 1 092 mm 1/16
印　　张：20.5
字　　数：220千字
书　　号：ISBN 978-7-5730-0796-4
定　　价：58.00元

目录 | CONTENTS

序　章　经济特区的使命常新…… 001

第一节　春天嘱托 …… 005

第二节　关键一招 …… 021

第三节　生动范例 …… 055

第一章　开放为先的战略抉择…… 059

第一节　开放旗帜 …… 060

第二节　总的抓手 …… 070

第三节　全新布局 …… 077

第二章　敢闯敢试的精神力量…… 097

第一节　雄心壮志 …… 097

第二节　三种精神 …… 103

第三节　重点改革 …… 108

第四节　集成创新 …… 131

第三章　发展方式的重大转舵…… 140

第一节　绿色崛起 …… 141

第二节　重点产业 …… 146
第三节　转型之路 …… 151
第四节　人间正道 …… 164
第五节　全岛同城 …… 173
第六节　向海而兴 …… 182
第四章　美丽中国的海南篇章 …… 189
第一节　何其幸福 …… 190
第二节　增绿护蓝 …… 199
第三节　国家公园 …… 209
第四节　“两山”路径 …… 218
第五章　人民至上的奋斗图景 …… 226
第一节　领袖足迹 …… 227
第二节　决胜小康 …… 229
第三节　近悦远来 …… 242
第四节　和风应律 …… 256
第六章　前沿地带的党建引领 …… 267
第一节　正确方向 …… 268
第二节　党旗漫卷 …… 271
第三节　作风锤炼 …… 280
第四节　清廉本色 …… 293
第五节　风险防控 …… 303
结　语　不可逆转的新长征路 …… 313
后　记 …… 321

序　章　经济特区的使命常新

中华民族走向复兴，大川大海必有奇缘。

岁月不居，山河多娇。走上现代化征程，建设现代化强国，实现中华民族的伟大复兴，是近代以来中国发展的基本主题，关乎中国共产党百年奋斗的初心使命。即将召开的党的二十大，是在进入全面建设社会主义现代化国家新征程的关键时刻的一次十分重要的大会，将科学擘画未来五年乃至更长时期党和国家事业发展的目标任务和大政方针，事关党和国家事业的继往开来，事关中国特色社会主义的前途命运，事关中华民族的伟大复兴。明确宣示党在新征程上举什么旗，走什么路，以什么样的精神状态、朝着什么样的目标继续前进，对团结和激励全国各族人民为夺取中国特色社会主义新胜利而奋斗，具有十分重大的意义。在这一重大历史时刻，认真总结过去十年海南学习贯彻落实习近平新时代中国特色社会主义思想、高质量高标准推进改革开放发展的思路、举措、成效和经验，对发挥海南优势、大胆探索创新、积极担当作为、更好地服务中华民族伟大复兴战略全局，也具有非常重要的意义。

那么，海南该如何盘点过往、整理行装、奔赴远方？

海南的前途命运、地位变化和发展进程，与中华民族实现站起来、富起来、强起来的伟大飞跃历程，始终是紧密相随的。在旧中国，海南作为孤悬海上的边疆地带，可谓积贫积弱，甚至在国门洞开之时饱受侵略。海南岛解放后，由于国际形势严峻、外界封锁围堵，海南在相当长时期内的主要定位是国防前哨、边海重地。在改革开放的历史进程中，海南大开发大建设得到空前重视，特别是建省办经济特区，让海南从被视为畏途的边远海疆、封闭落后的国防前哨变成朝气蓬勃的改革前沿、海纳百川的开放门户。因海而生、面海而兴、向海图强的海南经济特区，在中国特色社会主义进入新时代的崭新历史时期，又被以习近平同志为核心的党中央赋予全面深化改革开放和中国特色自由贸易港建设的重大历史使命。

民族复兴一刻不能停滞，改革开放就一刻不能停滞，经济特区的使命常新也一刻不能停滞。经济特区是党和国家推进改革开放的创造性产物，不是照搬照抄他国模式的学舌者，不是缺乏支持保障政策的孤勇者，不是盲目冒进不管不顾的莽撞者，而是中国式现代化道路的探索者、先行者、实践者；不是政策权宜之计，而是有效路径选择。因此，不断深化的历史自觉和不断刷新的使命意识，关乎海南经济特区开拓前行的政治责任、内在需要和鲜明特色。2013 年 4 月，习近平总书记考察海南时就指示海南去研究“现在的特区如何特”“怎么走出特区之路的内涵”等重大问题，勉励海南要争创中国特色社会主义实践范例。2018 年 4 月，习近平总书记在庆祝海南建省办经济特区 30 周年大会上的重要讲话（以下简称“习近平总书记 2018 年重要讲话”）中指出：“新形势、新任务、新挑战，赋予经济特区新的历史使命，经济特区要不忘初心、牢记使命，在伟大斗争、伟大工程、伟大事业、伟大梦想中寻找新的方位，把握好新的战略定位。”2022 年 4 月，习近平总书记再次考察海南时强调，要以“功成不必在我”的精神境界和“功成必定有我”的历史担当，把海南自由贸易港打造成展示中国风范的靓丽名片。可以说，党的十八大以来波澜壮阔、气象万千的十年，是党和国家事业取得历史性成就、发生历史性变革的十年，是中央决心推动海南从“好好发展起来”到“更好发展起来”、打造新时代全面深化改革开放新标杆的十年，是习近平总书记亲自谋划、亲自部署、亲自推动海南全面深化改革开放和中国特色自由贸易港建设的十年，也是全省上下坚定贯彻习近平总书记关于海南工作的系列重要讲话和指示批示精神的十年，是深入思考、积极探索和努力践行经济特区新使命的十年，是海南发展命运发生重大改变、经济社会发展取得重大成就的十年。

“问渠那得清如许？为有源头活水来。”习近平总书记指出：“找到一条正确的道路多么不容易，我们必须坚定不移走下去。”这对国家是如此，对海南也是如此。新时代海南之所以能够勇立潮头、劈开鲸波，在中华民族伟大复兴的赛道上奋勇争先、一往无前，根本原因就在于有以习近平同志为核心的党中央的高瞻远瞩、坚强领导，就在于有习近平新时代中国特色社会主义思想的科学指引、光照前路。全省上下正是沿着习近平总书记指出的人间正道坚定不移走下去，走过苍茫岁月，越过大川大海，才真正实现了全国最大经济特区的新蜕变，才如期实现了全面建成小康社会的新突破，才不断夺取着全面深化改革开放和中国特色自由贸易港建设的新胜利。

历史之所以能够启迪智慧、照见未来、给人力量，是因为心怀远方、仰望星空的人们愿意历史地、辩证地、实事求是地追寻和总结隐现于过往经验教训中的客观规律。在新的历史起点上，“两个大局”中的形势变化、机遇挑战和客观规律将如何作用于海南？“两个确立”的决定性意义应该如何深刻理解并坚定贯彻？如何做到思想大解放、敢为天下先，创造性地落实党中央、国务院的决策部署，确保各项目标任务不折不扣得以完成？如何准确把握自由贸易港建设的正确政治方向、阶段目标、务实方法和科学节奏？如何在高水平开放的大风大浪中把党组织建设得更加坚强有力？如何更好地统筹“一切为了人民”和“一切依靠人民”的螺旋互动，将其汇聚在更高起点上推进改革开放的磅礴合力？如何增强忧患意识，坚守底线思维，依靠顽强斗争打开事业发展的新天地？未来的求索答案，有可能就写在历史的雪泥鸿爪之间。

回首来时路，展望新愿景，不忘办海南经济特区的初心，对照自由贸易港建设的目标，学懂、弄通、做实习近平新时代中国特色社会主义思想，完整、准确、全面贯彻落实中央重大决策部署，对于顺利推进海南改革开放发展来说，始终是至关重要的政治保证和力量源泉。唯有如此，不断深化的历史自觉和不断刷新的使命意识才能真正体现于在历史前进的逻辑中前进、在时代发展的潮流中发展，把中国特色自由贸易港建设推上不可逆转的发展轨道也才能真正落实于为全面建设社会主义现代化国家、全面推进中华民族的伟大复兴贡献海南力量。

第一节　春天嘱托

草木葳蕤，万物昭苏。春天，在海南发展的历史进程中，具有特殊意蕴。也许是因为时代前行的节奏，也许是因为历史演进的巧合，关于海南革命、建设、改革开放的重大决策部署，很多都发生在春天。春天，也就成为海南深刻理解和实际体认“两个确立”决定性意义的重要契机。

1950年4月16日，正是在毛泽东同志“将革命进行到底”的果断号令下，渡海战役全面打响，并最终使得海南彻底解放。千百年来饱受压迫、剥削甚至奴役的海南人民，从此翻身做主、意气风发，走上社会主义的康庄大道。1988年4月13日，正是在邓小平同志“我们决定开发海南岛”的英明指示下，海南得以建省，海南岛成为中国最大的经济特区。以此为起点，海南大胆创新、不辱使命，把一个封闭落后的边陲海岛建设成了中国改革开放的重要窗口。2001年2月，江泽民同志出席博鳌亚洲论坛成立大会并致辞。为了表达对论坛发展的美好祝愿，他还欣然寄语：“万泉气象新，水阔晚风纯。四海群贤聚，博鳌更喜人。”经过20多年的发展，博鳌亚洲论坛已经成为凝聚亚洲共识、促进各方合作、推动捍卫经济全球化、构建人类命运共同体的举世瞩目的政商交流平台和海南扩大对外开放的“金字招牌”。2011年

4 月，胡锦涛同志到海南考察国际旅游岛建设时指出，中央已作出建设海南国际旅游岛的重大战略决策，希望海南牢牢把握科学发展这个主题和加快转变经济发展方式这条主线，着力打造世界一流的海岛休闲度假旅游胜地，努力实现海南经济繁荣、社会和谐、环境优美、人民幸福。2010 年、2013 年、2018 年、2022 年，都正好是在 4 月，习近平同志先后四次来海南综合考察调研，并赋予海南全面深化改革开放和中国特色自由贸易港建设新的重大使命，把海南推到改革开放的最前沿。全省上下也正聚力推动中国特色自由贸易港建设这项重大的国家战略、全新的制度安排在海南落地生根。

可见，在海南发展的每个关键时期，正是党中央的正确领导、领袖的“一锤定音”、海南人民的拼搏奋斗，才使得海南发展面貌焕然一新，海南人民生活小康富足，海南成为中国改革开放当之无愧的“试验田”和重要窗口。

实行改革开放，是决定当代中国命运的关键一招，是实现中华民族伟大复兴的关键一招，也是发展海南的关键一招。兴办经济特区，是党和国家为推进改革开放和社会主义现代化建设进行的伟大创举。作出春天嘱托，是党和国家领袖对海南发展的高度重视、对海南人民的深情牵挂、对把海南经济特区办得更好的殷切希望。特别是党的十八大以来，习近平总书记谆谆嘱托，着眼国际国内的形势变化、民族复兴的伟大目标、海南独特的战略定位，为新时代海南改革开放发展指明了前进方向、提供了根本遵循。这些重要嘱托贯穿海南全面深化改革开放和中国特色自由贸易港建设的决策和推动全过程，时刻激励着海南在改革开放这条正确之路、强国之路、富民之路上继续干在实处、走在前列。

党的十八大以来，随着国际国内形势的风云变幻，在海南经济特区探索建设中国特色自由贸易港的时机日益成熟。从习近平总书记对海南全面深化改革开放和中国特色自由贸易港建设的把脉问诊、决策定向、关切推动等历史脉络看，推进这项重大国家战略大致可分为谋划酝酿、正式决策、全面建设三个时期。

第一，在谋划酝酿时期，建设自由贸易港是习近平总书记牵头深入研究、作出初步尝试的改革开放构想。

在百年交会的关键时期，在两洋交会的关键节点，对标当今世界最高水平开放形态的第一个中国特色自由贸易港，在习近平总书记亲自谋划、亲自部署、亲自推动下应运而生。习近平总书记对自由贸易港的关注和谋划由来已久，海南对自由贸易港的憧憬和梦想也由来已久。

1986 年，时任福建省厦门市委常委、副市长习近平，作为经济特区初创时期的一线领导者、拓荒者、建设者，为落实邓小平同志在厦门“把经济特区办得更快些更好些”的题词精神，已经着手研究和探索中国特色自由贸易港发展之路，并于 1987 年带队到新加坡实地考察调研，开创性地提出建设“自由港型的经济特区”的具体构想。2022 年 4 月，习近平总书记在海南考察期间回顾这段往事时说：“上世纪 80 年代在厦门工作期间，开展了厦门市 1985—2000 年经济社会发展战略研究，提出了发展外向型经济、把厦门建设成具有自由贸易特征的多功能经济特区的设想。我较早研究自贸港问题并推动某些政策在厦门实施。”但当时，中国改革开放的大门刚刚打开，自由贸易港建设的战略构想还无法全面实施。

针对海南建省办经济特区，邓小平同志也有意比照和实行香港等自由贸易港的相关政策，指出在我国“还要造几个香港”。建省办经济特区初期，海南立足于“放胆发展生产力”的使命和愿望，提出“要重点研究和制定有利于境外人员、外汇、货物进出自由的各项具体政策。我们的政策‘特’不‘特’，取决于‘三个自由’的开放程度”。但这一切，因海南经历的“大起大落”震荡而未能有效实施，只得等待时机日渐成熟。

2010 年 4 月 11 日至 13 日，时任中共中央政治局常委、中央书记处书记、国家副主席习近平同志到海南考察。他强调，海南建设国际旅游岛，必须充分发挥对外开放排头兵的作用，要利用好博鳌亚洲论坛这个平台，拓展对外开放空间，推进与港澳台地区、环北部湾经济合作；要利用好海南面向东盟、背靠珠三角的区位优势，积极参加中国—东盟自由贸易区建设，提高贸易和投资便利化程度，进一步改善对外开放的政策环境和服务环境。

随着形势向纵深发展，坚持改革开放这一兴党强国的关键一招不松劲，显得更加紧要。新的形势、任务急切呼唤着新的战略举措。党的十八大以来，中国特色社会主义进入新时代，党面临的主要任务是，实现第一个百年奋斗目标，开启实现第二个百年奋斗目标新征程，朝着实现中华民族伟大复兴的宏伟目标继续前进。中国改革开放也进入“下半场”，需要解决“发展起来以后”的问题，需要应对长期存在的“四大考验”“四种危险”，需要推进

“深水区”和“险滩中”的改革，需要化解众说纷纭的“中等收入陷阱”“塔西佗陷阱”“修昔底德陷阱”“金德尔伯格陷阱”，需要应对不时冒头的“黑天鹅”“灰犀牛”事件，等等。这对中国共产党来说，坚定不移地全面深化改革开放就是中国特色社会主义进入新时代的一场大考。以习近平同志为核心的党中央深刻认识到，实践发展永无止境，解放思想永无止境，改革开放也永无止境；改革只有进行时，没有完成时，停顿和倒退没有出路，必须以更大的政治勇气和智慧推进全面深化改革，敢于啃硬骨头，敢于涉险滩，突出制度建设，注重改革关联性和耦合性，真刀真枪推进改革，有效破除各方面体制机制弊端；开放带来进步，封闭必然落后，我国发展要赢得优势、赢得主动、赢得未来，必须顺应经济全球化，依托我国超大规模市场优势，实行更加积极主动的开放战略。

作为改革开放前沿的海南经济特区，何为新使命？何以新作为？2013 年 4 月 8 日至 10 日，习近平总书记到海南考察，为海南的改革开放发展把脉定向。他指出，海南地处祖国最南端，是国家南大门，地理位置重要。把海南建设好，把祖国南大门守卫好，政治责任重大，是光荣的使命。由于客观原因，海南发展起步要晚些，但是后发优势多、发展潜力大，具有许多独特的亮丽名片，如全国最大的经济特区、博鳌亚洲论坛永久举办地、国际旅游岛、洋浦开发区、热带农产品主产区等，每一张名片都蕴藏着深厚发展潜力、孕育着重要发展生机，都可以做出一篇大文章、好文章。他希望，海南要凝心聚力、锐意进取、埋头苦干，实施好国际旅游岛建设发展规划，利用好各项政策优势，加快建设经济繁荣、社会文明、生态宜居、人民幸福的美好新海南。他还提出六个方面的具体要求，分别是：办好经济特区，争创中国特色社会主义实践范例；建设好国际旅游岛，推动经济持续健康发展；做好“三农”工作，推动城乡发展一体化；做好民生工作，努力让人民过上更好生活；加强生态环境保护，谱写美丽中国海南篇章；加强干部队伍和人才队伍建设，为国际旅游岛建设提供坚强组织和人才保证。

在新时代如何继续办好经济特区？他深情回顾邓小平同志当年推动海南建省办经济特区的历程并指出：“邓小平同志拿海南同台湾比较，意味深长。”“如果把海南岛好好发展起来，中国特色社会主义就很有说服力，就能够增强人们对中国特色社会主义的信心，也就能促进祖国和平统一进程。”“应该说，从中央决定海南建省办经济特区开始，我们就决心把海南岛好好发展起来。海南的同志一定要埋头苦干、奋起直追，使海南成为实践中国特色社会主义的生动范例，我们要有这样的雄心壮志。”他强调，海南要发扬经济特区敢闯敢试、敢为人先的精神，在打造更具活力的体制机制、拓展更加开放的发展局面上走在全国前列；要勇于冲破思想观念的束缚和利益固化的藩篱，在完善基本经济制度和深化收入分配制度改革、行政管理体制改革、行政审批制度改革、财税金融体制改革、城乡发展一体化改革等方面取得更大进展；要实施更加开放的投资、贸易、旅游等政策，为全国发展开放型经济提供新鲜经验。

坚持“摸着石头过河”和顶层设计相结合、试点先行和全面推进相促进，是改革开放的一个基本经验和重要方法。先行先试是经济特区的一项重要职责，目的是探索改革开放的实现路径和实现形式，为全国改革开放探路开路。所以，新时代的经济特区必须继续当好改革开放的试验区、示范区。这一时期，习近平总书记的重要论述，虽然没有明确提出在新时代办好海南经济特区的形式就是建设自由贸易港，但引领全面深化改革开放的崭新使命已经落在海南肩上，对标当今世界最高水平的开放形态将是题中应有之义。

第二，在正式决策时期，建设自由贸易港是习近平总书记倾注大量心血、果断推动决策的重大国家战略。

建设自由贸易港时机的成熟，既在于中国改革开放的深化，也在于国际发展形势的变化。2013 年，中央决定在上海浦东划定自由贸易试验区，试行外商投资负面清单管理，这一决策最大的国际背景是经济全球化的深化演变。2018 年，中央决定在海南建设自由贸易港，实行更加积极主动的开放战略，加快建立开放型经济新体制，推动形成全面开放新格局，这一决策最大的国际背景是世界经济面临更加复杂的挑战，贸易和投资保护主义、单边主义抬头，经济全球化遭遇更大的逆风和回头浪。

2017 年 10 月，党的十九大对全面建成社会主义现代化强国作出战略部署，明确提出“赋予自由贸易试验区更大改革自主权，探索建设自由贸易港”。自此，探索建设中国特色自由贸易港正式上升为国家战略，而这一战略安排到底花落谁家，当时外界还无从知晓。

2018年4月11日至13日，习近平总书记在海南考察，其间出席庆祝海南建省办经济特区30周年大会并发表重要讲话。在讲话中，他总结了海南经济特区建设的重大成就和基本经验；提出新形势下经济特区新的历史使命和战略定位是，要成为改革开放的重要窗口、试验平台、开拓者、实干家。同时，该讲话重申了中央好好发展海南的鲜明态度和深情厚望："党中央从决定设立海南经济特区开始，就决心把海南岛好好发展起来。如果海南岛更好发展起来，中国特色社会主义就更有说服力，更能够增强人们对中国特色社会主义的信心。"

对于海南的发展战略，习近平总书记指出，新时代，海南要高举改革开放旗帜，创新思路、凝聚力量、突出特色、增创优势，努力成为新时代全面深化改革开放的新标杆，形成更高层次改革开放新格局。海南广大干部群众要抓住机遇、再接再厉，全面贯彻党的十九大精神，以新时代中国特色社会主义思想为指导，坚持稳中求进工作总基调，增强"四个意识"，坚定"四个自信"，坚持新发展理念，统筹推进"五位一体"总体布局和协调推进"四个全面"战略布局，以供给侧结构性改革为主线，建设自由贸易试验区和中国特色自由贸易港，发挥自身优势，大胆探索创新，着力打造全面深化改革开放试验区、国家生态文明试验区、国际旅游消费中心、国家重大战略服务保障区，争创新时代中国特色社会主义生动范例，让海南成为展示中国风范、中国气派、中国形象的靓丽名片。"三区一中心"的战略定位如何把握？"新标杆""新格局""生动范例""靓丽名片"的奋斗目标如何达成？

他进一步作出六个方面的具体部署，即要坚持开放为先，实行更加积极主动的开放战略，加快建立开放型经济新体制，推动形成全面开放新格局；要站在更高起点谋划和推进改革，下大气力破除体制机制弊端，不断解放和发展社会生产力；要坚决贯彻新发展理念，建设现代化经济体系，在推动经济高质量发展方面走在全国前列；要牢固树立和全面践行"绿水青山就是金山银山"的理念，在生态文明体制改革上先行一步，为全国生态文明建设作出表率；要坚持以人民为中心的发展思想，不断满足人民日益增长的美好生活需要，让改革发展成果更多更公平惠及人民；要坚持和加强党的全面领导，确保全面深化改革开放的正确方向。

最令国内外瞩目的是，习近平总书记在这次重要讲话中向全世界郑重宣布，党中央决定支持海南全岛建设自由贸易试验区，支持海南逐步探索、稳步推进中国特色自由贸易港建设，分步骤、分阶段建立自由贸易港政策和制度体系。这是党中央着眼于国际国内发展大局，深入研究、统筹考虑、科学谋划作出的重大决策，是彰显我国扩大对外开放、积极推动经济全球化决心的重大举措。他强调，自由贸易港是当今世界最高水平的开放形态。海南建设自由贸易港要体现中国特色，符合中国国情，符合海南发展定位，学习借鉴国际自由贸易港的先进经营方式、管理方法。海南发展不能以转口贸易和加工制造为重点，而要以发展旅游业、现代服务业、高新技术产业为主导，更加注重通过人的全面发展充分激发发展活力和创造力。在内外贸、投融资、财政税务、金融创新、入出境等方面，探索更加灵活的政策体系、监管模式、管理体制，加强风险防控体系建设，打造开放层次更高、营商环境更优、辐射作用更强的开放新高地。海南要利用建设自由贸易港的契机，加强同“一带一路”沿线国家和地区开展多层次、多领域的务实合作，建设“21 世纪海上丝绸之路”的文化、教育、农业、旅游等交流平台，在建设“21 世纪海上丝绸之路”重要战略支点上迈出更加坚实的步伐。

2018 年 4 月，《中共中央　国务院关于支持海南全面深化改革开放的指导意见》（以下简称“中央 12 号文件”）印发，首次明确指出“赋予海南经济特区改革开放新的使命，是习近平总书记亲自谋划、亲自部署、亲自推动的重大国家战略”，同时明确提出到 2020 年、2025 年、2035 年、本世纪中叶的“四步走”战略目标，要求海南到本世纪中叶，率先实现社会主义现代化，形成高度市场化、国际化、法治化、现代化的制度体系，成为综合竞争力和文化影响力领先的地区，全体人民共同富裕基本实现，建成经济繁荣、社会文明、生态宜居、人民幸福的美好新海南。

其中的重大制度和措施安排，很多都能从习近平总书记此前的思考和谋划中找到渊源。比如在建设方向上，习近平总书记 2018 年重要讲话旗帜鲜明地强调，一方面要“学习借鉴国际自由贸易港的先进经营方式、管理方法”，另一方面自由贸易港不可照搬照抄，要“体现中国特色，符合中国国情，符合海南发展定位”，这与他早年在厦门时所说“立足中国的实际”“不能全搬新加坡的模式，更不能搬用香港的模式，可以把它们作为重要参考”有相似之处。比如在推进策略上，海南自由贸易港建设“分步骤、分阶段”的要求，与当年厦门“分阶段、分区域”的思路有相似之处。比如在产业导向上，习近平总书记提出“不能以转口贸易和加工制造为重点，而要以发展旅游业、现代服务业、高新技术产业为主导”，这与他 2010 年 4 月考察海南时提出的“鼓励和引导外资投向旅游业、现代服务业等海南特色产业以及高新技术产业”和 2013 年 4 月考察海南时提出的除了旅游业、服务业以外还要发展“新能源、新材料、软件信息等高技术产业”等要求一脉相承。比如在具体目标上，习近平总书记提出“实行高水平的贸易和投资自由化便利化政策”和《海南自由贸易港建设总体方案》提出“建立以贸易自由便利和投资自由便利为重点的自由贸易港政策制度体系”，也与他 2010 年 4 月考察海南时提出的“提高贸易和投资便利化程度”和 2013 年 4 月考察海南时提出的“实施更加开放的投资、贸易、旅游等政策”等要求遥相呼应。

习近平总书记 2018 年重要讲话的发表和中央 12 号文件的出台，标志着建设中国特色自由贸易港这一重大国家战略终于花落海南，海南被推到中国全面深化改革开放的最前沿，再次肩负起新的重大历史使命，迎来千载难逢的历史发展机遇。

第三，在全面建设时期，建设自由贸易港是习近平总书记始终念兹在兹、全程关心推动的重要历史任务。

习近平总书记 2018 年重要讲话发表之后，习近平总书记又先后 40 多次就海南自由贸易港建设作出“逐步探索”“加快探索”“加快推进”“顺利开局”“蓬勃展开”“进展明显”等系列重要指示批示，可谓倾注心血、用意深远。

面建成具有较强国际影响力的高水平自由贸易港，并量身打造以“零关税、低税率、简税制”和贸易自由便利、投资自由便利、跨境资金流动自由便利、人员进出自由便利、运输来往自由便利、数据安全有序流动为主的关键核心政策体系。海南由此翻开全面建设中国特色自由贸易港的崭新篇章。

2021 年 6 月 10 日，十三届全国人大常委会第二十九次会议审议通过《中华人民共和国海南自由贸易港法》，从海南自由贸易港定位、管理权限、授权立法、贸易投资自由化便利化、税收制度、生态环保制度、产业发展、人才支撑和综合措施等方面，对海南自由贸易港的功能定位、运行方式、管理模式、核心政策等进行法律界定，从国家立法层面为海南自由贸易港实现制度集成创新、系统协调推进改革奠定了法律基础。国家专门为一个省立法，本就极为罕见，而这部法律还是我国立法史上时间最短、效率最高的立法之一，从动议到出台前后只有 1 年 3 个月。《中华人民共和国海南自由贸易港法》的颁布施行，充分彰显了中国扩大对外开放的坚定决心，有利于推动海南自由贸易港打造法治化、国际化、便利化的营商环境和公平统一高效的市场环境，有利于给中外市场主体提振投资信心、带来稳定预期，有利于加强制度设计的系统性、协调性和权威性。

2022 年 4 月 10 日至 13 日，在全岛封关运作准备工作加快推进的关键时刻，习近平总书记再次亲临海南考察。他实地考察后，甚感欣慰，充分肯定了“自由贸易港建设进展明显，整体推进蹄疾步稳、有力有序”等建设成效；科学分析了当前海南自由贸易港建设面临的国际国内形势、主要机遇和重大挑战；明确提出要解放思想、开拓创新，团结奋斗、攻坚克难，加快建设具有世界影响力的中国特色自由贸易港，让海南成为新时代中国改革开放的示范，把海南自由贸易港打造成展示中国风范的靓丽名片；着重强调了坚持党的领导不动摇、坚持中国特色社会主义制度不动摇、坚持维护国家安全不动摇的推进原则；系统部署了推进海南自由贸易港建设、推动高质量发展、扎实推进乡村全面振兴、抓好精神文明建设、保障和改善民生、坚持全面从严治党等六个方面的重要任务。

习近平总书记的重要讲话，赋予海南更加重要的历史使命，提出了更高的要求，寄予了更大的期望。从 4 年前习近平总书记出席庆祝海南建省办经济特区 30 周年大会并发表重要讲话，宣布中央支持海南“逐步探索、稳步推进中国特色自由贸易港建设”，到 2020 年《海南自由贸易港建设总体方案》明确建设“具有较强国际影响力的高水平自由贸易港”，再到 2022 年习近平总书记考察海南发表重要讲话，提出“加快建设具有世界影响力的中国特色自由贸易港”，层层递进、节节提升，快马扬鞭、水到渠成，进一步体现了党中央和习近平总书记对海南全面深化改革开放和中国特色自由贸易港建设的高度重视、亲切关怀和大力支持，进一步凸显了海南在全国改革开放大局中的独特地位，进一步坚定了全省上下建设好中国特色自由贸易港的信心决心，为海南在新的历史起点上凝心聚力、砥砺前行提供了根本遵循与行动指南。

党的十八大以来，以习近平同志为主要代表的中国共产党人，坚持把马克思主义基本原理与中国具体实际相结合、与中华优秀传统文化相结合，科学回答中国之问、世界之问、人民之问、时代之问，在伟大实践中创立了习近平新时代中国特色社会主义思想，这是当代中国的马克思主义、21 世纪的马克思主义，是中华文化和中国精神的时代精华，实现了马克思主义中国化的新的飞跃。在习近平新时代中国特色社会主义思想体系中，从构想到实践的中国特色自由贸易港建设具有重要价值，这是推动中国新时代改革开放进程和中国特色社会主义创新发展的重大战略决策。《中共中央关于党的百年奋斗重大成就和历史经验的决议》中就有鲜明表述："推动贸易和投资自由化便利化，构建面向全球的高标准自由贸易区网络，建设自由贸易试验区和海南自由贸易港，推动规则、规制、管理、标准等制度型开放，形成更大范围、更宽领域、更深层次对外开放格局，构建互利共赢、多元平衡、安全高效的开放型经济体系，不断增强我国国际经济合作和竞争新优势。"习近平新时代中国特色社会主义思想，正是在改革开放向纵深推进的时代潮流中应运而生的，也是在全面深化改革开放的进程中丰富成形的。所以，从复兴之路把握海南自由贸易港建设的历史方位，让真理之光照耀海南自由贸易港建设的本质要求，既关乎世界观，也关乎方法论。

惠风和畅，南国春早。对海南来说，一个又一个生机勃勃的春天故事，看似物候的奇缘，实为领袖的心血；看似机遇的垂青，实则形势的因应；看似政策的变迁，实则思想的光焰。可以说，海南建设中国特色自由贸易港的理论构想、实践路径、政策安排、部署节奏，几乎每个重点内容、每个重大步骤、每个关键环节，习近平总书记从始至终都亲自谋划、亲自部署、亲自推动。这充分体现了以习近平同志为核心的党中央高瞻远瞩、把握大势，推动高水平对外开放、支持经济全球化、构建人类命运共同体的坚定决心；充分体现了不管国际形势如何风云变幻、风吹浪打，也一定能如期推进中华民族伟大复兴历史进程的坚定自信；充分体现了对为人民谋幸福、为民族谋复兴、为世界谋和平发展的铿锵誓言的坚定践行；充分体现了对海南高质量发展的坚定支持、对海南党员干部的高度信任和对海南各族人民的深情牵挂。

第二节　关键一招

党的十八大以来，海南坚定不移贯彻落实以习近平同志为核心的党中央重大决策部署，以深邃的历史眼光着眼“两个大局”找准坐标，以宽广的国际视野观照经济特区的时代使命，始终把改革开放作为推动发展的关键一招，励志把殷切嘱托作为动力、让美好蓝图变成现实。在全力以赴推进改革开放发展的历史进程中，海南决心以务实思考、踏实行动、扎实成效印证两个深刻道理：一是经济特区需要始终站在改革开放的最前沿，在夺取新时代中国特色社会主义伟大胜利的新征程上，经济特区不仅要继续办下去，而且要办得更好、办出水平；二是虽然自由贸易港脱胎于资本主义社会，但在中国共产党的坚强领导下，社会主义社会照样可以建设自由贸易港，而且能够建设得更好。

经济特区之所以“特”，就“特”在它处于非均衡发展背景下，能够从先行先试“杀出一条血路”的“特”，走向经验普遍复制推广的“不特”，再到继续向前“敢于走前人没有走过的路”的“再特”，如此循环往复、螺旋上升、开辟新天。不断试错是它的宿命，引领潮流是它的荣光。新时代的海南经济特区，作为改革开放的重要窗口、试验平台、开拓者、实干家，必须敢为人先、一往无前，在贯彻中央决策部署、不断赢得发展红利、不断探索发展经验的过程中，更加熟练掌握在新形势、新任务、新挑战下推动形成更高层次改革开放新格局的理论逻辑、历史逻辑、实践逻辑。

第一，心怀“国之大者”、不忘特区使命，是贯彻落实中央重大决策部署的关键思路。

时间闪回到十年前的2012年，坚持科学发展、实现绿色崛起、全面加快国际旅游岛建设是六届省委推动海南发展的实践主题。这与党的十八大报告提出的全面建成小康社会和全面深化改革开放要实现的经济持续健康发展、人民民主不断扩大、文化软实力显著增强、人民生活水平全面提高和资源节约型、环境友好型社会建设取得重大进展等战略目标和价值取向是高度吻合的；与习近平同志2010年考察海南时强调的“加快经济发展方式转变是当前经济工作重点”的核心要义是高度吻合的；与把生态文明建设纳入中国特色社会主义事业“五位一体”总体布局的时代趋势是高度吻合的；与海南经济特区的发展实际和使命任务也是高度吻合的。

感知新时代脉搏，作出新战略部署，是2012年4月25日召开的省第六次党代会的主要任务。当时面临的形势是：从国际看，在国际金融危机持续影响下，世界经济形势复杂严峻，全球资源能源供应趋紧，经济发展方式正在经历重大变革，绿色、低碳、包容性发展已经成为时代潮流；从全国看，我国仍处于重要战略机遇期，国内形势总体向好，但经济发展中不平衡、不协调、不可持续的矛盾和问题依然突出，以人为本、全面协调可持续的科学发展已经成为全国上下的高度共识和实践选择；从海南看，经过建省办经济特区20多年的发展，以实现人均生产总值4429美元为标志，海南已经站在了一个新的历史起点上，进入了更有条件、更加自觉地实现科学发展的新阶段，即手中的财富足以保障生存和温饱，更有条件调整经济结构、转变发展方式，更有条件保护生态、普惠民生，更有条件深化改革开放、加强社会管理。省委据此提出，要按照中央对国际旅游岛建设的战略定位，走以人为本、环境友好、集约高效、开放包容、协调可持续发展的绿色崛起之路；强调实现绿色崛起，最重要的前提是科学规划，最核心的支撑在于产业振兴，最根本的出路在于改革开放，最基本的依托是悉心呵护海南得天独厚的生态环境，最终目标是打造中外游客的度假天堂和海南人民的幸福家园，最有力的思想保障是牢固树立科学发展的理念和正确的政绩观。

2013年4月，习近平总书记考察海南并听取省委、省政府工作汇报后，对海南的发展思路给予肯定。他指出："国际金融危机发生以来，特别是随着能源资源和生态环境对发展的约束日益趋紧，世界经济发展方式正在经历重大变革。党的十八大明确提出，以科学发展为主题、以加快转变经济发展方式为主线是关系我国发展全局的战略抉择，强调要着力推进绿色发展、循环发展、低碳发展。海南省第六次党代会作出了坚持科学发展、绿色崛起、全面加快国际旅游岛建设的部署。希望你们实施好这个发展战略，努力走出具有海南特色的科学发展之路。”

为贯彻落实好党的十八大精神和习近平总书记2013年考察海南重要讲话精神，省委六届二次、四次全会分别于2012年11月18日、2013年7月26日召开，分别审议通过《中共海南省委关于学习宣传贯彻党的十八大精神的意见》和《中共海南省委关于学习贯彻落实习近平总书记视察海南重要讲话精神的决定》(以下简称《决定》)。《决定》指出：“习近平总书记在讲话中，明确要求我们争创中国特色社会主义实践范例，谱写美丽中国海南篇章，这与邓小平同志提议海南建省办经济特区的战略设计一脉相承，其核心要义就是以海南科学发展的生动实践，进一步彰显中国特色社会主义道路自信、理论自信和制度自信。”《决定》还指出，海南要“深入学习领会习近平总书记重要讲话精神，进一步统一广大党员干部群众的思想和行动”，“全面加快国际旅游岛建设”。那么，“争创中国特色社会主义实践范例”的这篇大文章怎样才能破题？如何才能出彩？省委对照领袖要求和海南实际，提出要争创“六个实践范例”，即实施更加主动的开放战略，争创发展开放型服务业的实践范例；加大城乡统筹发展力度，争创特色城镇化的实践范例；大力保障和改善民生，争创基本公共服务均等化的实践范例；加强生态环境保护，争创生态文明建设的实践范例；深化行政管理体制改革，转变政府职能，争创规范、高效、优质政府服务的实践范例；坚持富岛与强军相统一，争创军地军民融合式发展的实践范例。特别是针对深化改革的重大任务，2015 年 7 月 22 日召开的省委六届八次全会审议通过《中共海南省委关于深化改革重点攻坚加快发展的决定》，对深化重点改革、争创实践范例的重大意义作出阐述，对重点改革事项作出部署。全会指出，2013 年习近平总书记考察海南时明确指示“办好经济特区，争创中国特色社会主义实践范例”，2014 年、2015 年中央又将海南列为司法体制改革、省域“多规合一”改革的试点省，都赋予海南改革探索、积累经验、作出示范的责任担当。全会认为，海南进入全面建成小康社会的决胜期，面临着主动适应新常态、协调推进“四个全面”战略布局、抢抓“一带一路”重大机遇、加快绿色发展的新形势新任务，迫切需要发扬敢闯敢试、敢为人先的精神，以更大勇气和智慧冲破思想观念的束缚、打破利益固化的藩篱，向改革要动力、要活力、要红利。全会也明确了需要重点推进的四个改革事项：一是强力推进“多规合一”改革，为海南绿色崛起、协调持续健康发展打牢基础；二是深入推进司法体制改革，让人民群众在每一个司法案件中都感受到公平正义；三是全力推进新一轮农垦改革，打造海南经济新的增长极；四是继续深化行政审批制度改革，为各类市场主体营造公平公正、诚信规范的竞争环境。这些重点改革事项的统筹推进，着眼全国改革大局和海南发展全局，既解决了许多长期形成的堵点难题，也为全国深化改革探索了路子、积累了经验，还为此后的海南全面深化改革开放和中国特色自由贸易港建设打下了坚实基础。

2017 年 4 月 25 日，省第七次党代会召开，报告主题就聚焦习近平总书记 2013 年考察海南时提出的“加快建设经济繁荣、社会文明、生态宜居、人民幸福的美好新海南”，这是在“六个实践范例”基础上所作的更加深入、更加系统的贯彻落实部署。报告指出，在世界经济深度调整、我国经济发展步入新常态的背景下，我省发展的外部环境依然严峻复杂，但总体上仍处于大有作为的战略机遇期；海南要紧密团结在以习近平同志为核心的党中央周围，深入贯彻习近平总书记系列重要讲话精神和治国理政新理念、新思想、新战略，全面落实习近平总书记视察海南时的重要讲话精神，凝心聚力，奋力拼搏，加快建设经济繁荣、社会文明、生态宜居、人民幸福的美好新海南。什么是美好新海南？报告对“经济繁荣、社会文明、生态宜居、人民幸福”这四个限定词分别进行阐释后，进一步指出，“美”就是山水美、城乡美、人文美，走出一条人与自然和谐发展的路子，谱写美丽中国海南篇章；“好”就是发展好、生活好、风气好，全省政通人和，人民安居乐业，全面建成小康社会；“新”就是新观念、新动能、新作为，全省人民精神面貌、城乡面貌、社会面貌焕然一新，经济建设、政治建设、文化建设、社会建设和生态文明建设迈上新台阶。达成这些目标，需要发挥全国最好的生态环境、全国最大的经济特区、全国唯一的省域国际旅游岛“三大优势”，实现全省人民的幸福家园、中华民族的四季花园、中外游客的度假天堂“三大愿景”。

具体说来，就是要做到以下几点：一要推动全面从严治党向纵深发展，营造风清气正的政治生态，更好承担起建设美好新海南的历史重任；二要持续开展生态环境整治，优化生态环境质量，把海南建设成全国生态文明示范区，让山更绿、水更清、天更蓝、空气更清新；三要深入推进改革开放，争创经济特区体制机制新优势，坚决落实中央全面深化改革的战略部署，向改革要动力，向开放要活力，努力打造更具活力的体制机制、拓展更加开放的发展局面；四要坚持以供给侧结构性改革为主线，加快经济转型升级，培育壮大十二个重点产业，打造海南经济升级版；五要大力发展海洋经济，建设海洋强省，培育“蓝色引擎”，向海洋要质量、要效益、要增长，争创全国海洋经济发展示范区；六要加强统筹协调，推进区域协同、城乡一体、军民融合发展，在协调发展中拓宽发展空间，在加强薄弱领域中增强发展后劲；七要全面提升基本公共服务均等化水平，加快建设全省人民幸福家园，不断增进人民福祉；八要促进文化大发展大繁荣，凝聚社会正能量，为建设美好新海南提供有力的精神支撑；九要强化民主法治建设，巩固团结和谐的社会局面，最广泛地凝聚全省上下团结奋斗的智慧和力量。

在即将迎来建省办经济特区 30 周年之际，如何更好地贯彻习近平总书记 2013 年 4 月考察海南时的重要讲话精神、谋划海南未来 30 年的发展战略？省委决定动员全省上下认真开展调查研究。2017 年 6 月至 9 月，全省开展“深入学习贯彻习近平总书记视察海南时的重要讲话精神　建设美好新海南”大研讨大行动活动，收到深化认识、统一思想、集思广益、开拓思路的良好效果，并启动建设海南自由贸易试验区和中国特色自由贸易港相关研究工作。党的十九大闭幕后，省委于2017年10月30日召开七届三次全会，审议通过《中共海南省委关于认真学习宣传贯彻党的十九大精神的意见》，并着重提出：“从国家战略和民族复兴大局出发，牢牢把握海南战略定位和历史使命，进一步扩大对外开放。积极创造条件，探索建设自由贸易港。”

次年春日，大潮澎湃。习近平总书记2018年重要讲话的发表和中央12号文件的印发，让全省上下大为振奋。面对党中央和习近平总书记赋予的重大历史使命和千载难逢的历史发展机遇，省委、省政府派出11个由省领导带队的党政代表团，分赴全国11个自由贸易试验区学习取经；创新举办领导干部周末学习专题讲座，邀请政策制定者、决策亲历者主讲，以便把准政策原义、落实要旨；将习近平总书记2018年重要讲话和中央12号文件精神细化分解为350多项工作任务，做到一律挂图作战、按期督查；相继召开省委七届四次、五次、六次、七次全会，先后出台《中共海南省委关于深入学习贯彻习近平总书记在庆祝海南建省办经济特区30周年大会上的重要讲话精神和〈中共中央　国务院关于支持海南全面深化改革开放的指导意见〉的决定》《海南省打赢脱贫攻坚战三年行动计划》《海南省乡村振兴战略规划（2018—2022年）》《中共海南省委关于高标准高质量建设全岛自由贸易试验区　为建设中国特色自由贸易港打下坚实基础的意见》《中共海南省委关于提升治理体系和治理能力现代化水平　加快推进海南自由贸易港建设的决定》等文件，进行全面部署。

海南自由贸易港从一开始就不仅是1000多万海南人民的自由贸易港，也是14亿多中国人民的自由贸易港。海南自由贸易港建设是前无古人、世无先例、需要大胆探索创新的伟大事业。海南到底该如何深入研究和推进？海南怎么才能成为引领我国新时代对外开放的鲜明旗帜和重要开放门户？2019年2月，省委考察团到迪拜、新加坡、香港这三个世界公认较为成功的自由贸易港实地考察。经过研讨，省委提出要按照充分体现当今世界自由贸易港的成功经验、充分体现双边及多边贸易投资协定的成熟规则、充分体现国内扩大开放领域的最先进做法这"三个充分体现"原则，不断深化自由贸易港政策和制度体系的研究，推动相关工作落地。

在中央和国家有关部门配套文件尚未出台时，省委、省政府没有等待，而是梳理落实海口江东新区、三亚中央商务区、国际贸易"单一窗口"等18个先导性项目，把能干的事先干起来。在中央支持海南全面深化改革开放"1+N"政策体系陆续出台时，省委、省政府立即狠抓落实。在中央决定制定《海南自由贸易港建设总体方案》时，海南同步积极开展研究，并形成相关研究成果报中央参考。这些研究成果得到了推进海南全面深化改革开放领导小组办公室（以下简称"海南办"）、商务部、国务院发展研究中心等部门以及国内知名专家的高度评价。在此过程中，省委、省政府也实现了熟悉政策、锻炼队伍、谋划项目等目标，确保《海南自由贸易港建设总体方案》出台后，能第一时间接得住、用得好、见实效。

推进非常之事，必有非常举措，不能按部就班。2017 年“百日大研讨大行动”为海南自由贸易试验区和自由贸易港建设进行了理论动员、打下了思想基础；2018 年开展“勇当先锋、做好表率”专题活动和“百日大招商活动”、“百万人才进海南”行动计划、“百家央企进海南”，激励干部担当作为，引进项目成倍增长；2019 年被省委确定为“政策落实年”，相继启动“两个确保”百日大行动和“国际旅游消费年”活动，并决定从 2019 年 12 月到 2020 年底在全省广泛开展“我为加快推进海南自由贸易港建设作贡献”专题活动，推动全面落实中央赋予的各项政策措施。2020 年，面对突如其来的新冠肺炎疫情的重大影响，省委提出以超常规的认识、超常规的举措、超常规的行动、超常规的实效“四个超常规”，全力应对疫情防控、决胜全面建成小康社会、建设海南自由贸易港“三个大考”，向党中央、习近平总书记和全国人民交出合格的“三张答卷”，并出台关于进一步采取超常规举措确保完成全年经济目标的 43 条实施意见，取得了统筹疫情防控和经济社会发展的重大成果。

一个年头确定一个主题，一个主题攻坚一批难题。通过系列专题活动、百日大行动，海南办成了一件件过去认为难以办成的难事，攻克了一道道外界认为难以攻克的难关，也证明了海南干部是想干事、会干事、能成事的，完全可以肩负起建设自由贸易港的重大使命。

《海南自由贸易港建设总体方案》公布前后，省委、省政府紧锣密鼓安排对习近平总书记重要指示精神和推进海南全面深化改革开放领导小组全体会议精神的学习贯彻，推动政策解读、全球招商、11个重点园区挂牌和颁发首张“中国洋浦港”船籍证，并在北京举行《海南自由贸易港建设总体方案》有关情况新闻发布会，面向中外记者介绍海南自由贸易港大批优惠政策和光明发展前景。2020年6月，省委召开七届八次全会，围绕习近平总书记2018年重要讲话、对海南自由贸易港建设的重要指示和中央12号文件精神进行再学习、再领会、再落实，对贯彻落实《海南自由贸易港建设总体方案》进行全面系统部署。全会审议通过《中共海南省委关于贯彻落实〈海南自由贸易港建设总体方案〉的决定》，从重大意义、政策落实、早期安排、制度创新、风险防控、保障措施等方面提出30条贯彻落实举措，动员全省上下借鉴国际经验、体现中国特色、符合海南定位、突出改革创新、坚持底线思维，高质量高标准推进海南自由贸易港建设，确保海南自由贸易港建设开好局、起好步，决不辜负党中央、习近平总书记和全国人民对海南的重托和厚望。

为高质量高标准建设海南自由贸易港，省委先后抓好关系成败得失、能够纲举目张的八件大事，即解开关键课题、把准正确方向、明确“国之大者”、注重法治先行、坚持党建引领、提升作风本领、防控重大风险、落实战略框架。

如何解开关键课题？2020年12月初，省委围绕“牢牢把握正确政治方向”“蹄疾步稳推进自由贸易港建设”“把绿水青山、碧海蓝天留给子孙后代”“把制度集成创新摆在重中之重位置”和“解放思想、敢闯敢试、大胆创新”五个主题，密集开展调研，提出解题思路、施政指向和工作重点，为全省上下凝心聚力、蹄疾步稳推进海南自由贸易港建设提供“罗盘”和“引擎”。如何把握正确政治方向？那就是把党中央和习近平总书记指出的方向作为海南全面深化改革开放和中国特色自由贸易港建设的正确方向，坚持中国特色社会主义道路，坚持加强党的集中统一领导。如何蹄疾步稳推进自由贸易港建设？那就是既要有只争朝夕的危机感，也要有实事求是的科学态度；既要有时不我待的紧迫感，也不能急于求成；既要有舍我其谁的责任感，也要有蹄疾步稳的定力；自由贸易港建设是一场马拉松比赛，要想赢得比赛，好的起跑、好的途中跑、好的冲刺都是需要的。如何把绿水青山、碧海蓝天留给子孙后代？那就是时刻牢记习近平总书记忠告，深刻认识生态环境保护对海南自由贸易港建设的极端重要性，实行最严格的生态环境保护制度；生态环境好不等于生态环境保护工作做得好，要正确处理保护和发展的关系，坚持生态优先、绿色发展；要探索“绿水青山就是金山银山”的海南实现路径，让百姓共享生态环保红利。如何把制度集成创新摆在重中之重位置？那就是聚焦政策落实中的最突出问题、最紧迫需求，大胆试、大胆闯、自主改，让市场主体和人民群众更有获得感；把解决问题作为根本导向，加强跟踪问效，力争推出一批能够在全国可复制可推广的创新案例。如何解放思想、敢闯敢试、大胆创新？那就是以思想破冰引领改革突围，把解放思想和实事求是有机统一起来，坚决避免无用创新和“盆景式”创新；解放思想的程度决定工作的力度、改革创新的深度、发展的速度，只有用好解放思想、敢闯敢试、大胆创新这一“法宝”，才能在没有先例可循的情况下蹚出建设中国特色自由贸易港的正确道路；解放思想、敢闯敢试、大胆创新关键在党，关键在领导干部这个“关键少数”，关键在营造鼓励创新、宽容失误的氛围。

如何把准正确方向？总的来说就是沿着党中央和习近平总书记指出的方向前进。具体如何把握，则随着实践深入而更加明晰，因为这涉及一个重要课题，即中国特色自由贸易港是个新事物，那么中国特色自由贸易港中的“中国特色”到底是什么，这就需要海南认真研究回答。习近平总书记曾指出，“海南建设自由贸易港要体现中国特色，符合中国国情，符合海南发展定位”；《海南自由贸易港建设总体方案》也提出，“坚持党的集中统一领导，坚持中国特色社会主义道路，坚持以人民为中心，践行社会主义核心价值观，确保海南自由贸易港建设正确方向”。只有搞明白了、想具体了、把握准了“中国特色”核心要义，才能很好地沿着党中央和习近平总书记指出的方向前进，才不会大起大落、不会浮云遮眼。通过研究，省委将“中国特色”核心要义概括为“五个坚持”，即坚持中国共产党领导、坚持中国特色社会主义道路、坚持新发展理念、坚持以人民为中心、坚持社会主义核心价值观。之所以要坚持中国共产党领导，是因为坚持和加强党的全面领导正是海南自由贸易港区别于国际上其他自由贸易港的最本质特征、根本保证和最大优势。之所以要坚持中国特色社会主义道路，是因为道路决定命运，中国特色社会主义道路是当代中国大踏步赶上时代、引领时代发展的康庄大道。海南要建设的是坚持走中国特色社会主义道路的自由贸易港，而不是走其他道路。之所以要坚持新发展理念，是因为海南建设的自由贸易港不再是单纯追求资本强大、实行无序扩张、奉行社会达尔文主义的自由贸易港。践行新发展理念，是百年变局中实现国家强大、民族复兴、人民幸福的必然选择，是世界上其他自由贸易港所不具备的重大导向优势。之所以要坚持以人民为中心，是因为人民立场是党的根本政治立场，建设海南自由贸易港，根本目的就是让人民群众过上更加幸福美好的日子，决不能仅仅追求资本利润最大化，搞成贫富分化悬殊、区域发展失调、“两个文明”失调，而是要实现人的全面发展和社会共同富裕。之所以要坚持社会主义核心价值观，是因为社会主义核心价值观是中华民族的根与魂，凝结着中国人民的共同价值追求，也涵盖了人类社会的普遍价值追求。社会主义核心价值观是判别“香花”和“毒草”的重要标准，可有效防止价值体系混乱导致的满盘皆输。2021 年 6 月 17 日召开的省委七届十次全会将“五个坚持”正式写入全会报告，并强调要始终站在党和国家事业发展全局、服务国家重大战略的高度，善于从政治角度看经济问题、看社会现象、看开放力度、看改革效果，找准海南在国内大循环、国内国际双循环中的位置和优势，彰显“中国开放的大门不会关闭，只会越开越大”的决心和信心，坚持航向、坚定立场，确保自由贸易港建设沿着正确方向行稳致远。当然，要坚持正确政治方向，与之配套的还要保持久久为功的战略定力、敢为人先的开拓气魄、蹄疾步稳的工作节奏，做到“闯”为基调、“稳”为基础、远近结合、小步快跑。

如何明确“国之大者”？“国之大者”是习近平总书记近些年反复强调的一个重要概念，要求“领导干部想问题、作决策，一定要对国之大者心中有数，多打大算盘、算大账，少打小算盘、算小账”。什么是“国之大者”？顾名思义就是指国家的大事要务，就是党中央关心的、强调的，事关全局、事关根本、事关未来、事关党和国家事业兴衰成败的大政方针和战略部署。那么对海南而言，“国之大者”又具体指的是什么？2021 年 1 月 16 日，省委、省政府举办市县区党政正职、省直单位主要负责同志学习贯彻党的十九届五中全会和省委七届九次全会精神专题研讨班，对此作出专门回答，认为对海南而言“国之大者”至少包括三个方面，即确保海南全面深化改革开放和中国特色自由贸易港建设正确政治方向、保护得天独厚的生态环境、守好祖国南大门。此后，省委又对此多次进行强调、提出要求。深刻领会、准确把握、坚定落实“国之大者”，现阶段最需要做的，一是牢记中央支持海南全面深化改革开放和建设中国特色自由贸易港的战略意图，牢牢把握正确政治方向，全面落实中央决策部署，坚持重大改革事项由党中央决定、整体工作进度由党中央把握、政策实施情况及时向党中央报告，加快对接国际高标准经贸规则，全力推进封关运作各项准备工作，善于在经济全球化遭遇更大逆风和回头浪的大背景下，沉着应对、破浪前进，打造我国深度融入全球经济体系的前沿地带。二是牢记海南不只是海南人的海南，也是全国人民的海南，要跳出海南看待保护海南生态环境这项工作，抓实国家生态文明试验区建设标志性工程，建设中华民族的四季花园，把绿水青山、碧海蓝天留给子孙后代。三是牢记守好祖国南大门的要求，认真做好经略南海这篇大文章，打造国家重大战略服务保障区。

如何注重法治先行？重大改革于法有据，是全面深化改革的重要原则，也是海南自由贸易港建设的重要特征。2021 年 6 月 10 日，《中华人民共和国海南自由贸易港法》颁布施行，将党中央关于建设海南自由贸易港的决策部署转化为法律规范，充分发挥法治的引领和推动作用，确保海南自由贸易港建设在法治轨道上行稳致远。为落实好《中华人民共和国海南自由贸易港法》，省委于 2021 年 6 月 17 日召开七届十次全会，要求扎实有效抓好法定任务的分解与实施，建立完善海南自由贸易港法治体系。随后，聚焦海南自由贸易港建设重点任务，与《中华人民共和国海南自由贸易港法》相配套的系列法规相继出台：为打造法治化、国际化、便利化营商环境，制定海南自由贸易港优化营商环境条例、公平竞争条例、社会信用条例、免税购物失信惩戒若干规定、反消费欺诈规定、知识产权保护条例、企业破产程序条例、市场主体注销条例；为推动重点改革事项，制定海南自由贸易港洋浦经济开发区条例、博鳌乐城国际医疗旅游先行区条例、三亚崖州湾科技城条例、海口江东新区条例、海口国家高新技术产业开发区条例、科技开放创新若干规定、国际船舶条例、游艇产业促进条例；为精心呵护生态环境，制定修改海南省机动车排气污染防治规定、生态保护红线管理规定、绿色建筑发展规定等。

如何坚持党建引领？习近平总书记2018年重要讲话指出："坚持党的领导，全面从严治党，是改革开放取得成功的关键和根本。经济特区处于改革开放前沿，对全面加强党的领导和党的建设有着更高要求。"海南自由贸易港处在改革开放的最前沿，对党建的要求理应更高。2021年8月，《中共海南省委关于坚持以党建引领海南自由贸易港建设的意见》（以下简称《意见》）及9个领域的配套文件出台；次月，省委召开全省党建引领自由贸易港建设推进会，对落实系列文件进行部署。《意见》提出，要以习近平新时代中国特色社会主义思想为指导，深入学习贯彻习近平总书记在庆祝中国共产党成立100周年大会上的重要讲话精神，增强"四个意识"、坚定"四个自信"、做到"两个维护"，不断提高政治判断力、政治领悟力、政治执行力，贯彻落实新时代党的建设总要求和新时代党的组织路线，弘扬伟大建党精神，着力发挥好党建在自由贸易港建设中引领方向、改革创新、攻坚克难、服务保障的作用，为高质量高标准建设海南自由贸易港提供坚强政治保证。《意见》分别从强化对海南自由贸易港建设的政治引领、夯实海南自由贸易港建设基层基础、按照"全省一盘棋、全岛同城化"理念配置组织资源、打通服务一流营商环境建设"最后一公里"、锤炼建设自由贸易港的过硬本领、积极营造良好的干事创业环境、组织领导等七个方面提出具体要求。《意见》指出最终要实现的主要目标是：到 2025 年，党的领导更加坚强有力，党的组织体系更加严密，基层党组织战斗堡垒作用和广大党员先锋模范作用发挥更加充分，具备领导自由贸易港建设能力的高素质干部队伍基本建成，具有国际竞争力的自由贸易港人才发展体制机制基本构建，更好地引领、推动、服务、保障海南自由贸易港建设，完成好党中央赋予的重大历史使命。

如何提升作风本领？海南自由贸易港建设是在基础薄弱、人才紧缺、经验欠缺的基础上开局起步的。最担心的是出现作风漂浮问题，最紧迫的是解决“本领恐慌”问题。对于干部而言，作风与能力犹如鸟之双翼、车之两轮，缺一不可。能力强、作风差会坏事，作风正、能力差会误事，能力强、作风正才能成事。所以，省委把 2021 年、2022 年这两个年头分别确定为“作风整顿建设年”和“能力提升建设年”，并结合全党开展的党史学习教育和学习贯彻习近平总书记在庆祝中国共产党成立 100 周年大会上的重要讲话精神，同步配套开展“查堵点、破难题、促发展”和“比学赶超”等活动。历史和现实都表明，作风建设往往抓一抓就好一些，放一放就松下来，只能经常抓、见常态，持久抓、见长效，严格抓、见真章。开展“作风整顿建设年”活动，就是要全面检视、精准纠治作风顽疾，大力弘扬党的优良传统和作风，以过硬作风推动海南全面深化改革开放和中国特色自由贸易港建设再上新台阶，坚决扛起全面建设社会主义现代化国家的海南担当。2021 年，全省各级党组织查摆作风问题 3458 个、完成整改 3305 个，整改率达到 95.6%，许多群众反映强烈、社会关注度高的作风顽瘴痼疾得到治理。“作风整顿建设年”后，无缝衔接“能力提升建设年”，要求全省党员干部结合实际提高基础能力和专业能力。所谓基础能力，就是所有岗位的干部都要提升的政治能力、调查研究能力、科学思维能力、综合决策能力、改革创新能力、攻坚克难能力、驾驭风险能力、群众工作能力、依法办事能力、狠抓落实能力等十种能力；所谓专业能力，就是不同岗位的干部要成为行家里手，加快知识更新，强化实践锻炼，确保胜任岗位职责、作出更大贡献。尤其对自由贸易港建设的一线干部而言，在能力结构中最为紧要的，是熟悉利用国际经贸规则的能力、用心用情服务市场主体的能力和运用法治思维、市场手段、诚信本色解决问题的能力。对全省干部群众触动很深的还有“查堵点、破难题、促发展”活动。从 2021 年 6 月到 2022 年 9 月，省委、省政府连续召开“查堵点、破难题、促发展”活动动员部署会和五次推进会，推动全省厅、处级干部走出机关、走进基层、走近群众，体验办事流程、了解社情民意、掌握企业需求、破解堵点难点，示范带动广大干部改进作风、务实担当。同时，广泛动员社会各界把基层的扰心事、企业的忧心事、群众的烦心事都反映到省“查堵点、破难题、促发展”活动办公室，活动办公室再按责派单、督促解决，解决难度大的就由省领导牵头奔赴一线研究解决，甚至对长达二三十年的历史遗留问题，也要求在一定时期内见底清零。这样确保市场主体和人民群众反映的所有堵点难点问题都事事有回音、件件有着落，并建章立制、防患未然。2022 年 6 月 17 日、9 月 23 日分别召开的全省“查堵点、破难题、促发展”活动第四、第五次推进会，别开生面聚焦营商环境和项目建设中的典型问题，共选中儋州市对外籍涉疫货船应对处置不当、三亚市对出让未修复垃圾填埋地产生纠纷长期不解决、万宁市在审批渔业示范园项目过程中作风不严不实、乐东黎族自治县九所镇污水处理厂、东方明阳新能源高端装备产业项目、G9812 高速公路延长线工程等 6 个典型病例开展“病例讨论会”。每个“病例”都由一个部门提出，另一个部门剖析，再由省领导点评，以此引导所有干部在思想深处检视自己的政企观、群众观是否正确，在日常工作中对企业和群众的服务是否到位，谋划和推动项目建设的能力够不够强，据此找准病根、开刀吃药，举一反三、务求实效。

如何防控重大风险？鉴于海南历史上三次“大起大落”的深刻教训，海南自由贸易港建设从一开始就非常重视风险防控，系统梳理重大风险隐患，成立省领导任组长的 15 个风险防控专项工作组，省委深改委（自贸港工委）每半年听取一次各领域专项风险防控工作汇报。2021 年 11 月 11 日，党的十九届六中全会审议通过的《中共中央关于党的百年奋斗重大成就和历史经验的决议》强调：“始终谦虚谨慎、不骄不躁、艰苦奋斗，从伟大胜利中激发奋进力量，从弯路挫折中吸取历史教训，不为任何风险所惧，不为任何干扰所惑，决不在根本性问题上出现颠覆性错误。”这让海南更加深刻认识到，防控重大风险对于自由贸易港建设的极端重要性。当今的改革开放形势与改革开放初期相比，已经有很大不同，虽然大胆改革、勇于突破的诉求和方向是一致的，但过去强调不破不立，现在注重不立不破。在 2021 年 11 月 15 日召开的省委七届十一次全会上，省委首次向全会专题报告海南自由贸易港风险防控情况，着重阐述重要意义、总结经验成效、剖析问题挑战、提出工作打算。在此基础上，全会对重大风险防控进行深入部署，要求着眼“两个大局”，心怀“国之大者”，把牢正确方向，把准工作节奏，把风险防控作为事关海南自由贸易港建设成败得失的最关键变量、作为我们这一代自由贸易港建设者的最重要任务，摆在最突出位置，统筹发展和安全，做到风险防控和政策落实一体谋划、一体部署、一体推进，推动中国特色自由贸易港建设这项全新的制度安排在海南顺利落地生根结果，实现预期目标，进入不可逆转的发展轨道。

如何落实战略框架？2022 年 4 月，习近平总书记考察海南时指出：“推进自由贸易港建设是一个复杂的系统工程，要做好长期奋斗的思想准备和工作准备。”长期奋斗就必须要有一个清晰明确、广泛认可的战略框架来引领方向、指导前行。2018 年 4 月以来，省委、省政府在推进海南全面深化改革开放和中国特色自由贸易港建设的实践中，逐步归纳形成了“一本三基四梁八柱”战略框架，成为海南发展的有力指引。“一本”，指的是习近平总书记关于海南工作的系列重要讲话和指示批示。这是指引新时代海南发展的“纲”和“魂”，是我们任何时候都必须牢记的根本遵循。“三基”，指的是中央 12 号文件、《海南自由贸易港建设总体方案》和《中华人民共和国海南自由贸易港法》，三者将海南发展方向和系列重要支持措施以中央文件、国家立法的形式固定下来，为自由贸易港建设提供了实施路径和法治保障。这是支撑海南全面深化改革开放和中国特色自由贸易港建设的三大制度基石。“四梁”，指的是“三区一中心”目标定位，即全面深化改革开放试验区、国家生态文明试验区、国际旅游消费中心和国家重大战略服务保障区。这是党中央赋予海南的历史使命。“四梁”之间，有分有合，其中全面深化改革开放试验区是管总的，因为国家生态文明试验区、国际旅游消费中心和国家重大战略服务保障区建设，都涉及改革开放事项。“八柱”，指的是政策环境、法治环境、营商环境、生态环境、经济发展体系、社会治理体系、风险防控体系、组织领导体系。这是稳固支撑海南发展的八根重要支柱。其中，政策环境，就是要形成更稳固、更可预期、更具竞争力的政策制度体系，为各项事业发展提供良好基础；法治环境，就是要建立自由贸易港法治体系，使各项事业发展有法可依、有章可循；营商环境，就是要紧盯法治化、国际化、便利化目标，以公平、透明、可预期为切入点，为市场主体提供高效便捷服务；生态环境，就是要满足本地居民和中外游客日益增长的优美生态环境需要，使海南成为更加令人向往的宜居宜业宜游宜养之地；经济发展体系，就是要用好现代产业体系和区域协调发展“两大引擎”，推动经济高质量发展；社会治理体系，就是要不断完善公共服务体系，加快推进社会治理现代化，让人民群众更有获得感、幸福感、安全感；风险防控体系，就是要坚持底线思维、极限思维，不断提高应对各类风险挑战的能力，健全风险防控机制，牢牢守住不发生系统性风险的底线；组织领导体系，就是要加强党的全面领导和党的建设，为自由贸易港建设提供坚强政治保证和组织保证。“一本三基四梁八柱”战略框架，既有思想引领、理论指引，又有政策支撑、法律保障，还有顶层设计、落实抓手，内涵丰富、架构清晰，共同形成当前和今后相当长一个时期海南改革开放发展的总纲目和路线图。习近平总书记在海南考察时，对一战略框架给予了充分肯定，认为其相当于浙江的“八八战略”，是很明确很明晰的东西，不需要再争论讨论了，继续走下去。

未来五年，横跨封关运作前后，是海南自由贸易港建设关键期，是风险高发期和压力测试期，是干部能力提升期和经验积累期，对全面深化改革开放全局至关重要。为深入贯彻落实习近平总书记考察海南重要讲话精神，系统谋划部署未来五年海南工作，省第八次党代会于 2022 年 4 月 26 日召开。大会提出，要深入贯彻落实习近平新时代中国特色社会主义思想，牢记习近平总书记关于海南工作的殷切嘱托，解放思想、开拓创新，团结奋斗、攻坚克难，加快建设具有世界影响力的中国特色自由贸易港，让海南成为新时代中国改革开放的示范，把海南自由贸易港打造成展示中国风范的靓丽名片。大会从七个方面确定了海南未来五年的主要发展目标：一是全面深化改革开放纵深推进，自由贸易港政策和制度体系初步建立，集聚和配置全球资源要素能力明显增强，制度集成创新能级大幅提升，营商环境达到国内一流水平。二是四大主导产业质量显著提高，南繁、深海、航天三个未来产业发展壮大，进入创新型省份行列，“三极一带一区”区域协调发展活力彰显，经济总量突破万亿元大关，力争在2021年基础上实现翻番。三是生态环境质量继续保持全国领先，绿水青山转化为金山银山的路径更加多样。四是安全高效的风险防控体系基本建成。五是人均预期寿命等社会发展指标位居全国前列，城乡居民人均收入迈上新台阶，高水平的公共文化服务体系和文化产业体系初步形成，全过程人民民主深入推进，社会治理水平明显提升，人民群众的获得感、幸福感、安全感持续增强。六是党建引领自由贸易港建设模式基本形成，清廉自贸港建设成效明显。七是封关运作如期实现，全面迈进自由贸易港时代。为如期顺利实现这些发展目标，大会从建设“八个自由贸易港”的角度作出具体部署：一是坚持服务和融入新发展格局，建设开放包容、合作共赢的自由贸易港；二是坚持全面深化改革，建设勇于创新、充满活力的自由贸易港；三是坚持高质量发展，建设产业聚焦、区域协调的自由贸易港；四是坚持生态立省，建设生态一流、绿色低碳的自由贸易港；五是坚持守牢底线，建设安全有序、风险可控的自由贸易港；六是坚持以人民为中心，建设共建共享、共同富裕的自由贸易港；七是坚持推进治理体系和治理能力现代化，建设平安法治、文明和谐的自由贸易港；八是坚持和加强党的全面领导，建设党建引领、风清气正的自由贸易港。同时，大会号召全省上下以“功成不必在我”的精神境界和“功成必定有我”的历史担当，奋力推进海南全面深化改革开放和中国特色自由贸易港建设行稳致远，为全面建成社会主义现代化国家、实现中华民族伟大复兴的中国梦贡献海南力量。

政策千万条，落实第一条。回顾这十年跋山涉水、接续奋斗、勇立潮头的非凡历程和实践脉络可以发现，紧随习近平总书记亲自谋划、亲自部署、亲自推动的海南全面深化改革开放和中国特色自由贸易港建设步伐的，正是省委、省政府自觉增强“四个意识”、坚定“四个自信”、做到“两个维护”，始终牢记领袖嘱托、心怀“国之大者”、不忘特区使命，从而坚定不移、只争朝夕、创造性地推动中央重大决策部署在海南落地生根。

第二，不断夺取胜利、赢得发展红利，是“海南岛更好发展起来”的最好印证。

2018 年 4 月，习近平总书记在庆祝海南建省办经济特区 30 周年大会上的重要讲话指出：“三十而立，蓄势待发。党中央从决定设立海南经济特区开始，就决心把海南岛好好发展起来。如果海南岛更好发展起来，中国特色社会主义就更有说服力，更能够增强人们对中国特色社会主义的信心。新时代，海南要高举改革开放旗帜，创新思路、凝聚力量、突出特色、增创优势，努力成为新时代全面深化改革开放的新标杆，形成更高层次改革开放新格局。这是我们庆祝海南建省办经济特区 30 周年的最好方式，也是庆祝我国改革开放 40 周年的重大举措。”所以，以全面深化改革开放和中国特色自由贸易港建设的实际成效，来印证“海南岛更好发展起来”的决策正确，是海南必须答好的时代之卷。

十年探索力行，十年春华秋实。这十年是党和国家事业取得历史性成就、发生历史性变革的十年，也是海南发展史上举足轻重、影响深远的十年。十年来，习近平总书记多次登上海南岛，对海南进行综合性考察并发表重要讲话。省委、省政府无比珍惜党中央和习近平总书记赋予海南的重大历史机遇，团结带领全省人民在中华民族伟大复兴的征程上奋勇争先。十年来，特别是自由贸易港建设开始以来，海南各方面工作发生积极变化，经济结构进一步优化、发展质效进一步提升、发展动能进一步增强。2022 年 4 月，习近平总书记在海南考察时用四句话肯定了海南的工作成效：一是自由贸易港建设进展明显，整体推进蹄疾步稳、有力有序；二是全省上下干事创业热情高涨；三是发展质量不断提升；四是发展环境不断优化。

这十年，海南发展最大的主题是全面深化改革开放，最大的亮点是中国特色自由贸易港建设，最主要的发展变化体现在以下五个方面。

一是高举改革开放旗帜，努力成为新时代中国改革开放的示范，全面深化改革开放迈出关键一步。在全国率先开展省域“多规合一”改革试点，农垦改革取得阶段性成果并不断深化。特别是在经济全球化遭遇逆风和回头浪的背景下，以习近平同志为核心的党中央审时度势、高瞻远瞩，对标当今世界最高水平的开放形态，决定在海南建设中国特色自由贸易港。此后，中央 12 号文件、《海南自由贸易港建设总体方案》先后印发，《中华人民共和国海南自由贸易港法》颁布施行，为海南量身定制了以“零关税、低税率、简税制”和贸易、投资、跨境资金流动、人员进出、运输来往自由便利及数据安全有序流动为主要特征的自由贸易港政策制度体系，实行“一线放开、二线管住”和“境内关外”的特殊制度安排，并以国家立法的形式固定下来。2018年以来，180 多项自由贸易港政策文件落地生效，封关运作准备工作全面铺开，压力测试相关工作有序进行；新增市场主体年均增长 40%，实际利用外资年均增长 80%，引进外资企业年均增长近 120%；建成运行社会管理信息化平台，人流、物流、资金流、信息流监管能力全面提升，风险防控体系初步建立并在实际工作中积累了一定经验，确保自由贸易港建设过程中不出现系统性重大风险。

二是完整、准确、全面贯彻新发展理念，经济转型升级取得显著成效。首先，产业结构更优。以壮士断腕的决心破除“房地产依赖症”，房地产开发投资占比从最高的五成下降到三成，房地产对税收的贡献由最高时的超过四成降至三成，产业结构从过去的以房地产为主向现在的以旅游业、现代服务业、高新技术产业、热带特色高效农业为主迈进。四大主导产业对经济增长的贡献率已接近八成。其次，发展后劲更足。加快培育南繁、深海、航天“陆海空”三个未来产业，以南繁种业、深海科技为重点的崖州湾科技城建设取得关键性成果，我国首个商业航天发射场项目在文昌开工建设。消费成为拉动经济增长的主引擎，高端购物、教育、医疗“三篇境外消费回流文章”初见成效，离岛免税销售额近两年翻两番，陵水黎安国际教育创新试验区开启中外合作办学的新篇章，博鳌乐城国际医疗旅游先行区成为国际先进药械进入中国市场的最主要通道。以环岛高铁、环岛高速公路、环岛旅游公路、环岛天然气管网、国际海缆等为代表的“五网”基础设施更加完善。最后，区域发展更协调。下决心推动儋州洋浦一体化，打造海南高质量发展第三极，发展格局实现由海口、三亚两极突进向“三极一带一区”区域协同的深刻变革。

三是把生态环境保护作为“国之大者”，推动生态环境质量持续改善。在强化制度和机制建设方面，取消对全省 2/3 市县的生产总值考核，率先划定省域生态保护红线，实施“三线一单”生态环境分区管控，探索建立流域上下游生态保护补偿机制。在以标志性工程为抓手推进国家生态文明试验区建设方面，热带雨林国家公园入选首批国家公园，本已濒临灭绝的海南长臂猿种群数量稳步增加，清洁能源装机占比和清洁能源汽车保有量占比全国领先，在全国率先实施全面“禁塑”，装配式建筑面积连续 4 年翻番，并滚动推出“六水共治”、博鳌零碳示范区等新的标志性工程。在整治突出环境问题方面，严格落实两轮中央环保督察和国家海洋督察反馈问题整改，开展生态环境六大专项整治和海岸带整治，在全国率先实现全省范围内生活垃圾“零填埋”。十年来，海南生态环境质量稳居全国一流。

四是把所有精力都用在让老百姓过好日子上，群众获得感、幸福感、安全感不断增强。脱贫攻坚成效在全国考核中连续 3 年处于第一方阵，与全国一道迈入全面小康，正向着推进乡村全面振兴、实现共同富裕奋力前进。持续引进国内外优质教育医疗资源，推进基层教育医疗人才管理体制和激励机制改革，“家门口上好学”和“小病不进城、大病不出岛”正成为现实。下决心解决高菜价这一民生之痛，2021 年 CPI 涨幅由往年的全国前列降为倒数。加快构建以安居房、保障性租赁住房、公租房为主体的住房保障体系，更好满足本地居民和引进人才的住房需求。扫黑除恶专项斗争和禁毒工作有力有效，社会主义核心价值观深入人心，治安形势达到建省以来最好水平。

五是把党建作为最大政绩，坚持以高质量党建引领高质量发展，党的领导更加坚强有力。首先，党内集中学习教育扎实开展，深入开展“勇当先锋、做好表率”和“作风整顿建设年”“能力提升建设年”等活动，党员干部作风得到锤炼、能力持续提升，对“两个确立”的领悟更加深刻，对“两个维护”的行动更加坚决。其次，完善激励约束机制，建立公职人员容错纠错办法及案例发布制度、政商交往正负面清单，引导广大党员干部解放思想、敢闯敢试、大胆创新。再次，坚持人才引进和培养双轮驱动，2018年以来引进人才40多万人，较之前的4年同口径增长近10倍；大力实施“南海系列”育才计划，本土人才和少数民族干部培养成效正在显现。最后，严格贯彻中央八项规定精神及其实施细则，一体推进不敢腐、不能腐、不想腐，旗帜鲜明推进清廉自贸港建设，以良好政治生态确保自由贸易港建设行稳致远。

值得一提的是，这期间全省上下大力弘扬敢闯敢试、敢为人先、埋头苦干的特区精神，克服了经济转型阵痛、新冠肺炎疫情反复冲击等困难，解决了一些长期想解决的、事关长远的问题。这主要体现在五个方面：一是坚决破除房地产一业独大的局面，非房地产业成为投资、税收的主力军，土地资源得到较好保护和利用，可持续发展能力显著提高。二是聚焦旅游业、现代服务业、高新技术产业和热带特色高效农业四大主导产业，围绕国家急需、海南所长培育发展南繁、深海、航天三个未来产业，现代产业体系初步形成，并在全省上下形成广泛共识，产业发展的思路和方向更加明确。三是实施儋州洋浦一体化，解决“儋州有城无产、洋浦有产无城”突出问题，让“儋州因洋浦而更加开放，洋浦因儋州而更有深度”，打造海南高质量发展第三极。四是以市场化手段推动琼州海峡港航一体化，港航一体、南北一体的格局基本形成，琼州海峡航运的安全和效率明显提升。五是下决心解决高菜价这个民生之痛，开展平价菜保供惠民行动，海南成为 2021 年 CPI 涨幅全国最低的省份之一，初步扭转了长年居高不下的局面。

成绩来之不易，奋斗驰而不息。十年来海南改革开放发展所取得的显著成效、发生的深刻变化，充分证明以习近平同志为核心的党中央把新时代海南经济特区办得更好的决策部署是英明正确的，充分证明中央和国家相关部门、兄弟省份对海南的关心支持是尽心有力的，充分证明省委、省政府贯彻落实中央精神、开创改革开放新局的政策举措是卓有成效的，充分证明全省上下凝心聚力、奋力拼搏的强大力量是不可估量的，并将为今后全面推进海南全面深化改革开放和中国特色自由贸易港建设积累宝贵经验、坚定发展信心、凝聚奋进力量。

第三，注重总结经验、着眼长远发展，是引领推动改革开放行稳致远的重要责任。

毛泽东同志曾说：“我是靠总结经验吃饭的。”我们党历来高度注重总结历史经验，《中共中央关于党的百年奋斗重大成就和历史经验的决议》就是我们党总结历史经验的重大成果，既是对“过去我们为什么能够成功”的深刻总结，更是“未来我们怎样才能继续成功”的行动指南。十年来海南改革开放发展历史，是我们党开创中国特色社会主义新时代的一个生动缩影，在34年海南经济特区建设历程中也处于至关重要的位置。当下海南被党中央和习近平总书记赋予了新的重大使命，总结特区建设的经验教训，把握经济特区的全新内涵，梳理蕴藏其中的客观规律，既是弘扬党的优良传统，也是海南发展现实所需。

关于海南等经济特区的主要经验、全新内涵、建设规律，习近平总书记在2018年4月庆祝海南建省办经济特区30周年大会上的重要讲话和2020年10月在深圳经济特区建立40周年庆祝大会上的重要讲话中曾有深刻阐述。

习近平总书记在庆祝海南建省办经济特区30周年大会上的重要讲话中指出，海南等经济特区的成功实践，充分证明了党的十一届三中全会以来形成的党的基本理论、基本路线、基本方略是完全正确的，中国特色社会主义道路是实现社会主义现代化、创造人民美好生活的必由之路；充分证明了无论改什么、改到哪一步，都要坚持党的领导，确保党把方向、谋大局、定政策，确保党始终总揽全局、协调各方；充分证明了改革开放是决定当代中国命运的关键抉择，是当代中国发展进步的活力之源，是党和人民事业大踏步赶上时代的重要法宝，是坚持和发展中国特色社会主义、实现中华民族伟大复兴的必由之路；充分证明了党中央关于兴办经济特区的战略决策是完全正确的，在决胜全面建成小康社会、夺取新时代中国特色社会主义伟大胜利的征程上，经济特区不仅要继续办下去，而且要办得更好、办出水平；充分证明了人民是改革的主体，要坚持一切为了人民、一切依靠人民，发挥好广大人民群众的积极性、主动性、创造性，使广大人民群众成为推动改革开放的强大力量。“五个充分证明”就是对海南等经济特区建设的经验性总结、规律性认识。

2020 年 10 月，习近平总书记在深圳经济特区建立 40 周年庆祝大会上发表重要讲话时，再次回顾总结中央兴办经济特区的历程、初衷和宝贵经验。他明确指出，1980 年 8 月党和国家批准在深圳、珠海、汕头、厦门设置经济特区，1988 年 4 月又批准建立海南经济特区，明确要求发挥经济特区对全国改革开放和社会主义现代化建设的重要窗口和示范带动作用。深圳等经济特区 40 年改革开放实践，创造了伟大奇迹，积累了宝贵经验，深化了我们对中国特色社会主义经济特区建设规律的认识。一是必须坚持党对经济特区建设的领导，始终保持经济特区建设正确方向。二是必须坚持和完善中国特色社会主义制度，通过改革实践推动中国特色社会主义制度更加成熟更加定型。三是必须坚持发展是硬道理，坚持敢闯敢试、敢为人先，以思想破冰引领改革突围。四是必须坚持全方位对外开放，不断提高“引进来”的吸引力和“走出去”的竞争力。五是必须坚持创新是第一动力，在全球科技革命和产业变革中赢得主动权。六是必须坚持以人民为中心的发展思想，让改革发展成果更多更公平惠及人民群众。七是必须坚持科学立法、严格执法、公正司法、全民守法，使法治成为经济特区发展的重要保障。八是必须践行“绿水青山就是金山银山”的理念，实现经济社会和生态环境全面协调可持续发展。九是必须全面准确贯彻“一国两制”基本方针，促进内地与香港、澳门融合发展、相互促进。十是必须坚持在全国一盘棋中更好发挥经济特区辐射带动作用，为全国发展作出贡献。以上十条，是经济特区 40 年改革开放、创新发展积累的宝贵经验，对新时代经济特区建设具有重要指导意义，必须倍加珍惜、长期坚持，在实践中不断丰富和发展。

新时代的经济特区如何倍加珍惜经验、把握发展规律、作出更大贡献？这就要回到习近平总书记 2018 年重要讲话中提出的成为改革开放的重要窗口、试验平台、开拓者、实干家这四个战略定位上来。至于为什么是这四个战略定位以及如何把握这四个战略定位，习近平总书记也逐一作出了阐释。一是经济特区要成为改革开放的重要窗口。这是因为，经济特区是我国最早对外开放的地区，是对外经济交流最活跃的地区，也是最能代表改革开放形象的地区。经济特区要继续发挥好改革开放的重要窗口作用，坚持打开国门搞建设，坚持“引进来”和“走出去”并重，同各国扩大双向贸易和投资往来，共建开放型世界经济。要大幅度放宽市场准入，扩大服务业特别是金融业对外开放，创造更有吸引力的投资环境。要加强国际人文交流，促进民心相通、文化相融。二是经济特区要成为改革开放的试验平台。这是因为，创办经济特区是我国改革开放的重要方法论，是经过实践检验推进改革开放行之有效的办法。先行先试是经济特区的一项重要职责，目的是探索改革开放的实现路径和实现形式，为全国改革开放探路开路。只有敢于走别人没有走过的路，才能收获别样的风景。经济特区要勇于扛起历史责任，适应国内外形势新变化，按照国家发展新要求，顺应人民新期待，发扬敢闯敢试、敢为人先、埋头苦干的特区精神，始终站在改革开放最前沿，在各方面体制机制改革中先行先试、大胆探索，为全国提供更多可复制可推广的经验。三是经济特区要成为改革开放的开拓者。这是因为，经济特区的成功实践为中国特色社会主义理论形成和发展提供了丰富素材和鲜活经验。新形势下，坚持和发展中国特色社会主义仍然有许多重大课题需要探索实践，有许多新的领域需要开拓创新。当前，改革在很多领域突入了“无人区”，经济特区要坚持摸着石头过河，逢山开路，遇水架桥，在实践中求真知，在探索中找规律，不断形成新经验、深化新认识、贡献新方案。四是经济特区要成为改革开放的实干家。这是因为，空谈误国，实干兴邦。只有真抓才能攻坚克难，只有实干才能梦想成真。经济特区要坚定舍我其谁的信念、勇当尖兵的决心，保持爬坡过坎的压力感、奋勇向前的使命感、干事创业的责任感，积极培育崇尚实干的环境，务实求变、务实求新、务实求进，为实干者撑腰，为干事者鼓劲，以昂扬的精神状态推动改革不停顿、开放不止步。

近年来，在践行“五个充分证明”“十条宝贵经验”“四个战略定位”过程中，海南不断细化落实措施、紧密结合自身实际、着眼长远健康发展，又梳理出“五个始终坚持”规律认识。这就是，在建设中国特色自由贸易港的新征程上，一是必须始终坚持正确政治方向，坚定捍卫“两个确立”，坚决做到“两个维护”，牢牢把握坚持中国共产党领导、坚持中国特色社会主义道路、坚持新发展理念、坚持以人民为中心、坚持社会主义核心价值观的“中国特色”核心要义。二是必须始终坚持解放思想、敢闯敢试、大胆创新，把制度集成创新摆在突出位置，强化改革措施的系统性协同性，着力破除制约海南高质量发展的体制机制障碍。三是必须始终坚持稳中求进，科学把握工作节奏，做到“闯”为基调、“稳”为基础、远近结合、小步快跑。四是必须始终坚持团结奋斗，发挥基层党组织的战斗堡垒作用，凝聚各方智慧和力量，调动各方面积极性，形成推动自由贸易港建设的强大合力。五是必须始终坚持底线思维，把风险防控作为事关海南自由贸易港建设成败得失的最关键变量，保持战略定力和耐心，不急于求成，不急功近利，确保行稳致远、久久为功。

第三节　生动范例

历史从不眷顾因循守旧、满足现状者，机遇属于勇于创新、永不自满者。习近平总书记要求海南加快建设具有世界影响力的中国特色自由贸易港，让海南成为新时代中国改革开放的示范，把海南打造成展示中国风范的靓丽名片。这是需要付出巨大艰辛努力、具备勇气智慧才能完成的宏伟目标，才能到达的理想彼岸。要永葆“闯”的精神、“创”的劲头、“干”的作风，始终坚持“一分部署、九分落实”的务实作风狠抓中央重大决策部署的贯彻落实，奋力推动中国特色自由贸易港建设进入不可逆转的发展轨道，早日让“总蓝图”变成“实景图”，这样才能在以中国式现代化推进中华民族伟大复兴的进程中，争创新时代中国特色社会主义生动范例。

第一，必须牢记殷切嘱托，以“两个维护”的思想自觉狠抓落实。

习近平总书记对海南发展倾注大量心血，对海南人民深情牵挂，党的十八大以来他多次到海南考察指导，对海南发展发表重要讲话，赋予海南更为重要的历史使命，要求海南加快建设具有世界影响力的中国特色自由贸易港，这极大提升了海南在全国改革开放大局中的地位作用，深刻改变了海南发展的历史进程。现在是保证如期实现全岛封关运作、全面建设中国特色自由贸易港的关键时期，海南对领袖嘱托要忠实践行，对“国之大者”要了然于胸，对历史机遇要无比珍惜，要把拥戴核心、紧跟核心、捍卫核心的坚定意志转化为狠抓落实的磅礴力量，万众一心创造更多让党中央和习近平总书记放心、让全省人民满意的扎实业绩。

第二，必须大胆创新实干，以舍我其谁的雄心壮志狠抓落实。

中国特色自由贸易港“现在要看海南了”，要探索试验蹚出一条路子来，没有解放思想、敢闯敢试、大胆创新，是绝不可能实现的。抓落实的方式要适应新的形势。中央交给海南的每项任务，都必须不打折扣、不搞变通抓落实，都必须结合实际、创造性地抓落实，两者相辅相成、并行不悖。要瞄准目标要求和时间节点，敢想过去没有想过的问题，敢干前人没有干过的事情，敢走别人没有走过的路子，以实事求是的态度、冲锋在前的勇气和善抓落实的智慧，排除万难、争取胜利，确保各项目标任务都能如期全面实现。那么，需要配套的就是加快完善容错纠错机制，推动创造性抓落实在琼州大地蔚然成风。

第三，必须坚持人民至上，以人民公仆的初心本色狠抓落实。

让老百姓过好日子，是中国特色自由贸易港建设的出发点和落脚点，必须把所有精力都用在这上面。人民不是抽象总体，民心连着千家万户、柴米油盐、喜怒哀乐。推进各项政策措施的过程中，必须时刻心中装着人民，坚持经济发展与民生改善同步提升。特别是推进涉及民生领域的政策措施时，要充分保障人民群众的知情权、参与权、表达权、监督权，把以人民为中心的发展思想和全过程人民民主的制度安排落到实处，切切实实提高人民群众获得感、幸福感、安全感。

第四，必须锻造过硬作风，以善作善成的工作韧劲狠抓落实。

好的政策制度，如果落而不实，表面看是方法问题，实质上是作风问题。这就要注重从源头抓起，整治各种形式主义、官僚主义，树牢善作善成的风向标，优化监督考核的指挥棒，特别是对于各级领导干部而言，要求别人做到的事情自己首先做到，要求别人不做的事情自己首先不做，以钉钉子精神推动“一本三基四梁八柱”战略框架落地生根。要大兴调查研究之风、学习之风、实干之风，着力解决本领恐慌、能力不足的问题，以朝气蓬勃、精神抖擞的状态推动任务落实。要以“诸葛一生唯谨慎，吕端大事不糊涂”的古训为镜，坚守底线、步步为营，既不畏缩不前，又不急功近利，决不在根本性问题上犯颠覆性错误。

美好蓝图催人奋进，狠抓落实才能成功。前进路上，全省上下需要更加紧密地团结在以习近平同志为核心的党中央周围，解放思想、开拓创新、团结奋斗、攻坚克难，加快推进海南全面深化改革开放和中国特色自由贸易港建设，以实际行动迎接党的二十大胜利召开。

第一章　开放为先的战略抉择

“改革开放是党在新的历史条件下领导人民进行的新的伟大革命，是决定当代中国命运的关键抉择。中国特色社会主义之所以具有蓬勃生命力，就在于它是实行改革开放的社会主义。”这是习近平总书记在2012年11月15日召开的党的十八届一中全会上作出的重要论述。

改革开放以来党的全部理论和实践的鲜明主题，就是中国特色社会主义；坚持和发展中国特色社会主义，又有赖于改革开放及其全面深化。在这样的实践互动中，对外开放成为中国的基本国策，也成为海南等经济特区的关键使命。由分散到整体的世界历史进程，决定了开放带来进步、封闭必然落后；由沿海到内地的改革开放序列，决定了经济特区必须始终具备打开大门、引领潮流的历史自觉和勇气智慧。

海南，作为经济特区，因改革开放而生，因改革开放而兴；作为沿海边疆，开放为先是良策，改革开放可共进。中国特色社会主义进入新时代，海南改革开放发展的基本逻辑是以高水平开放倒逼深层次改革，以深层次改革促进高质量发展。

第一节　开放旗帜

《中共中央关于党的百年奋斗重大成就和历史经验的决议》指出："我国发展要赢得优势、赢得主动、赢得未来，必须顺应经济全球化，依托我国超大规模市场优势，实行更加积极主动的开放战略。"承载更加积极主动的开放战略，海南经济特区理应走在前、作表率，这就要做到开放为先。

第一，开放为先是习近平总书记的殷切嘱托。

洋浦经济开发区是邓小平同志亲自批示，国务院 1992 年批准设立的我国首个外商投资成片开发、享受保税区政策的国家级开发区。早在 2010 年 4 月 12 日，习近平同志到海南考察时，就到过洋浦。巧合的是，2022 年他考察海南期间再次来到洋浦，也是 4 月 12 日。历史上的洋浦开发开放几经波折，在当年海南国际旅游岛建设上升为国家战略时，洋浦作为国家级开发区的开放引领功能再次凸显。习近平同志 2010 年在海南考察期间，指示海南必须充分发挥对外开放排头兵的作用，积极参加中国—东盟自由贸易区建设，提高贸易和投资便利化程度，进一步改善对外开放的政策环境和服务环境。

其中，"贸易和投资便利化"始终是习近平同志的关切事项，他历次考察海南时都对此反复强调。比如 2013 年要求"实施更加开放的投资、贸易、旅游等政策"，2018 年要求"实行高水平的贸易和投资自由化便利化政策"，2022 年要求"全面实施促进贸易投资自由化便利化的各项政策举措"。海南自由贸易港建设的核心政策制度体系，也是围绕“贸易和投资自由化便利化”来构建的。

2013 年 4 月，习近平总书记考察海南时指出：“海南对外开放的基础较好，具有面向东盟最前沿的区位优势，又是一个独立的地理单元，应该在开放方面先走一步。希望你们积极探索，也希望中央有关部门跟你们一道研究，实施更加开放的投资、贸易、旅游等政策，为全国发展开放型经济提供新鲜经验。”对于当时作为海南改革开放总抓手的国际旅游岛建设，他指示要“扎扎实实推进，逐步把海南建设成为一流的国际旅游岛”；“特别是要把国家赋予你们的开放政策用足用好，努力使海南成为我国服务业对外开放的重要窗口”。对于洋浦经济开发区，他强调：“洋浦经济开发区是当年邓小平同志批示推动成立的我国第一个吸引外资、成片开发的国家级开发区，要在多年开发积累的基础上继续办好。”

2018 年是海南发展史上具有里程碑意义的一年。这一年，习近平总书记考察海南，出席庆祝海南建省办经济特区 30 周年大会并发表重要讲话。在阐述新时代经济特区的四大战略定位时，习近平总书记首先提到的就是“经济特区要成为改革开放的重要窗口”。他指出：“经济特区是我国最早对外开放的地区，是对外经济交流最活跃的地区，也是最能代表改革开放形象的地区。经济特区要继续发挥好改革开放的重要窗口作用，坚持打开国门搞建设，坚持引进来和走出去并重，同各国扩大双向贸易和投资往来，共建开放型世界经济。要大幅度放宽市场准入，扩大服务业特别是金融业对外开放，创造更有吸引力的投资环境。要加强国际人文交流，促进民心相通、文化相融。”

在对海南工作提出六个方面的战略部署时，习近平总书记首先讲到的就是“海南要坚持开放为先，实行更加积极主动的开放战略，加快建立开放型经济新体制，推动形成全面开放新格局”。

何以将开放为先确定为海南的首要任务？习近平总书记深刻分析了国际国内形势和时代潮流方向指出：“经济全球化是社会生产力发展的客观要求和科技进步的必然结果。经济全球化为世界经济增长提供了强劲动力，促进了商品和资本流动、科技和文明进步、各国人民交往，符合各国共同利益。当前，世界经济仍然面临诸多复杂挑战，新增长动能缺乏，增长分化加剧。把困扰世界的问题简单归咎于经济全球化，搞贸易和投资保护主义，想人为让世界经济退回到孤立的旧时代，不符合历史潮流。正确的选择是，充分利用一切机遇，合作应对一切挑战。我在党的十九大报告中强调，中国开放的大门不会关闭，只会越开越大。这是我们对世界的庄重承诺。要坚持对外开放的基本国策，奉行互利共赢的开放战略，遵守和维护世界贸易规则体系，推动经济全球化朝着更加开放、包容、普惠、平衡、共赢的方向发展，让经济全球化进程更有活力、更加包容、更可持续，让不同国家、不同阶层、不同人群共享经济全球化的好处。”可见，开放为先是时势使然、潮流使然、使命使然。

如何推动开放为先战略在海南落到实处？习近平总书记向全世界郑重宣布：党中央决定支持海南全岛建设自由贸易试验区，支持海南逐步探索、稳步推进中国特色自由贸易港建设，分步骤、分阶段建立自由贸易港政策和制度体系。这一消息石破天惊，犹如滚滚春雷，响彻神州大地。这是党中央着眼于国际国内发展大局，深入研究、统筹考虑、科学谋划作出的重大决策，是彰显我国扩大对外开放、积极推动经济全球化决心的重大举措。

对于自由贸易试验区建设，习近平总书记强调："海南全岛建设自由贸易试验区，要以制度创新为核心，赋予更大改革自主权，支持海南大胆试、大胆闯、自主改，加快形成法治化、国际化、便利化的营商环境和公平开放统一高效的市场环境。要更大力度转变政府职能，深化简政放权、放管结合、优化服务改革，全面提升政府治理能力。要实行高水平的贸易和投资自由化便利化政策，对外资全面实行准入前国民待遇加负面清单管理制度，围绕种业、医疗、教育、体育、电信、互联网、文化、维修、金融、航运等重点领域，深化现代农业、高新技术产业、现代服务业对外开放，推动服务贸易加快发展，保护外商投资合法权益，推进航运逐步开放。"

对于海南自由贸易港建设，习近平总书记主要从四个方面予以重点部署。在把握基本原则上，"自由贸易港是当今世界最高水平的开放形态。海南建设自由贸易港要体现中国特色，符合中国国情，符合海南发展定位，学习借鉴国际自由贸易港的先进经营方式、管理方法。我们欢迎全世界投资者到海南投资兴业，积极参与海南自由贸易港建设，共享中国发展机遇、共享中国改革成果"。在确立主导产业上，"海南发展不能以转口贸易和加工制造为重点，而要以发展旅游业、现代服务业、高新技术产业为主导，更加注重通过人的全面发展充分激发发展活力和创造力”。在构建政策体系上，“在内外贸、投融资、财政税务、金融创新、入出境等方面，探索更加灵活的政策体系、监管模式、管理体制，加强风险防控体系建设，打造开放层次更高、营商环境更优、辐射作用更强的开放新高地”。在服务“一带一路”上，“海南要利用建设自由贸易港的契机，加强同‘一带一路’沿线国家和地区开展多层次、多领域的务实合作，建设21世纪海上丝绸之路的文化、教育、农业、旅游等交流平台，在建设21世纪海上丝绸之路重要战略支点上迈出更加坚实的步伐”。

自此，海南被赋予前所未有的开放使命、千载难逢的历史机遇、空前凸显的战略地位，自由贸易试验区和自由贸易港成为落实开放为先战略的广阔平台和鲜明旗帜。

洋浦因海而名，向海而兴。《海南自由贸易港建设总体方案》7次提到洋浦。2022年4月，习近平总书记再次来到洋浦考察，他指出：“洋浦经济开发区作为海南自由贸易港先行区、示范区，要总结好海南办经济特区经验，用好‘中国洋浦港’船籍港的政策优势，大胆创新、先行先试。”“振兴港口、发展运输业，要把握好定位，增强适配性，坚持绿色发展、生态优先，推动港口发展同洋浦经济开发区、自由贸易港建设相得益彰、互促共进，更好服务建设西部陆海新通道、共建‘一带一路’。”

对于作为开放旗帜的海南自由贸易港建设，习近平总书记给予高度关注、寄予厚望。在2022年4月考察海南期间，他深情回顾了当年在厦门牵头研究自由贸易港问题并将部分政策付诸实施的往事后说道："由海南来完成这项历史性任务，这也是中国特色社会主义经济特区建设的一个战略安排，不断摸索、大胆试验，现在蹚出来一条路子。"

2018 年 4 月以来，习近平总书记除了在《海南自由贸易港建设总体方案》公开发布前，作出专门指示外，还在许多重大会议和场合作出重要指示。比如他在 2018 年 11 月 5 日首届中国国际进口博览会开幕式上的主旨演讲中指出，"中国将抓紧研究提出海南分步骤、分阶段建设自由贸易港政策和制度体系，加快探索建设中国特色自由贸易港进程"；在 2018 年 12 月 18 日庆祝改革开放 40 周年大会上的讲话中总结中国改革开放重大成就时提出，"设立自由贸易试验区、谋划中国特色自由贸易港"；在 2018 年 12 月 29 日全国政协新年茶话会上的讲话中指出，"支持海南全岛建设自由贸易试验区、逐步探索建立中国特色自由贸易港建设"；在 2019 年 11 月 5 日第二届中国国际进口博览会开幕式上的主旨演讲中强调，"中国将继续鼓励自由贸易试验区大胆试、大胆闯，加快推进海南自由贸易港建设，打造开放新高地"；在 2020 年 11 月 4 日第三届中国国际进口博览会开幕式上的主旨演讲中指出，"海南自由贸易港建设顺利开局""中国将有效发挥自由贸易试验区、自由贸易港引领作用"；在 2021 年 11 月 4 日第四届中国国际进口博览会开幕式上的主旨演讲中强调，"海南自由贸易港跨境服务贸易负面清单已经出台"，"中国将在自由贸易试验区和海南自由贸易港做好高水平开放压力测试，出台自由贸易试验区跨境服务贸易负面清单"。

2022 年 4 月考察海南期间，习近平总书记最关心的还是自由贸易港建设。他希望海南加快建设具有世界影响力的中国特色自由贸易港，并语重心长地讲道："推进自由贸易港建设是一个复杂的系统工程，要做好长期奋斗的思想准备和工作准备。"如何顺利推进？那就是要继续抓好《海南自由贸易港建设总体方案》和《中华人民共和国海南自由贸易港法》的贯彻落实，把制度集成创新摆在突出位置，强化"中央统筹、部门支持、省抓落实"的工作推进机制，确保海南自由贸易港如期顺利封关运作。如何行稳致远？那就是"要坚持党的领导不动摇，自觉站在党和国家大局上想问题、办事情，始终坚持正确政治方向。要坚持中国特色社会主义制度不动摇，牢牢把握中国特色社会主义这个定性。要坚持维护国家安全不动摇，加强重大风险识别和防范，统筹改革发展稳定，坚持先立后破、不立不破"。

第二，开放为先是党中央、国务院的战略安排。

早在海南建设国际旅游岛时期，关于"国际"二字怎么体现，在《国务院关于推进海南国际旅游岛建设发展的若干意见》中就有这样的核心目标界定："到 2020 年，旅游服务设施、经营管理和服务水平与国际通行的旅游服务标准全面接轨，初步建成世界一流的海岛休闲度假旅游胜地。"

在党和国家的战略全局中，海南经济特区的优先使命始终在于建设开放高地。这在中央重要文件中多有体现。在党的十九大报告中，"赋予自由贸易试验区更大改革自主权，探索建设自由贸易港"写在"推动形成全面开放新格局"条目中，而同为重大国家战略的西部大开发、京津冀协同发展、雄安新区建设、长江经济带发展等则写在“实施区域协调发展战略”条目中。此后，《中共中央关于坚持和完善中国特色社会主义制度　推进国家治理体系和治理能力现代化若干重大问题的决定》提出“加快自由贸易试验区、自由贸易港等对外开放高地建设”，《中共中央关于制定国民经济和社会发展第十四个五年规划和二〇三五年远景目标的建议》提出“完善自由贸易试验区布局，赋予其更大改革自主权，稳步推进海南自由贸易港建设，建设对外开放新高地”，《中共中央关于党的百年奋斗重大成就和历史经验的决议》提出“推动贸易和投资自由化便利化，构建面向全球的高标准自由贸易区网络，建设自由贸易试验区和海南自由贸易港，推动规则、规制、管理、标准等制度型开放，形成更大范围、更宽领域、更深层次对外开放格局，构建互利共赢、多元平衡、安全高效的开放型经济体系，不断增强我国国际经济合作和竞争新优势”，也基本是这样的布局定位。

在专门针对海南出台的中央文件中，开放为先的要求就体现得更加鲜明。中央 12 号文件在阐述海南全面深化改革开放的重大意义时提出“三个有利于”：“支持海南全面深化改革开放有利于探索可复制可推广的经验，压茬拓展改革广度和深度，完善和发展中国特色社会主义制度；有利于我国主动参与和推动经济全球化进程，发展更高层次的开放型经济，加快推动形成全面开放新格局；有利于推动海南加快实现社会主义现代化，打造成新时代中国特色社会主义新亮点，彰显中国特色社会主义制度优越性，增强中华民族的凝聚力和向心力。”在规划“四步走”的发展目标时，开放指标也被摆在突出位置：到2020年，与全国同步实现全面建成小康社会目标，自由贸易试验区建设取得重要进展，国际开放度显著提高；到2025年，自由贸易港制度初步建立；到2035年，自由贸易港的制度体系和运作模式更加成熟，营商环境跻身全球前列；到本世纪中叶，率先实现社会主义现代化，形成高度市场化、国际化、法治化、现代化的制度体系，成为综合竞争力和文化影响力领先的地区。

《海南自由贸易港建设总体方案》旗帜鲜明地指出：“在海南建设自由贸易港，是推进高水平开放，建立开放型经济新体制的根本要求；是深化市场化改革，打造法治化、国际化、便利化营商环境的迫切需要；是贯彻新发展理念，推动高质量发展，建设现代化经济体系的战略选择；是支持经济全球化，构建人类命运共同体的实际行动。”在“指导思想”中提到“将海南自由贸易港打造成为引领我国新时代对外开放的鲜明旗帜和重要开放门户”。在五条“基本原则”中，“借鉴国际经验”被摆在第一：“坚持高起点谋划、高标准建设，主动适应国际经贸规则重构新趋势，充分学习借鉴国际自由贸易港的先进经营方式、管理方法和制度安排，形成具有国际竞争力的开放政策和制度，加快建立开放型经济新体制，增强区域辐射带动作用，打造我国深度融入全球经济体系的前沿地带。”至于到2025年、2035年、本世纪中叶的“三步走”发展目标，主要也是扩大对外开放的指标，要求最终“全面建成具有较强国际影响力的高水平自由贸易港”。

可见，对于海南自由贸易港来说，其本身就是中国把握时代发展潮流，实行更加积极主动的开放战略，彰显“中国开放的大门不会关闭，只会越开越大”的产物。安全是底线，开放是高线，如果没有扩大开放的突出绩效，也就称不上自由贸易港。

第三，开放为先是岛屿型经济体的生死抉择。

在闭关锁国时代，边远海疆往往只是蛮荒落后的代名词。但若形势一转，国家有序开放，那么边远地带就可以逆转成为开放前沿。其独特优势就在于，可以成为连接沟通腹地和外界经济文化交流的天然管道，也正是在这种内外连接沟通、降低经济压强、服务国家大局中，往往才能实现自身跨越式发展。

海南不仅是边疆，而且是岛屿。岛屿型经济体的特点就是经济腹地很小，市场、资源两头在外。具体到海南，还存在经济总量很小、产业层次偏低等问题，假如不把开放优先搞好，就会缺乏活力、缺乏动力、缺乏市场。可见，对一般地区而言，要不要开放是发展之选；对岛屿型经济体而言，要不要开放就是生存之选。因此，省委、省政府始终清醒认识到经济特区的使命在开放，岛屿经济体的生命线是开放，欠发达地区的跨越式发展靠开放。只有保持开放包容的胸怀姿态，坚持实事求是的思想路线，打造更具活力的体制机制，拓展更加开放的发展局面，开放一切可以开放的领域，开拓一切可以开拓的市场，才有实现腾飞的可能。

当然，凡事都有两面性。正如资源富集的地方可能存在“资源的诅咒”一样，岛屿型经济体的孤悬劣势，在特定条件下是可以转化成阀门优势的。作为独立的地理单元，试错成本较低、风险相对可控是岛屿型经济体的独特优势。习近平总书记认为海南在我国改革开放和社会主义现代化建设大局中具有特殊地位和重要作用的一个重要原因就在于，“海南是我国最大的经济特区，地理位置独特，拥有全国最好的生态环境，同时又是相对独立的地理单元，具有成为全国改革开放试验田的独特优势”。

第二节　总的抓手

不折不扣落实党中央和习近平总书记关于海南工作的战略部署，让海南成为真正的开放前沿、重要窗口、鲜明旗帜、生动范例、靓丽名片，始终是省委、省政府的重大政治责任和重要施政方向。

习近平总书记 2013 年 4 月考察海南时指出：“当前和今后一个时期，海南发展的总抓手就是加快建设国际旅游岛。这是中央作出的重大决策，也是海南发展的最大机遇和最强的比较优势。”因为独特的地理位置和丰富的旅游资源，海南很早就是全国旅游胜地，但乘势而上，转型升级，建设国际旅游岛和国际旅游消费中心，则要把目光从国内投向国际。

基本路径是，首先完成国际旅游岛建设的目标，即成为世界一流的海岛休闲度假旅游胜地，而后与海南“三区一中心”战略定位中的国际旅游消费中心建设相衔接，到本世纪中叶国际旅游消费中心的知名度和美誉度显著提升，成为全球旅游消费时尚潮流的引领者、世界知名的旅游度假和购物天堂以及展示中国风范、中国气派、中国形象的靓丽名片，最终成为具有世界影响力的国际旅游消费中心，从而“使海南国际旅游岛这张名片更亮更出彩”。对此，中央和海南作出了系列安排。

2009 年 12 月 31 日，《国务院关于推进海南国际旅游岛建设发展的若干意见》出台，对海南国际旅游岛建设提出六大战略定位，即我国旅游业改革创新的试验区、世界一流的海岛休闲度假旅游目的地、全国生态文明建设示范区、国际经济合作和文化交流的重要平台、南海资源开发和服务基地、国家热带现代农业基地，并从投融资、财税、对外开放、土地等方面给予海南系列政策倾斜。为了确保目标能够实现、按图施工，省委、省政府编制《海南国际旅游岛建设发展规划纲要（2010—2020）》（以下简称《规划纲要》），并于2010年6月8日得到国家发改委批复同意。《规划纲要》将海南分为北部、南部、中部、东部、西部、海洋六大功能组团，对发展目标进行细化量化，比如提出到 2020 年，接待国内外游客达 7680 万人次，旅游总收入达 1240 亿元，旅游业增加值占地区生产总值比重达 12% 以上，第三产业增加值占地区生产总值比重达 60%，第三产业从业人数比重达 60%。2016 年 1 月，国家旅游局确定海南为首个全域旅游创建省。《海南省全域旅游建设发展规划（2016—2020）》于 2017 年 3 月出台，海南开始把全省作为一个大城市、大景区、大花园来规划建设，以深入推进旅游供给侧结构性改革为主线，以“点、线、面”相结合为方式，推动形成全域旅游发展新格局。

回顾十年发展历程，海南开展国际旅游岛建设后，旅游法规体系日益完备、基础设施建设快速推进、旅游景区建设日新月异。其中具有代表性的发展成就有：一是建成世界唯一的环岛高铁，光网、电网、路网、气网、水网“五网”现代基础设施提质升级，主线全长约1000公里的环岛旅游公路开工，把沿线12个市县和洋浦经济开发区串联成为海南全域旅游体系中的有机整体。二是离岛免税购物、游客入境免签、邮轮边境旅游异地办证、游艇管理等38项优惠政策陆续落地，总建筑面积12万平方米的三亚海棠湾国际免税购物中心成为全球最大单体免税店，离岛免税政策日益放宽，自2011年4月实施以来先后8次调整，近两年销售额连翻两番，2021年突破600亿元，成为拉动消费的重要力量。三是邮轮游艇、高尔夫、海洋、乡村、温泉、雨林等新型旅游产品不断开发，海棠湾、亚龙湾成为中国高星级酒店最密集的地区之一，亚特兰蒂斯等酒店品牌纷纷进驻。截至2020年底，全省有按五星级标准建设开业的酒店123家、旅游文化园区7个、重点旅游度假区38个、国家级及省级旅游度假区3个、5A级景区6个。四是建立起餐饮、住宿、交通、景区、旅行社、购物等系列地方行业标准，针对早期游客反映强烈的“天价酒店”“海鲜宰客”等旅游欺诈行为，建立综合性旅游管理机构和旅游警察、旅游法庭、工商旅游分局的“1+3”模式，依法从严从重打击，旅游投诉实现快速处理，全省旅游投诉量连年下降，游客满意度稳步提升。五是成功举办世界旅游旅行大会、博鳌国际旅游论坛、海南国际旅游贸易博览会，增进海南对外交流合作，推动与“一带一路”沿线国家和地区互联互通，打造“泛南海经济合作圈”。2017 年机场吞吐量突破 4000 万人次，并提前 3 年实现入境游客突破 100 万人次的目标。六是旅游、互联网、现代金融、会展、医药、高新技术等产业保持快速增长势头。2020 年全省第三产业增加值占比达 60.4%（目标值为 60%），全省接待游客人数在 2019 年时就已经达到 8311.20 万人次（2020 年目标值为 7680 万人次）。七是坚持“小财政办大民生”。每年财政支出 70% 以上用于改善民生，实施“一市（县）两校一园一院”工程，大力引进全国优质教育、医疗资源，为全省每个市县至少建设一所省级水平的中学、小学、幼儿园和综合医院。

可以说，海南国际旅游岛建设所取得的经济转型突围、产业发展升级、补齐民生短板等方面的成就和经验，成为破除长期困扰海南发展的“房地产依赖症”的重要支撑，为海南经济社会健康发展特别是推进全面深化改革开放和中国特色自由贸易港建设打下扎实基础。正是国际旅游岛建设的顺利推进，使得它与全国最好的生态环境、全国最大的经济特区这两大传统优势，并称为海南改革开放发展的“三大优势”，也据此演化出通过努力奋斗将要实现的全省人民的幸福家园、中华民族的四季花园、中外游客的度假天堂“三大愿景”。

2017 年 4 月 25 日召开的海南省第七次党代会，继续强化认识“改革开放是经济特区的灵魂”，并提出打造对外开放新高地、扩大区域合作交流的 13 条具体措施。一要以服务贸易创新发展试点为契机，重点扩大旅游、教育、文化、医疗健康等领域开放，用好用足国家赋予海南的离岛购物免税、航权开放、入境免签、离岸金融等开放政策，全面提升服务业开放水平。二要复制推广上海等自贸试验区的经验与做法，创新投资便利化制度，建立投资准入前国民待遇加负面清单管理模式，加大利用外资力度。三要拓展国际贸易“单一窗口”平台功能，推动通关一体化改革，推广跨境电子商务，提高贸易便利化水平。高度重视洋浦开发开放。四要释放博鳌乐城国际医疗旅游先行区的优惠政策效应，形成国际化医疗技术服务产业聚集区。五要充分发挥海南国际旅游岛先行试验区的作用。六要建设适合开放开发的海洋型海关特殊监管区域，推动三沙对外合作。积极争取设立海口国家级新区。七要保持和展现博鳌小镇的田园风光特色，营造非正式、舒适、和谐的会议氛围，高质量服务保障和深度谋划利用好博鳌亚洲论坛，办好中非合作圆桌会议等国际会议，努力使海南成为我国立足亚洲、面向世界的重要国际交往平台。八要全面融入国家“一带一路”倡议，推动海南与沿线国家和地区港口、航空交通基础设施互联互通，加快建设临港临空经济区，将海南打造成“一带一路”国际交流合作大平台、海洋发展合作示范区、中国（海南）—东盟优势产业合作示范区。九要积极争取泛南海旅游经济合作圈成为国家战略。十要密切与泛珠三角“9+2”经济区、北部湾城市群的战略合作，扎实推进琼州海峡经济带建设。十一要深化与港澳台的交流合作，持续加强海峡两岸交流基地和示范基地建设。十二要支持有实力的本土企业“走出去”。十三要充分利用国际友城、侨力资源，促进对外人文交流。

其中，仍然突出国际旅游岛建设的“总抓手”地位，指出“建设国际旅游岛，要十分注重提升国际化水平。我们要以新时期特区人的勇气担当，解放思想，突破一切束缚发展的体制机制障碍；进一步发挥博鳌亚洲论坛、毗邻东南亚等优势，在服务国家总体外交、参与‘一带一路’倡议中发挥更大作用，实现更大作为；全方位提升以旅游业为龙头的现代服务业的国际化水平，努力打造世界一流的国际旅游目的地”。

国际旅游岛建设尚未到期，国际旅游消费中心建设已经先期衔接，事实上成为国际旅游岛建设的升级版。2018 年 12 月 12 日，国家发改委印发《海南省建设国际旅游消费中心的实施方案》（以下简称《实施方案》），提出旅游高质量发展示范区、旅游体制机制创新试验区、世界知名国际旅游消费胜地等三大战略定位。各自的内涵在于，牢固树立和践行“绿水青山就是金山银山”的理念，按照绿色旅游发展的要求推动全域旅游产业融合，有效整合资源，优化配套体系，提高旅游资源要素配置效率，推动从数量扩张到质量提升的转变，发展负责任、可持续的旅游业，为国内外游客和当地群众提供更多优质服务；充分发挥海南自由贸易试验区和中国特色自由贸易港的优势，积极探索、先行先试，全面推进体制机制创新，加快构建以旅游业为龙头的现代服务业体系，探索通过大力发展生态旅游实现生态产品价值实现的机制，为全国旅游业改革开放提供海南范例；充分发挥海南的区位和资源优势，对标国际知名旅游目的地，积极培育旅游消费新业态，扩大对外开放，提升旅游服务质量和国际化水平，打造世界知名的国际旅游消费胜地。《实施方案》具有鲜明的对外开放特征，并在大幅放宽外资市场准入和旅游、文化、航空、航运等许多政策举措上与2018年9月24日国务院印发的《中国（海南）自由贸易试验区总体方案》互相配套。

在接续奋斗中，国际旅游消费中心建设也收获初步成果。2018年以来，海南大力推动旅游与文化、体育深度融合，一是初步实现“处处有旅游、时时可旅游、行行加旅游、人人享旅游”的全域旅游新格局。尽管受疫情持续影响，但2021年全省接待国内外游客人数仍然达8100.43万人次，恢复至2019年的97.5%；旅游总收入1384.34亿元，较2019年增长30.9%。二是擦亮“四张旅游文化名片”，即最具海南本土特色的黎苗文化、海南独有的戏曲艺术琼剧、海南人脉广泛的华侨文化、以东坡文化为代表的历史文化遗存，实现文旅融合发展增效。三是不断提升旅游的国际化水平，持续引进知名酒店、主题乐园等旅游品牌，与世界旅游组织、头部旅游企业、国际大型演艺机构、国际体育机构等开展合作交流，探索制定对照国际标准、具有海南特色的旅游服务标准，强化境外客源市场宣传推介。至2020年年初，海南已经开通空中国际航线103条，通达境外62个城市，海口美兰、三亚凤凰两大国际机场的旅客吞吐量在2018年已双双突破2000万人次。

第三节　全新布局

从 2018 年 4 月开启全面深化改革开放和中国特色自由贸易港建设起，海南引领对外开放、打造开放新高地就进入全新的历史时期。新形势下的高水平开放，不只是原有开放举措的扩量提速，而是在深度、领域、方式等方面都可能存在质的不同，最关键的是促进国内外规则的有效衔接，既要搞好商品和要素流动型开放，更要搞好规则、规制、管理、标准等制度型开放。因此，海南自由贸易港建设从一开始就要求对标当今世界最高水平的开放形态。这时，我们期望的国际形势最好是风平浪静、艳阳高照，但实际上却是波诡云谲、逆风阵阵，唯一的选择就是不被表象所惑、不为干扰所动、不为风险所惧，在开放发展的历史潮流中迎风起航、搏浪前行，开创一片新天地。这是全新的布局，也是全新的挑战，更是全新的希望。

第一，坚持科学务实的推进策略，努力打造开放新高地。

开放新高地是海南自由贸易港建设的核心政策靶向，是海南全面深化改革开放的关键目标之一，其特性是开放层次更高、营商环境更优、辐射作用更强。要实现这样的目标，常规的分解任务、压实责任、内引外联、统筹力量、守好底线等举措是远远不够的，所以在实际操作中，在中央的领导下，还配套实施了系列行之有效的推进策略，确保各项开放政策落地生效。

一是实行高位推动。这其实是毫不动摇地加强党对改革开放的领导、充分发挥我国社会主义制度集中力量办大事的政治优势的具体表现。中央12号文件明确要求："建立健全'中央统筹、部门支持、省抓落实'的工作机制，坚定自觉地把党中央、国务院的决策部署落到实处。""中央有关部门要真放、真改、真支持，切实贯彻落实本意见提出的各项任务和政策措施，会同海南省抓紧制定实施方案。"海南省"要发挥主体责任"。《海南自由贸易港建设总体方案》对推进机制也作出详细安排："建立健全党对海南自由贸易港建设工作的领导体制机制。""在推进海南全面深化改革开放领导小组指导下，海南省要切实履行主体责任，加强组织领导，全力推进海南自由贸易港建设各项工作。中央和国家机关有关单位要按照本方案要求，主动指导推动海南自由贸易港建设，进一步细化相关政策措施，制定出台实施方案，确保政策落地见效。推进海南全面深化改革开放领导小组办公室牵头成立指导海南推进自由贸易港建设工作小组，由国家发展改革委、财政部、商务部、中国人民银行、海关总署等部门分别派出干部驻海南实地指导开展自由贸易港建设工作，有关情况及时上报领导小组。国务院发展研究中心组织对海南自由贸易港建设开展全过程评估，牵头设立专家咨询委员会，为海南自由贸易港建设建言献策。"海南全面深化改革开放和中国特色自由贸易港建设这两件大事，无论是文件制定，还是推进机制，都由中央直接来抓，可谓统筹力度空前。

随后，中央层面成立推进海南全面深化改革开放领导小组，由中央政治局常委、国务院副总理韩正任组长，中央政治局委员、国务院副总理胡春华和全国政协副主席、国家发改委主任何立峰任副组长。领导小组有全体会议、办公会议、专题会议三种议事方式，研究谋划实施重大改革事项，审议出台重要改革文件，全面建立“1+N”政策体系，推动重要核心政策落地实施。领导小组首次全体会议于2018年7月2日在海口召开。领导小组办公室还牵头成立推进海南自由贸易港建设工作专班，由国家发展改革委、财政部、商务部、中国人民银行、海关总署、自然资源部、住房和城乡建设部、生态环境部、税务总局等部门分别派出干部组成。工作专班通过现场调研、召开会议等方式，指导海南工作，协调解决自由贸易港建设中涉及中央事权的制度性政策性问题和跨地区、跨部门、跨行业、跨领域的事项，积极推动有关方面为海南自由贸易港建设提供帮助和支持。

这些举措为顺利推动海南全面深化改革开放和中国特色自由贸易港政策落地起到至关重要的作用。2022年4月，习近平总书记在考察海南期间，再次强调要“强化‘中央统筹、部门支持、省抓落实’的工作机制，确保海南自由贸易港如期顺利封关运作”。

二是注重学习先导。面对新的事物，认知是落实的前提，学习是认知的前提。特别是对中央政策，如果领会不深入、不透彻、不准确，甚至可能犯颠覆性错误。面对党中央和习近平总书记赋予的重大历史使命和千载难逢的历史发展机遇，省委深感学习调研的重要性和紧迫性，召开省委全会、省委常委会会议、省委深改委暨自贸港工委会议等，制定实施《海南省学习贯彻落实习近平总书记重要指示批示工作规则》，每月向党中央和领导小组报告落实《海南自由贸易港建设总体方案》的进展情况，自觉在思想上、政治上、行动上同以习近平同志为核心的党中央保持高度一致。分批次、全覆盖组织全省党员干部和窗口单位工作人员开展自由贸易港政策大测试，提高对自由贸易港政策的应知应会水平，并举办相关政策专题新闻发布会和领导干部周末学习专题讲座，邀请国家有关部委负责同志赴海南解读政策，组建队伍深入基层宣讲政策。

中国特色自由贸易港谁也没见过，到底该怎么建？这是省委、省政府最初比较着急的地方，于是又推出三个专门的学习途径。第一个途径是，2018 年 4 月 17 日至 19 日，全省派出 11 个由省领导带队的党政代表团，分赴全国 11 个自由贸易试验区（上海、广东、天津、福建、辽宁、浙江、河南、湖北、重庆、四川、陕西）学习取经，考察学习在深化体制机制改革、发展开放型经济、打造一流营商环境、激活创新创业要素等方面的好经验好做法。第二个途径是，2019 年 2 月，省委考察团到迪拜、新加坡、香港这三个世界公认较为成功的自由贸易港实地考察。自由贸易港作为一种行之有效的国际贸易、投资促进工具，迄今已有 470 余年历史，全球已经有 130 多个自由贸易港和 2000 多个与自由贸易港的内涵和功能相似的自由经济区域，它们在制度安排、优惠措施、服务管理等方面各有特点，如果已有经验能够得到有益借鉴，则海南自由贸易港建设可以高点起步、少走弯路。什么是当今世界最高水平的开放形态？海南建设自由贸易港如何体现中国特色？如何分步骤、分阶段建立自由贸易港政策和制度体系？如何吸引全世界投资者到海南投资兴业？这些重大问题，是需要逐步寻求答案的。省委经过考察研讨，提出要按照充分体现当今世界自由贸易港的成功经验、充分体现双边及多边贸易投资协定的成熟规则、充分体现国内扩大开放领域的最先进做法的“三个充分体现”原则，不断深化自由贸易港政策和制度体系的研究，推动相关工作落地。第三个途径是，开展中央和海南干部双向挂职，连续4年争取中组部支持从全国选派415名优秀干部来琼挂职，在制度集成创新、政策落地、产业升级等多个领域取得显著成绩；选派5批677名海南干部赴有关中央单位和发达省市跟班学习，不断开阔视野、积累经验、提升能力。

随着工作的深入推进，当前干部业务学习的重点又倾向于对《区域全面经济伙伴关系协定》（RCEP）、《全面与进步跨太平洋伙伴关系协定》（CPTPP）、《数字经济伙伴关系协定》（DEPA）等国际经贸规则的掌握，对推动与“一带一路”特别是东南亚国家合作交流的熟悉，等等。

三是做到蹄疾步稳。所谓“蹄疾”是目标性的要求，慢不得、等不起，不能贻误战机，否则就实现不了战略目标，“步稳”也就没有意义。所谓“步稳”是把握好力度，不能操之过急、片面追求速度，导致栽大跟头。所以蹄疾步稳是辩证统一的，既慢不得，也急不得；既不能失速，也不能失稳。自由贸易港建设就好比拿了一手好牌，只要把握好规律、按章法出牌，就能够取得最后成功。如何具体实现蹄疾步稳？一方面，坚持正确政治方向。始终将学习贯彻习近平总书记系列重要讲话和指示批示精神作为首要政治任务，以全面深化改革开放为引领，以高质量高标准建设自由贸易港为重点，准确把握前进征程上的“中国特色”核心要义，推动中央重大决策部署落地见效，坚决守住不发生系统性风险的底线。另一方面，把握科学工作节奏。建设中国特色自由贸易港，是一项前所未有的伟大事业，既要按时保质保量完成中央确定的各项任务，也要对没有先例的重大改革开放举措加强探索研究。这需要我们把握好分步骤、分阶段实施的推进节奏，坚持“闯”为基调、“稳”为基础、远近结合、小步快跑的工作节奏，只争朝夕、扎实稳妥，努力推动自由贸易港建设进入不可逆转的发展轨道。

四是落实早期安排。2018 年 4 月，中央 12 号文件出台后，大多数政策尚需中央相关部委和海南省共同推动制定细化实施方案。为了不坐等时间、把能干的事先干起来，省委、省政府从习近平总书记 2018 年重要讲话和中央 12 号文件中，梳理出一批已经非常明确、无须配套方案的政策项目，形成 12 个先导性项目：一是推进海南自由贸易账户（HNFT）体系建设；二是高起点建设海南特色国际贸易“单一窗口”管理制度；三是深化空域精细化管理改革；四是引进多个世界著名品牌游乐园项目；五是谋划举办海南岛国际电影节；六是推进全球动植物种质资源引进中转基地建设；七是推进国家南繁科研育种基地建设；八是设立海口江东新区启动规划三亚中央商务区，发展总部经济；九是推进深海科技城（大学城）建设；十是启动设立海南热带雨林国家公园；十一是建立全大候、实时性的人流、物流、资金流进出岛信息管理系统；十二是加快启动“禁塑”工作。2019 年，首批先导性项目已取得阶段性成果，比如：海南自由贸易账户体系正式上线运行；国际贸易“单一窗口”国家标准版覆盖海空港口岸并拓展至海关特殊监管区，海南升级版启动建设；成功举办首届海南岛国际电影节；成立海南热带雨林国家公园管理局，启动热带雨林国家公园建设；引进中外著名品牌游乐园项目取得初步进展；全面启动“禁塑”工作。随后，先导性项目又滚动增加 6 个，包括推进海南全岛（全省）5G 网络部署及商业化应用，设立中国（海南）国际知识产权交易所，实施琼港澳游艇自由行，实施服务贸易出口先导性计划，推动文昌国际航天城规划建设，推进既有铁路公交化、旅游化改造项目。

到自由贸易港建设阶段也是如此，先导性项目是落实早期安排、实现早期收获的重要抓手。其中，洋浦经济开发区等 11 个重点园区承载着自由贸易港建设实施“早期安排”政策的重要任务，是推动海南自由贸易港建设的样板区和试验区。“一线放开、二线管住”进出口管理制度和通关便利措施就首先在洋浦保税港区先行先试，取得试验成果后又向洋浦经济开发区全域、海口综合保税区、空港综合保税区推广。以先导性项目为主的早期安排，成为“一刻也不耽误”推动政策落地行之有效的方法。

五是抓实项目支撑。政策项目化、项目责任化，是推动工作的重要方法。在自由贸易试验区建设、自由贸易港建设、封关运作准备等过程中，海南多次开展重点项目集中签约、开工，甚至在早期实行逢单月开工、逢双月签约，推动引进的项目、企业、外资和人才成倍增长，各类要素加快汇聚。与这些具体的工程项目不同，海南在统筹推进“三区一中心”建设时，又落实和谋划牵引力强、带动面大的系列标志性工程。其中，全面深化改革开放试验区的标志性工程是中国特色自由贸易港。国家生态文明试验区的标志性工程是海南热带雨林国家公园、清洁能源岛和清洁能源汽车、“禁塑”、装配式建筑、“六水共治”和博鳌零碳示范区。国际旅游消费中心的标志性工程是全域旅游和境外消费回流。国家重大战略服务保障区的标志性工程是守好祖国南大门、建设国家军民融合创新示范区。每个标志性工程都有相应内涵和配套举措，比如全域旅游，就是要在“处处有旅游、时时可旅游、行行加旅游、人人享旅游”上下功夫，通过大力发展海洋旅游、生态旅游、乡村旅游等，推动形成 1/3 的游客在三亚等传统热带滨海地区，1/3 的游客到中部热带雨林和广大农村地区，1/3 的游客到海南环岛旅游公路及其驿站上，这样就有望实现年接待游客人数突破 1 亿人次，且旅游质量也得到提高。境外消费回流，主要是以离岛免税购物、陵水黎安国际教育创新试验区、博鳌乐城国际医疗旅游先行区为牵引，分别做好高端购物、教育、医疗“三篇境外消费回流文章”。

六是大力招商引智。海南在招商引才方面，从一开始就确定“两个更加注重”，即更加注重引进外资、更加注重引进外国人才，对外资全面实行准入前国民待遇加负面清单管理制度，启动“百万人才进海南”行动计划，坚持“把最好的资源给最好的投资者”，努力形成中国利用资本和人才的增量，而不是简单通过优惠政策将国内其他省份的资本和人才导入海南。为承接招商引智，海南创新设立国际经济发展局、人才服务“单一窗口”和全球投资服务热线“4008413413”。

通过努力，海南招商引智的成果显著。在招商方面，2021 年全省新设立外商投资企业 1936 家，同比增长 92.6%；实际利用外资 35.2 亿美元，同比增长 16.2%。截至 2021 年底，央企在海南设立各类公司（机构）已超过 500 家，资产总额突破 6500 亿元，营业收入、利润总额、缴纳税费总额等指标增速明显。2021 年，全省新增民营企业 15 万家，占新增企业总数的 88%，贡献全省六成左右税收。若时间拉长到近五年，那么海南累计实际利用外资 91.6 亿美元，接近建省以后 30 年实际利用外资总量，占全国比重由 2018 年的 0.54% 上升到 2021 年的 2%。2021 年，海南实际使用外资在 2018—2020 年连续三年“翻一番”的基础上继续保持稳步较快增长势头，总量规模位居全国第 9 位，经济小省迈向外资大省行列。其中，现代服务业实际利用外资 32.2 亿美元，占全部外资比重的 91%，较 2018 年提高 30 个百分点，现代服务业十大领域全部实现外资到资。2021 年，海南外商投资企业进出口总额达 325.89 亿元，同比增长 7%，占全省同期进出口总额的 22.1%。货物贸易规模突破千亿元，经济外向度达到 27%，较五年前提高约 6 个百分点。11 个自由贸易港重点园区在 2021 年实现营业收入翻番，以不到全省 2% 的土地面积，实现全省近三成的投资、超四成的税收，成为承载新经济新业态的重要载体。在引才方面，海南改变过于看重学历、证书、论文的传统做法，创新实行以薪酬水平为主要指标的人才评价标准，与人力资源和社会保障部联合举办“聚四方之才　共建自贸港”主题大型招才引智等活动。2018 年 4 月以来，全省共引进各类人才 43.2 万人，其中仅 2021 年一年就引进人才 19.9 万人，同比增长 63%，人才集聚效应加快形成，人才引进、培育“双轮驱动”的良好局面正在形成。

七是优化营商环境。营商环境是海南的“金饭碗”，营商环境的好坏是衡量自由贸易港建设成功与否的重要标准。中央 12 号文件、《海南自由贸易港建设总体方案》对海南营商环境建设有明确要求：到 2025 年达到国内一流水平，到 2035 年跻身全球前列。省委、省政府要求把优化营商环境贯穿到海南自由贸易港建设的全过程，努力使一流的营商环境成为海南自由贸易港的突出优势，专门成立省优化营商环境工作专班，建立营商环境的评价体系，形成高位推动、上下联动的工作格局；出台系列推进优化营商环境的有力措施，实现三个明显变化。一是政府办事效率更高。持续深化“极简审批”，在全省推行“一枚印章管审批”改革，努力做到“一个大厅办事、一个部门审批、一枚印章出件”。在全国率先探索“承诺即入制”和“准入即准营”改革，在全省范围内实施开办企业“全省一网通办”等措施，这些措施都取得明显实效。比如，现在全省政务服务事项的网办率已经超过 90%，所保留审批事项的审批流程和时限压减约 70%，工程建设项目审批时间已经比两年前压缩了 50% 左右。二是要素供给速度更快。为解决“项目等土地”问题，建立“机器管规划”制度，上线“土地超市”平台，首批上线土地共 168 宗、面积达到 7000

亩。原来是“项目等土地”，现在倒过来是“土地等项目”。为解决中小微企业融资难的问题，推动相关机构建立智慧金融服务平台，推出“琼科贷”“海知贷”“雏鹰保”等一系列很有特色的金融服务，使中小微企业获得融资贷款更简便、更快捷，成本更低、实惠更多。三是法治保障能力更强。大力推进法治政府、诚信政府建设，出台海南自由贸易港优化营商环境条例以及公平竞争、社会信用、知识产权保护等法规。设立两个涉外民商事法庭，在海口、三亚分别建立国际商事调解中心，为国内外企业提供优质高效的商事调解服务。建立企业信用风险分类管理制度，试行包容审慎的监管机制。营商环境的不断优化，使市场主体的获得感和满意度不断提升，使新增市场主体增速和利用外资规模真正跑出自由贸易港速度。比如，全省 2012 年底注册登记的各类市场主体有 42 万户左右，截至 2022 年 6 月底已经增长到 198 万户，不到 10 年工夫增长近 5 倍；海南新增市场主体增速连续 28 个月保持全国第一，这说明岛内外企业对投资海南自由贸易港的热情高涨。

八是强化法治引领。以法治引领规范保障改革开放，对内是重大改革于法有据的需要，对外是确立公平竞争环境的需要。这是从建省办经济特区之初就非常重视的，特别是对干部而言，必须改变习惯于单纯用行政手段管理经济的思维惯性，要善于用法治思维、市场手段去管理经济事务、推动改革开放。制定实施《中华人民共和国海南自由贸易港法》，是中国将海南自由贸易港重大决策部署转化为法律规范的具体表现，展现出中国熟练运用法律手段推动进一步开放和经济全球化、在对外开放中积极推进全面依法治国的信心和决心，也赋予了海南与国际上其他自由贸易港在法治化、国际化、便利化的营商环境上开展平等竞争的能力与机遇。海外媒体对此也给予积极评价。2021 年 6 月 14 日，塔斯社在报道中指出，《中华人民共和国海南自由贸易港法》对地方立法和商业纠纷解决机制的发展具有重要作用，将有力推动自由贸易港法律体系的形成，为国际贸易发展创造公平竞争的良好商业环境。2021 年 6 月 22 日，英国广播公司（BBC）在报道中提到，海南被赋予了改革立法和监管制度的巨大自主权，减少贸易壁垒及国家干预、降低企业税在内的试点计划将对企业产生吸引力。

以上推进策略，既有方法的大胆创新，也有保障的夯基垒台，既有要素的吸引集聚，也有资源的优化配置，与常规举措互相联动策应，形成落实重大改革开放任务的顺畅协调机制和强大推进合力。

第二，对照封关运作的目标需要，高水平开展压力测试。

全岛封关运作是海南自由贸易港建设具有里程碑意义的系统性工程，是全面实施“一线放开、二线管住”进出口管理制度的标志，是全面建设海南自由贸易港的基础。根据《海南自由贸易港建设总体方案》要求，将在 2025 年适时启动全岛封关运作。省委、省政府提出“封关运作准备工作是当前海南自由贸易港建设的头等大事”，瞄准“2023 年底前具备硬件条件、2024 年底前完成封关各项准备工作”总体目标，“要举全省之力、以大会战的姿态推动封关运作”，将全岛封关运作准备工作“置顶”。

此前，为落实习近平总书记关于“中国将在自由贸易试验区和海南自由贸易港做好高水平开放压力测试”的重要指示精神，海南已经实行儋州洋浦一体化发展，推行“一线放开、二线管住”进出口管理制度和通关便利措施增点扩区，目的就是确保自由贸易港政策压力测试的场景要充分、能级要足够。

2022 年初，推进海南全面深化改革开放领导小组办公室印发《海南自由贸易港全岛封关运作准备工作任务清单》，明确了口岸规划与建设、非设关地布局与建设、税收政策安排、重大风险防控以及“五自由便利、一安全有序流动”等 11 个方面 60 多项重点任务，标志着全岛封关运作准备工作全面启动。为扎实推进“准备工作任务清单”落地，海南还配套“项目清单”“压力测试清单”，实现“三张清单”联动推进。一是紧盯《海南自由贸易港全岛封关运作准备工作任务清单》落地，建立省主要领导定期听取汇报和研究部署、分管省领导分领域推进的工作机制，建立工作台账每月跟踪督办任务进展。成立由省长任组长的推进全岛封关准备工作专班，下设口岸规划与建设、非设关地布局与建设、税收政策安排、金融配套、行政体制保障、项目建设及要素保障六个专项工作组，分领域推进相关工作。二是聚焦《海南自由贸易港全岛封关运作项目清单》落地，把项目建设作为重中之重，积极争取中央资金支持，建立绿色审批通道，加强用海用地要素保障，确保各项目如期开工、如期完工。三是聚焦《海南自由贸易港全岛封关运作压力测试清单》，从风险防控角度提出重点政策落地风险测试清单，在封关前推动自由贸易港政策逐步落地，压力逐步释放，充分做好风险防控测试，尽可能缩小封关前后政策落差，实现平稳过渡。目前“压力测试清单”有 27 个事项，还将根据全岛封关工作需要适时动态增加，比如正积极稳妥推进自由贸易港“一线放开、二线管住”进出口制度在海关特殊监管区域以外开展试点工作。

第三，总结开放政策的落地成效，培育合作竞争新优势。

与全国各自由贸易试验区等改革开放前沿一样，海南全面深化改革开放和中国特色自由贸易港建设，关键是要耕好改革试验田，打造开放新高地，推出高水平制度创新成果，培育合作和竞争新优势，加快形成开放层次更高、营商环境更优、辐射作用更强的开放新高地，才能为构建新发展格局、推动高质量发展作出重要贡献。

一是系列关键核心政策相继落地。全面深化改革开放“1+N”政策和制度体系已经初步形成。到《海南自由贸易港建设总体方案》出台前后，《中国（海南）自由贸易试验区总体方案》确定的试点任务实施率已达 97%，与自由贸易港建设密切相关的贸易投资自由化便利化探索深入开展，建设成果不断涌现。放宽市场准入特别措施、贸易自由化便利化措施、外商投资准入和跨境服务贸易负面清单等相继出台，180 多项自由贸易港政策相继落地。“两个 15%”所得税、三张“零关税”清单、加工增值 30%（含）以上免征关税政策等有序实施，三张“零关税”清单适用商品货值达 77.2 亿元，市场主体 5 年增量超过过去 30 年的总和。完成自用生产设备和原辅料“零关税”政策调整，“一线放开、二线管住”制度增点扩区，政策受益面进一步扩大，政策红利进一步释放。大力推进以“中国洋浦港”为船籍港的国际船舶登记制度改革，截至 2022 年 5 月底，“中国洋浦港”国际船舶达 33 艘，海南省国际船舶总吨位跃居全国第二。全面落实《中华人民共和国海南自由贸易港法》，制定优化营商环境、公平竞争、反消费欺诈、社会信用等配套法规。改革的动力越来越足，开放的大门越开越大，发展的质量越来越高。2018—2021 年，全省地区生产总值年均增长 6.5%，地方一般公共预算收入年均增长 8.1%，社会消费品零售总额年均增长 9.6%，2021 年主要经济指标增速走在全国前列。

二是进出口贸易实现历史性突破。做好高端购物、医疗、教育“三篇境外消费回流文章”，是打造国内国际双循环的重要交汇点、建设国际旅游消费中心的重要举措。在此举措及其良好成效的牵引带动下，服务贸易和货物贸易等外向型经济均呈现出快速发展势头，海南统筹“两个市场”、利用“两种资源”的能力得以增强。在服务贸易方面,2021 年实现服务进出口 287.79 亿元，同比增长 55.54%，远超全国 16.01% 的整体增速，规模排全国第 18 位；多业并进态势明显，海运服务等重要行业实现倍增，其中海运服务增长 1.21 倍，专业咨询服务增长 1.19 倍，计算机服务增长 2.64 倍；服务贸易结构持续优化，全年知识密集型服务进出口 172.32 亿元，同比增长 81.66%，贸易量占跨境服务贸易总额的 59.88%，较 2018 年提升 8.61 个百分点；知识密集型服务中，金融、保险、电信计算机和信息服务等三个板块均实现倍增；数字贸易高活跃度，在 2020 年 1.28 倍增速的基础上，2021 年再次增长 1.18 倍，全年实现进出口 146.9 亿元，占服务贸易总额比重达到 51.05%，对全省服务贸易增长贡献率达 77.45%。在货物贸易方面，2021 年海南货物进出口 1476.8 亿元，同比增长 57.7%，比全国高 36.1 个百分点，进出口总额、进口额均首次突破千亿元大关；贸易结构不断优化，2021 年传统出口商品如成品油、纸及纸制品、水海产品占比由 56.4% 下降为 40.1%，电动平衡车、疫苗、汽车零配件、电工器材等商品成为出口新增量；贸易新业态蓬勃发展，离岸贸易、跨境电商等新业态快速发展，2021 年本地银行离岸贸易全年实现收支总额 74.8 亿美元，同比增长 4 倍，2021 年跨境电商出口货值达到 0.98 亿元。

三是两大对外交流合作平台大放异彩。博鳌亚洲论坛成为构建人类命运共同体的首倡平台。党的十八大以来，习近平总书记深入思考“建设一个什么样的世界、如何建设这个世界”的重大课题，提出并倡导构建人类命运共同体，为改革和完善全球治理体系贡献中国方案。“构建人类命运共同体”的伟大倡议，正是在博鳌亚洲论坛上得到逐步深入阐述，居高声远，广获认同。在博鳌亚洲论坛 2013 年年会上，习近平总书记发表题为《共同创造亚洲和世界的美好未来》的主旨演讲时指出：“我们生活在同一个地球村，应该牢固树立命运共同体意识，顺应时代潮流，把握正确方向，坚持同舟共济，推动亚洲和世界发展不断迈上新台阶。”此后历次出席论坛年会时，习近平总书记都进行深入阐释和积极倡议。2017 年，中国提出的“构建人类命运共同体”重要理念被写入联合国安理会决议，成为推动全球化的重要战略。近年来，习近平总书记在主旨演讲中，多次向世界介绍海南发展成就、机遇和自由贸易港建设情况。在 2018 年年会开幕式主旨演讲中，习近平总书记如此阐述：“2018 年是中国改革开放 40 周年，也是海南建省办经济特区 30 周年。海南省可谓‘因改革开放而生，因改革开放而兴’。改革开放以来，海南从一个较为封闭落后的边陲岛屿，发展成为中国最开放、最具活力的地区之一，经济社会发展取得巨大成就。一滴水可以反映出太阳的光辉，一个地方可以体现一个国家的风貌。海南发展是中国 40 年改革开放的一个重要历史见证。”在 2021 年、2022 年年会开幕式主旨演讲中，习近平总书记又分别讲道：“推进海南自由贸易港建设，推动建设更高水平开放型经济新体制。”“中国将扎实推进自由贸易试验区、海南自由贸易港建设，对接国际高标准经贸规则，推动制度型开放。”为落实好习近平总书记的要求，海南省成立服务和利用博鳌亚洲论坛联席会议工作机制领导小组，研究策划和推动实施以更高水平服务保障论坛年会、建设博鳌田园小镇、彰显“绿色办会”“智慧办会”特色的同时，也有效利用论坛平台促进海南对外经济文化交流、服务海南经济社会发展。比如实现从博鳌、三亚两地办会到博鳌一地办会之后，2017 年海南按照习近平总书记关于博鳌小镇“非正式、舒适、和谐”的建设要求，最大限度保护博鳌的田园风光、村落民俗、“公道”美食，中外客商在椰林掩映、稻花飘香的北仍村、沙美村、南强村等村落中进行商务洽谈，一时传为美谈，海南服务和利用论坛的能力得以完美结合。

“举办中国国际消费品博览会，国家级展会境外展品在展期内进口和销售享受免税政策”是海南自由贸易港建设的重要项目和政策。2021 年，首届中国国际消费品博览会在海口举行，吸引来自约 70 个国家和地区的近 1500 家企业超 2600 个品牌参展，成为亚太地区规模最大的消费精品展会。全国 31 个省（自治区、直辖市）和新疆生产建设兵团共襄盛举，派出代表团，组织参展企业超过 800 家。2022 年 7 月，第二届中国国际消费品博览会的展区总面积达 10 万平方米，较首届增长 25%，呈现出参展参会热情更高、国际化程度更高、展期活动更多等特征，参展企业和品牌数量均超过首届，共展出国内外品牌 2800 多个，总进场观众超 28 万人次。

在其他对外交往方面，海南也展现出新气象，“朋友圈”越来越大。特别是近五年来，外国政府官员、企业组团来访“热度”不减，平均每年递增超 20%。2018 年成功举办外交部海南全球推介活动，向全球 166 个国家推介海南。积极利用 238 批 1345 人次使节来访，向世界各国宣介海南，特别是 2020 年 8 月邀请建省以来最大规模外国驻华使节团集中访琼，向 37 个国家的 73 位驻华外交官有力宣介海南自由贸易港，不断拓宽交流渠道、创新合作方式。海南对外交往从周边国家拓展到北美洲、欧洲、大洋洲，从人文交流为主向经贸、旅游、科技、农业、教育、卫生等多领域深入，推动海南与全球资源深度链接。截至 2022 年 5

月，新增国际友城 11 个，国际友城数量增至 65 对，省级友城数量位居全国前列。柬埔寨王国驻海口总领事馆于 2019 年成功开馆，博鳌亚洲论坛秘书处海口办公室、联合国教科文组织联系学校国际中心、柬埔寨王国（海口）商务中心等相继落户，朋友间联系纽带更加紧密。依托友城打造的岛屿观光政策论坛、中国—东盟省市长对话、中国海南·柬埔寨光明行等友城合作品牌项目，得到广泛认同和好评。构建海南自由贸易港“333”国际传播体系，Facebook（脸书）官方账号 @HiHainan 粉丝数量突破 100 万，海内外全平台总阅读量达 35 亿人次，以 10 余种语言向全球发布海南动态，向世界展现美丽、开放、蓬勃的中国特色自由贸易港。美联社报道认为，作为“一带一路”倡议的支点，海南自由贸易港将与更多国家分享中国发展的红利；海南从经济特区向自由贸易港的演变，不仅见证了海南自身的发展，也表明了中国不断对外开放、共建创新包容开放型世界经济的决心。

省第八次党代会报告部署未来五年重点任务时，排在第一的就是“坚持服务和融入新发展格局，建设开放包容、合作共赢的自由贸易港”。这当中，工作重心又在于三个方面。一是全力推进全岛封关运作。把全岛封关运作作为自由贸易港建设的“一号工程”，加快推进开放口岸建设改造，高标准建设“二线口岸”，推动全岛岸线闭合管控，确保 2023 年具备封关硬件条件。完善“一线放开、二线管住”的管理制度，健全“五自由便利、一安全有序流动”的政策制度体系和监管模式，确保 2024 年完成封关各项准备。深入开展高水平开放压力测试，在更大范围内试行

“零关税”和“低税率”政策，研究推进“简税制”，确保如期顺利封关运作。二是对接国际高标准经贸规则。推动鼓励类产业目录、跨境服务贸易负面清单、外商投资准入负面清单等动态调整。加快实施货物贸易零关税、服务贸易“既准入又准营”、市场准入承诺即入制、加工增值税收政策。探索实施全球资源要素引进计划和重点国别合作计划，吸引跨国公司和国际机构落户。探索先行先试《全面与进步跨太平洋伙伴关系协定》（CPTPP）、《数字经济伙伴关系协定》（DEPA）等国际高标准经贸规则，加快推动规则、规制、管理、标准等制度型开放。三是打造国内国际双循环的重要交汇点。着眼把海南打造成为我国面向太平洋和印度洋的重要对外开放门户，发挥海南处于东南亚和中国大陆两个最活跃市场交汇点的优势，积极融入泛珠三角和北部湾城市群，实现与粤港澳大湾区、长三角一体化等重大国家战略联动发展；扩大与“一带一路”沿线国家和地区特别是东南亚国家的合作，成为国内企业走出国门、外商外资进入中国市场的重要门户。加快推动西部陆海新通道国际航运枢纽建设，强化海口区域航空枢纽功能，增开新开第五、第七航权航班，吸引航运公司和航空公司加密至海南的国内外航线航班。进一步做好外事工作，扩大自由贸易港国际“朋友圈”。继续办好博鳌亚洲论坛年会，使之成为兼具亚洲特色和全球影响的国际交流平台。

开放是自由贸易港的生命线，是高质量发展的推进器。在前进的路上，不管风云如何变幻，海南都要有站在历史正确一边的高度自觉，以更加积极主动、勇往直前的姿态落实开放为先战略。

第二章　敢闯敢试的精神力量

党的十八大以来，面对改革攻坚期和深水区，以习近平同志为核心的党中央紧紧抓住改革开放这个决定当代中国命运的关键一招，以伟大的历史主动精神、巨大的政治勇气、强烈的责任担当，团结带领全党全军全国各族人民冲破思想观念的束缚，真刀真枪全面深化改革，实现改革由局部探索、破冰突围到系统集成、全面深化的转变，为推动党和国家事业取得历史性成就、发生历史性变革提供了根本动力。

新时代这十年，海南最大的主题是全面深化改革开放。省委、省政府牢记习近平总书记嘱托，高举改革开放旗帜，坚持问题导向，突出制度集成创新，着力提升人民群众的获得感、幸福感、安全感，推动海南全面深化改革开放迈出关键一步，努力成为新时代中国改革开放的示范。

第一节　雄心壮志

改革是海南的铭牌和底色，海南因改革开放而生，因改革开放而兴。作为改革开放的产物，海南自建省办经济特区伊始，就流淌着改革的血液、自带着开放的基因。作为全国最大的经济特区，海南发展状况如何，历来是中国改革开放的重要风向标之一。

建省办经济特区以来，在党中央的坚强领导和全国的大力支持下，海南坚持锐意改革，勇于突破传统经济体制束缚，经济社会发展取得了令人瞩目的成绩，从一个边陲海岛发展成为我国改革开放的重要窗口，在农垦体制改革、“多规合一”改革、省直管市县的行政管理体制改革、航权开放等方面走在了全国前列。

党的十八大以来，党不断推动全面深化改革向广度和深度进军。在我国全面深化改革的重大历史进程中，海南又承担起勇当改革开放排头兵的重要使命。

第一，习近平总书记亲自关怀。

作为当代中国的一个重要改革地标，海南的全面深化改革进程始终凝聚着党中央、国务院的关心厚爱。习近平总书记亲自谋划、亲自部署、亲自推动，在海南留下了数次考察调研的身影，同时谋划海南改革全局、推动海南改革实践，为海南推进全面深化改革提供了根本遵循。

2013 年 4 月 10 日，习近平总书记在海南考察工作结束时发表重要讲话，指出：“改革开放是决定当代中国命运的关键一招，是决定实现‘两个一百年’奋斗目标的关键一招。当然，改革开放也是发展海南的关键一招。希望你们发扬经济特区敢闯敢试、敢为人先的精神，在打造更具活力的体制机制、拓展更加开放的发展局面上走在全国前列。”

2018 年 4 月 13 日，习近平总书记在庆祝海南建省办经济特区 30 周年大会上发表重要讲话，深刻指出：“海南在我国改革开放和社会主义现代化建设大局中具有特殊地位和重要作用。”“新时代，海南要高举改革开放旗帜，创新思路、凝聚力量、突出特色、增创优势，努力成为新时代全面深化改革开放的新标杆。”他还要求海南站在更高起点谋划和推进改革，下大气力破除体制机制弊端，不断解放和发展社会生产力，努力为全国提供更多可复制可推广的经验。习近平总书记2018年重要讲话以及《中共中央　国务院关于支持海南全面深化改革开放的指导意见》对海南意义重大：一是赋予了海南经济特区改革开放新的重大责任和使命。“党中央决定支持海南全岛建设自由贸易试验区，支持海南逐步探索、稳步推进中国特色自由贸易港建设，分步骤、分阶段建立自由贸易港政策和制度体系。”这是海南发展面临的新的重大历史机遇，为海南深化改革开放注入了强大动力。二是阐释了全面深化改革的内在规律和方法路径。习近平总书记强调：“因循守旧没有出路，畏缩不前坐失良机。改革开放的过程就是思想解放的过程。没有思想大解放，就不会有改革大突破。解放思想不是脱离国情的异想天开，也不是闭门造车的主观想象，更不是毫无章法的莽撞蛮干。解放思想的目的在于更好实事求是。”习近平总书记要求海南要坚持解放思想和实事求是的有机统一，一切从国情出发、从实际出发，既总结国内成功做法又借鉴国外有益经验，既大胆探索又脚踏实地，敢闯敢干，大胆实践，多出可复制可推广的经验，带动全国改革步伐；要坚持问题导向，从群众关心的事情做起，从群众不满意的地方改起，敢于较真碰硬，勇于破难题、闯难关，在破除体制机制弊端、调整深层次利益格局上再啃下一些硬骨头；要强化改革举措系统集成，科学配置各方面资源。三是明确了海南全面深化改革的重点任务。加快推进城乡融合发展体制机制、人才体制、财税金融体制、收入分配制度、国有企业等方面的改革，支持海南设立国际能源、航运、大宗商品、产权、股权、碳排放权等交易场所，形成更加成熟、更加定型的制度体系。深入推进经济体制改革，完善产权保护制度；深化农垦改革，在全省统筹推进农村土地征收、集体经营性建设用地入市、宅基地制度改革试点；创新投融资方式，开展能源综合改革；先行先试通用航空分类管理改革；等等。

2022 年 4 月 13 日，习近平总书记在参观海南全面深化改革开放和中国特色自由贸易港建设成果展后，听取了省委和省政府工作汇报，对海南各项工作取得的成绩给予肯定，希望海南以“功成不必在我”的精神境界和“功成必定有我”的历史担当，把海南自由贸易港打造成展示中国风范的靓丽名片。习近平总书记强调，海南“要坚决贯彻党中央决策部署，坚持稳中求进工作总基调，完整、准确、全面贯彻新发展理念，全面深化改革开放，坚持创新驱动发展，统筹疫情防控和经济社会发展，统筹发展和安全，解放思想、开拓创新，团结奋斗、攻坚克难，加快建设具有世界影响力的中国特色自由贸易港，让海南成为新时代中国改革开放的示范”。

第二，保持“特区之特”。

在新形势、新任务、新挑战下，习近平总书记特别强调，经济特区要不忘初心、牢记使命，在伟大斗争、伟大工程、伟大事业、伟大梦想中寻找新的方位，把握好新的战略定位，成为改革开放的重要窗口、试验平台、开拓者、实干家。新时代，海南经济特区不仅要继续办下去，而且要按照习近平总书记的要求，办得更好、办出水平，把“特区之特”保持下去，为全国提供更多可复制可推广的经验。

海南要把“特区之特”保持下去，就要重振特区意识、弘扬特区精神、擦亮特区招牌，坚定不移推进改革开放，紧紧抓住中国特色自由贸易港建设这个重中之重，在新起点上推动改革开放实现新突破，形成更高层次改革开放新格局。

海南要把“特区之特”保持下去，就要发扬开拓者的精神，要勇于扛起历史责任，坚持摸着石头过河，逢山开路，遇水架桥，在体制机制改革等各方面先行先试、大胆探索，在实践中求真知，在探索中找规律，不断形成新经验、深化新认识、贡献新方案，始终站在改革开放最前沿，成为我国改革开放的试验平台。

海南要把“特区之特”保持下去，就要秉承实干家的态度，保持爬坡过坎的压力感、奋勇向前的使命感、干事创业的责任感，坚持扩大开放，坚持“引进来”和“走出去”并重，同各国扩大双向贸易和投资往来，共建开放型世界经济，务实求变、务实求新、务实求进，以昂扬的精神状态推动改革不停顿、开放不止步，成为我国改革开放的重要窗口。

第三，紧跟中央步伐。

党的十八届三中全会对经济体制、政治体制、文化体制、社会体制、生态文明体制、国防和军队改革和党的建设制度改革作出部署，确定全面深化改革的总目标、战略重点、优先顺序、主攻方向、工作机制、推进方式和时间表、路线图。与此同时，以习近平同志为核心的党中央以高度的政治自觉主动调整中国的治理体系，设立全面深化改革领导小组，统筹历史关口的改革发展事业，为全面深化改革注入了强大的孵化力量。

党的十八届三中全会后，海南迅速贯彻落实会议精神，省委六届五次全会、省委六届八次全会先后审议通过了《中共海南省委关于贯彻落实党的十八届三中全会精神推动海南全面深化改革的实施意见》《中共海南省委关于深化改革重点攻坚加快发展的决定》，明确了未来五年海南全面深化改革的时间表、路线图，并对重点改革作出部署。省委成立全面深化改革领导小组，下设经济体制和生态文明体制改革、民主法制领域改革、文化体制改革、社会体制改革、党的建设制度改革、纪律检查体制改革等6个专项小组，专门研究相关领域的重点改革问题。在省委的号召下，各市县各部门也都及时成立改革领导小组及其工作机构，切实加强对本地区本部门全面深化改革工作的组织领导。全省上下形成了全面深化改革的体制机制，开启了海南全面深化改革开放的生动局面。经过九年破冰突围、攻坚克难，海南全面深化改革成绩卓著。在全国率先开展省域"多规合一"改革试点并持续推进，农垦改革取得阶段性成果并不断深化，行政审批制度改革、党政机构改革等多个领域改革取得重要进展。

当前，海南已进入全面深化改革开放、加快推进自由贸易港建设的关键阶段，推进改革的复杂程度、敏感程度、艰巨程度不亚于30多年前建省办经济特区。海南深刻领会习近平总书记关于全面深化改革重要指示精神，高举改革开放旗帜，坚决扛起中央赋予的改革探索、积累经验、作出示范的责任担当，重点在体制机制改革方面先行先试、大胆探索，形成全省上下推动全面深化改革的高度共识和行动自觉。

第二节　三种精神

一个时代有一个时代的问题，一个时代有一个时代的精神。2018年12月18日，习近平总书记在庆祝改革开放40周年大会上指出："改革开放铸就的伟大改革开放精神，极大丰富了民族精神内涵，成为当代中国人民最鲜明的精神标识！"对海南而言，特区精神是当代伟大改革开放精神的具体体现，是随着海南改革开放进程而产生并不断发展的精神。其根源是本土特色文化积淀而成的椰树精神和传承红色基因、赓续绵延的琼崖革命精神。特区精神、椰树精神、琼崖革命精神虽然产生的时代背景不同、产生的动因不一，但始终激励着海南人民攻坚克难、不断前行，汇聚起推动海南全面深化改革开放、面向未来继续扬帆远航的强大精神动力。

第一，弘扬特区精神。

海南的特区精神，向来以敢为天下先、勇于改革开放而为人称道。自建省办经济特区起，海南就以极大的勇气和胆魄，推出一系列在全国先行先试的改革举措，发挥了改革开放试验田、排头兵的作用。比如，率先实行省直管市县体制，探索“小政府、大社会”管理架构；率先实行企业登记制度改革；率先实行粮食购销体制改革；率先建立以股份制为主体的现代企业结构；率先实行省级统筹的社会养老、失业、工伤、医疗保险制度；率先实行“一脚油门踩到底”的燃油附加费改革；等等。靠着这一系列的先行先试，海南杀出了一条改革开放的“血路”，经济发展迸发出巨大活力。

回首建省30多年波澜壮阔的发展史，海南多项改革开放举措领跑全国，敢闯敢试、敢为人先、埋头苦干的特区精神一直传承，历久弥新，逐渐成为海南特区精神的核心品质。应该说，对海南而言，这是海南发展的灵魂所在，是不可或缺的，是必须牢牢坚持的。

2018年以来，在全面深化改革开放、加快建设海南自由贸易试验区和中国特色自由贸易港的新使命中，海南不忘初心，始终勇立改革开放潮头，在内外贸、投融资、财政税务、金融创新、入出境等方面先行先试、大胆探索，形成更加开放、更加灵活的政策体系、监管模式、管理体制，为全国提供了一批可复制可推广的改革经验。海南自由贸易港顺利开局，靠的就是敢闯敢试、敢为人先、埋头苦干的特区精神，抓住机遇、稳扎稳打，确保干一件成一件。

第二，提出椰树精神。

椰子树是海南的省树，海南岛更被誉为“椰岛”。在海南，随处可见挺拔秀丽的椰子树，它们给城市带来了别样美景。同时，椰树适应性强，容易生长，浑身是宝：椰子肉鲜嫩、椰子水爽口、椰干可当梁、椰壳可雕、椰根可入药。更可贵的是，椰子树不惧风暴，再强再猛的台风，也很难将其刮倒。有人写诗赞美椰子树说："伫立凌云诉苍穹，狂风暴雨不弯躬。"

在海南人心目中，椰树是母亲树、革命树、英雄树。在革命年代，琼崖战士倚靠椰子树搭棚设帐，用椰子水解渴，用椰子肉充饥，用椰子叶当被盖、做雨衣，用掏空的椰子树树干做土炮，用椰子水取代葡萄糖注射液救治伤员。椰子树种下之后，既不需要多浇水，也不需要多施肥，它一年到头默默生长，果实摘了又长，永不停歇。

可以说，椰子树已成为海南形象的一种物化象征，椰树精神已成为海南人民特有的精神之一。扎根守土、执着坚定、坚韧不拔、无私奉献的椰树精神，是每一代海南人干事创业应当大力弘扬的精神，是海南全面深化改革开放、建设自由贸易港所必需的精神。

海南人民就像椰子树那样，不计较、不索取，努力工作，无私奉献，为加快推进海南全面深化改革开放和自由贸易港建设贡献自己的一份力量。这种精神每每在重大灾难、重大考验面前尤为凸显。比如，2020 年在全力应对统筹常态化疫情防控和经济社会发展、全面建成小康社会、海南自由贸易港建设"三个大考"中，全省上下抓紧抓实项目建设、招商引资、市场主体培育、优化营商环境等重点工作，用超常规的举措千方百计把时间抢回来、把损失补回来、把影响的工期夺回来，有效推动全省经济迅速全面恢复。

第三，赓续琼崖革命精神。

1927年9月23日，在中共广东省委的领导下，琼崖武装总暴动的第一仗——椰子寨战斗打响，在琼崖树起了武装斗争的旗帜，掀起了全琼武装总暴动的序幕。琼崖党组织经过艰苦卓绝的武装斗争，“二十三年红旗不倒”，最终解放海南岛，取得了琼崖革命的胜利。从中共琼崖一大到中共琼崖第一个县委——中共琼山县委组建；从农民武装力量迅速发展，到琼崖工农红军云龙改编；从抗日独立队在琼山潭口渡口阻敌揭开琼崖抗战的序幕，到海南岛全面解放，琼崖党组织在一次又一次严峻斗争中保存了革命火种，让鲜红的党旗始终在海南高高飘扬。在祖国南端的这片热土上，无数仁人志士曾谱下可歌可泣的英雄壮歌。周恩来同志评价：“海南的斗争坚持了二十多年，红旗不倒，这是很大的成绩。”聂荣臻同志评价：“孤岛奋战，艰苦卓绝，二十三年，红旗不倒。”

琼崖革命精神是党在领导海南人民进行新民主主义革命斗争中形成的“二十三年红旗不倒”精神。其基本内涵是信念坚定，不屈不挠；自立自强，敢为人先；依靠群众，甘于奉献；五湖四海，丹心向党。

琼崖革命精神是伟大的，琼崖革命精神的内涵是丰富的，琼崖革命精神在今天的海南自由贸易港建设中，也是尤为珍贵、非常值得继承发扬的。琼崖革命精神的丰富内涵，对全面深化改革开放具有现实指导意义，特别是革命先辈在艰苦环境中解放思想、摸索创新成功保留革命火种的斗争精神，应该成为今天我们海南人民建设中国特色自由贸易港的力量源泉！

海南建设中国特色自由贸易港，是一项前无古人的全新事业，需要在内外贸、投融资、财政税务、金融创新、入出境等方面探索更加灵活的政策体系、监管模式和管理体制，需要推进一系列深层次的改革创新。改革意味着既有的利益格局必须打破，一些固化的利益链条必须打断。只有具备更大的政治勇气和智慧，才能攻克这些体制机制上的顽瘴痼疾，突破利益固化的藩篱，进一步解放和发展社会生产力，进一步激发和凝聚社会创造力，因此更需要有强烈的自我革命、不怕牺牲的精神，在改革开放中赓续红色血脉。

在大力弘扬这三种精神的同时，海南还鼓励干部解放思想、敢闯敢试、大胆创新，努力营造鼓励创新、宽容失误的氛围和制度。2018 年 7 月，中共海南省委办公厅印发《在海南全面深化改革开放中激励干部新担当新作为的实施意见》，明确提出建立激励机制和容错纠错机制，旗帜鲜明地为敢于担当、踏实做事、不谋私利的干部撑腰鼓劲，进一步激励全省广大干部新时代新担当新作为。

2020 年 11 月，中共海南省委印发《海南自由贸易港公职人员容错纠错办法（试行）》，明确可以容错的一个前提、七种情形。该办法通过坚决贯彻落实习近平总书记关于“三个区分开来”的重要要求，建立健全我省容错纠错机制，旗帜鲜明地为在海南自由贸易港建设中敢于担当、踏实做事、不谋私利的干部撑腰鼓劲，树立保护改革者、支持担当者的鲜明导向。

2021 年 7 月，海南正式颁布《关于建立海南自由贸易港公职人员容错纠错澄清正名和重新使用典型案例通报发布制度的实施办法（试行）》，省纪委监委会同省委组织部建立了典型案例通报发布制度，通过每月发布一期公职人员容错纠错、澄清正名、重新使用的典型案例，以案释规、以案释纪、以案释法，创新建立“四位一体”规范化、常态化的案例通报新机制，系统性集成创新形成了激励干部担当作为的完整链条，向全省释放为敢于担当、踏实做事、不谋私利的干部撑腰鼓劲的强烈信号，推动各级党组织大胆容错纠错，激励全省广大干部解放思想、敢闯敢试、干事创业，心无旁骛地为海南自由贸易港建设贡献智慧和力量。

截至 2022 年 6 月，省纪委监委已通报了 10 期典型案例，共推动全省办理容错纠错 17 人次、澄清正名 67 人次、查处诬告陷害行为 8 人次、重新使用受处理处分干部 404 人次。

第三节　重点改革

新时代十年，在以习近平同志为核心的党中央坚强领导下，海南以前所未有的决心和力度推进全面深化改革，坚持问题导向，从体制机制层面入手，兼顾眼前与长远，统筹整体与局部，关键领域改革不断提速，呈现全面发力、多点突破、蹄疾步稳、纵深推进的良好态势，谱写了改革新篇章，汇聚起发展新动能。

第一，省域“多规合一”改革成为海南靓丽名片。

规划是导向和龙头，是实现经济社会可持续发展的重要前提和基础。海南是我国陆域面积最小的省份，然而在这块不大的陆地上，曾经各种土地、林地、建设、海洋等规划的重叠图斑达127.9万块，同一地块会有基本农田、林地和城市建设用地等几种身份。较长一段时间内，各种规划冲突成为制约海南社会经济发展的普遍性问题。

2013年12月，习近平总书记在中央城镇化工作会议上明确要求探索“多规合一”，强调要积极推进市、县规划体制改革，探索能够实现“多规合一”的方式方法，实现一个市县一本规划、一张蓝图，并以这个为基础，“一张蓝图干到底”。

海南有全国唯一的省直管市县的体制优势，同时也有全国体量最小、要素最全的综合优势，城乡统筹、陆海统筹、军民融合、林田协调等各类空间规划在海南均有体现。因此，海南有需要、有基础、有条件在全国一马当先，率先开展省域“多规合一”改革，实行全岛统一规划。

省委、省政府将2012年、2013年定为“科学规划年”。省政府制定出台科学规划年总体实施方案，省直相关部门编制和完善了与“十二五”规划相配套的专项规划，各市县启动了新一轮城市和重点开发园区的总体规划修编，出台了《海南省村镇规划建设管理条例》，基本完成了《海南省城镇体系规划》修编。

2015年，海南正式开展省域“多规合一”改革探索，成立海南省加快推进“多规合一”工作领导小组，省长亲自挂帅，副省长、相关厅局一把手为成员。同时，设立了由副省长担任主任的领导小组办公室，下设8个工作小组，负责全省总体规划编制。

2015 年 6 月，习近平总书记主持召开中央全面深化改革领导小组第十三次会议，同意海南开展省域“多规合一”改革试点，要求海南充分发挥经济特区的政策、生态和区位优势，积极探索省级层面“多规合一”，推动形成全省统一的空间规划体系。由此，海南成为全国唯一的省域“多规合一”改革试点。

在“多规合一”改革试点中，海南牢固树立“全省一盘棋、全岛同城化”的理念，把全省作为一个大城市大景区来规划建设。通过“多规合一”改革实践，海南编制了一套规划，制定修订了一套法规，创新了一套规划管理体制，探索了一套行政审批新模式，建立了一个“机器管规划”全周期管理体系，为区域协调发展、全岛同城化奠定了规划基础。通过“多规合一”改革，海南形成了一张蓝图。海南在统一坐标体系、基础数据、规划年限、用地分类标准和成果要求的基础上，统筹整合了主体功能区规划、生态保护红线规划、城镇体系规划、土地利用总体规划、林地保护利用规划、海洋功能区规划等六类空间性规划，完成了《海南省总体规划（空间类 2015—2030）》，为海南整体发展绘制了一张蓝图。在这张蓝图上，海南陆域和海域统筹规划，从陆域面积最小的省份一跃成为疆域大省；梳理化解了 72.1 万块、面积 1589 平方公里的重叠图斑，消除了各类规划之间“打架”的矛盾；划定主体功能分区和生态保护红线、林地控制线、基本农田控制线、开发边界线等 11 类控制线，形成生产、生活、生态空间的科学格局。在此基础上，海南编制了自由贸易港重点产业园区、重点城镇控制性详细规划，以及环岛旅游公路、热带雨林国家公园等专项规划。

为处理好改革探索和依法推进的关系，海南颁布修订了一套法规体系。海南省颁布实施了《海南经济特区海岸带保护与开发管理规定》《海南省生态保护红线管理规定》《海南省人民代表大会常务委员会关于实施海南省总体规划的决定》《海南省人民代表大会常务委员会关于加强重要规划控制区规划管理的决定》等一批法规，修订了《海南省城乡规划条例》《海南经济特区土地管理条例》《海南经济特区林地管理条例》《海南省实施〈中华人民共和国海域使用管理法〉办法》等法规，推动解决法规依据不统一的问题，明确了省和市县总体规划的法律地位，基本形成了与省域“多规合一”改革相配套的法规体系。

为加强规划的执行管理，海南成立全国首个省级规划管理职能部门——海南省规划委员会，主管全省空间规划的编制、审批和督察工作，确保“一张蓝图干到底”。2018 年 9 月，全国首个省级自然资源管理部门——海南省自然资源和规划厅成立，海南各市县也陆续相应成立自然资源和规划局，“一张蓝图干到底”向“一个机构管蓝图”“一个平台管到底”延伸，真正实现“多规合一”框架下对自然资源的统一管理。

“全省一盘棋、全岛同城化”，既需要统一集中管理，也需要简政高效管理。在“多规合一”改革试点前提下，海南最大限度地推进行政审批制度改革、简化项目审批程序：推行规划代立项、园区区域评估评审代单个项目评估评审等“六个试行”极简审批做法，被国务院列入地方优化营商环境典型做法。另外，海南还率先把用地、用林、用海审批权合到一个部门，探索“只转不征、只征不转、不征不转”等土地制度，构建了国土空间用途审批“多审合一”制度，提高了行政审批效率。

为加强规划刚性约束、减少人为干预以及推动解决技术手段和信息应用上不统一的问题，海南构建了“机器管规划”全周期管理体系。首先，海南完善规划信息数据库建设，将自然资源数据体系扩充至包括自然保护地、农业“两区”划定、海域使用权属、文物保护单位、污染地块等 11 个厅局 90 项，并实现省、市县数据联动更新和规划调整全流程可溯管理。随后，海南发布政务版“一张蓝图”APP，方便各行政管理部门查询规划、辅助决策项目选址，并对全省乡镇和村干部开展培训，提升基层干部应用信息化手段治理国土空间的能力。同时，强化审查审批功能，实现业务审批空间留痕。推行建设工程规划许可证机器赋码，实现工程建设规划许可证从申报到应用全流程电子化审批和数据信息共享。全省已由机器核查并核发“一书两证”电子证照 800 多张。此外，推进农民建房审批管理平台的省级统建工作，已上线海南农民建房审批“零跑动”管理平台，实现村民不出门就能办理农房报建手续。海南还在原有“天上查、地下巡、网上报”的立体监测督察体系下，建立起省、市县、乡镇和村四级规划日常巡查机制，有效支撑“两违”整治、乱占耕地问题清理、海洋督察整改等工作，促进监督管理从被动转向主动，由事后向事中、事前转变。

自 2015 年启动试点以来，通过“多规合一”改革实践，海南守住了生态保护红线、永久基本农田、城镇开发边界，保障了海南自由贸易港建设用地需求，提升了国土空间开发的质量和效益，提高了建设项目审批效率，也为全国国土空间规划体系改革起到了积极的示范带动作用。经过近十年的探索，海南省域“多规合一”改革已成为海南全面深化改革的一张靓丽名片：在第一届“海南省改革和制度创新奖”中获得一等奖，在全国作为优化营商环境典型做法进行通报，被选入国家发改委《国家生态文明试验区改革举措和经验做法推广清单》，而“多规合一”信息综合管理平台于2018年获得首届数字中国建设峰会年度最佳实践奖。

海南省域“多规合一”改革试水，得到了习近平总书记、李克强总理的高度重视和充分肯定。2016年6月27日，习近平总书记主持召开中央全面深化改革领导小组第二十五次会议，审议通过了《关于海南省域“多规合一”改革试点情况的报告》等事项。会议指出，中央授权海南开展省域“多规合一”改革试点一年来，海南结合实际，积极推进改革探索，梳理化解规划矛盾，统筹各类规划，在推动形成全省统一空间规划体系上迈出了步子、探索了经验。习近平总书记2018年重要讲话中，将“多规合一”列为海南重要改革经验之一，充分肯定海南“多规合一”改革走在了全国前列。

伴随着海南自由贸易港建设的推进，“多规合一”改革进入深化改革攻坚阶段。海南将以更大力度深化“多规合一”改革，为落实各项改革开放举措、加快重大项目建设、实现全岛封关运作等突破瓶颈、扫除发展障碍，助力海南自由贸易港建设。海南“多规合一”改革将迸发出更大的内生动力和改革活力。

第二，农垦“爆破式”改革勇闯新路。

建省以来，海南农垦实行过多次改革，逐步破解系列难题，但驱动高质量发展的体制机制等根本性问题尚未破局。

党的十八大之后，海南农垦改革进入深水区。为了破解海垦土地“迷局”，2015 年 7 月 22 日，省委六届八次全会审议通过了《中共海南省委关于深化改革重点攻坚加快发展的决定》，把新一轮农垦改革列为全省四项重点改革攻坚任务之一，号召举全省之力重点攻坚。2015 年 10 月以来，一场史无前例的农业用地清理规范管理战役在海南农垦打响。这是海南农垦为重新盘活旗下庞大的农业资源、重新布局农垦产业发展，探索出的一条改革发展创新之路。这是一场自上而下、以点破面的“爆破式”改革。

2015 年 11 月，《中共中央　国务院关于进一步推进农垦改革发展的意见》正式印发，明确提出“两个 3 年”改革目标，即“用 3 年左右时间，将国有农场承担的社会管理和公共服务职能纳入地方政府统一管理”；“用 3 年左右时间，基本完成农垦国有土地使用权确权登记发证任务”。不到一个月时间，海南在全国率先出台《中共海南省委　海南省人民政府关于推进新一轮海南农垦改革发展的实施意见》，新一轮农垦改革拉开帷幕。2015 年 12 月 29 日，海南省农垦投资控股集团有限公司（以下简称“海垦集团”）揭牌成立。其在原海南农垦总局、原海南省农垦集团有限公司基础上组建，下属企业、农场主要分布在除三沙市以外的海南省各市县境内。其拥有总面积 1041 万亩的土地，辖区内有全国最大的天然橡胶基地和重要的热带作物生产基地。此举宣告海南农垦“政企合一”时代的结束。

如何乘势而上，把海垦集团真正打造成海南热带现代农业的王牌军和排头兵？那就是必须继续深入推进农垦改革。2017 年 9 月，省委全面深化改革领导小组会议指出，农垦改革已经进入深水区，要敢于攻坚克难，让改革真正产生效益，并体现在农垦职工受益上，把农垦打造成海南经济新的增长极。垦区要继续深化农垦改革，必须加快消除一切束缚高质量发展的观念和体制机制障碍，坚决避免封闭式发展，积极融入地方发展大局；加强与地方密切配合，建立垦地融合工作机制，形成工作推进合力，确保在空间规划、产业融入、公共基础设施建设、土地利用等方面取得实质性融合；推动市县加大对农垦改革发展的支持，在推进垦地融合发展中实现共建、共赢、共享。

2017 年 3 月 26 日，全国深化农垦改革现场推进会在海口召开，高度评价海南农垦的改革经验和成效：“海南农垦改革任务重，党委政府重视程度高，改革决心大、支持力度大、工作措施实，改革进展顺利、成效明显，特别是推进改革的积极性和主动性、担当进取和攻坚克难的精神，值得各地学习。”2017 年 8 月 15 日，《人民日报》刊发长篇通讯《不忘初心的南田样本》，指出：“从全国十大贫困农场之一到全国农垦改革发展的排头兵，企业资产从 1992 年不足 5000 万元到 2016 年增至 30 多亿元。南田农场两次被国务院授予‘全国民族团结进步模范集体’，获得全国五一劳动奖状等 20 多项荣誉……南田农场 25 年的故事连接起来，就是一幅长长的党员干部和职工群众同心协力精准脱贫、共建小康的动人画卷。”这正是海南农垦改革的生动缩影。

如今，农垦地方化、垦区集团化、农场企业化改革已经基本完成。海南农垦改革全面完成中央“两个3年”和12项改革专项试点任务，垦区集团化、农场企业化、社会职能属地化、农业用地管理规范化等关键领域的改革成效突出，在农业农村部组织的三次量化考核中，海南农垦均名列第一。2018年，习近平总书记出席庆祝海南建省办经济特区30周年大会并发表重要讲话，充分肯定了海南农垦体制改革。

在体制机制改革方面，深入推进垦区集团化、农场企业化改革。2015年成立了海南省农垦投资控股集团有限公司，取消原海南省农垦总局的实体机构，全面完成农垦41家农场（所）转企改制，并相继成立二级产业集团，实现体制机制的根本转换，彻底结束了海南农垦“政企合一”的历史。

在落实“两个3年”改革目标方面，在全国首创设“居”模式，顺利完成社会职能移交，创新基层社会治理，政府通过设“居”，以委托授权或购买服务的方式承接农场移交的22大类106小项社会管理和公共服务职能；全面完成垦区土地权籍调查，土地调查率为100%，土地发证面积为1034.87万亩，土地发证率达99.3%；自选改革动作，规范并创新土地运营管理，解决农场土地面积过大、租期过长、租金过低等“三过”顽疾。

在深化企业内部管理体制方面，海垦集团多举措推进企业内部管理机制改革，促进企业提质增效，大力实施产业发展战略，打造海南热带农业王牌军；按照中国特色现代国有企业制度要求，把党的领导融入公司治理各个环节，落实全面从严治党主体责任，率先完成省属企业纪检监察体制改革，推动党建工作与生产经营深度融合。高效谋划“现代农业大基地、大企业、大产业”目标，将下属52家二级企业重组整合为35家，其中新组建热作、果蔬等产业集团，以集约化、专业化运营着力解决产业发展“小散弱”问题，建成国家南繁生物育种专区；完成我省首单跨国公司跨境资金集中运营业务备案；旗下财务公司成功加入人民币跨境支付系统；成功发行全国首单8亿元乡村振兴债；等等。

十年耕耘结硕果，艰辛磨砺绽芳华。通过一系列改革举措，海垦集团企业经营效益显著提升，2021年实现营收264.93亿元、利润总额9.33亿元、资产总额861.72亿元，整体实力、产业投融资能力和可持续赢利能力进一步增强，职工收入实现较大幅度增长。站在新的起点上，海垦集团正扎实抓好各项重点工作落实，持续优化升级产业发展战略，加强产业协同、强化科技支持，深入推进垦地融合发展。

目前，海南农垦正抢抓自由贸易港建设重大机遇，推动农垦在自由贸易港建设中实现高质量发展，持续深化改革，在完善“居”的高效运营管理、社会职能移交、推进垦地融合发展等方面迈出新步伐，进一步巩固改革成果，真正成为海南热带现代农业的王牌军和排头兵，以实际行动为加快推进自由贸易港建设和海南经济社会发展作贡献。

第三，主动请缨试点司法体制改革。

司法体制改革，关系司法公信力和社会公平正义，关系人民群众的切身利益，关系党和国家政权的长治久安。习近平总书记反复强调，“司法是维护社会公平正义的最后一道防线”，“如果司法这道防线缺乏公信力，社会公平正义就会受到普遍质疑，社会和谐稳定就难以保障”，“解决法治领域的突出问题，根本途径在于改革”。

2014 年，党的十八届四中全会提出，必须完善司法管理体制和司法权力运行机制，规范司法行为，加强对司法活动的监督，努力让人民群众在每一个司法案件中感受到公平正义。2015 年 4 月，中共中央办公厅、国务院办公厅印发《关于贯彻落实党的十八届四中全会决定进一步深化司法体制和社会体制改革的实施方案》，就进一步深化司法体制和社会体制改革圈定 84 项改革举措，为改革制定路线图和时间表。

在全国司法体制改革试点中，海南主动请缨，搭上了头班车。2014 年 3 月全国两会期间，海南明确提出了带头搞司法体制改革试点的意愿。海南有省直管市县的体制优势，可以“一竿子插到底”，其行政层级关系、经济发展水平的多样性和特殊性在改革试点中独具优势，而全国其他省区市的现行体制，除林区和农垦外，大多都可以在海南找到对应的范本。这些特点决定了海南省试点改革的示范性概括面大、易操作、可复制。

2014 年，全国两会结束后，海南有关部门趁热打铁，主动向中央政法委请缨，争取将海南列为首批全国司法体制改革七个试点省份之一。同年 11 月 18 日，中央政法委批复同意《海南省司法体制改革试点方案》，海南搭上了全国司法体制改革试点的头班车；12 月 26 日，省委批准《海南省司法体制改革试点工作推进方案》。2015 年 1 月 29 日，海南在全省各级检察院正式全面启动了司法体制改革试点工作。

司法体制改革无先例可循，经过精准谋划、精心实施，在摸清底数、反复论证的基础上，省检察院统一制定了所有的改革方案，包括全省过渡期检察官选任办法、考试实施方案、考核实施方案等三个方案。2015 年 1 月 17 日，海南省司法体制改革首次法官选任考试正式开始；4 月 2 日，省检察院统一组织全省检察官选任考试；4 月 12 日，部署各级检察院开展检察官选任考核工作。各级检察院检察长直接进入员额；需进入员额的副检察长通过“考核”方式产生；检委会专职委员、检察员、助理检察员共 669 人通过“考试 + 考核”方式进入员额。我省司法体制改革取得了突出的阶段性成果，重点改革蹄疾步稳推进。

关于司法人员分类管理，即员额制改革，这是司法体制改革的“牛鼻子”。海南省组建法官、检察官遴选委员会，科学确定法官和检察官员额，于 2015 年 7 月在全国较早完成法官、检察官选任工作。全省三级法院、检察院首批入额法官 1116 名、检察官 796 名，分别占法院和检察院政法专项编制数的 34.46% 和 31.86%，均低于中央政法委要求的比例（39%），并且预留了 147 名法官员额、179 名检察官员额，为下一轮选任预留空间。尽管首批未入额法官和检察官比例分别高达 27.5% 和 47.3%，其中还包括部分班子成员和中层干部，但因为选任方案公平公开，确保了人心不乱、工作不断，创造了法官、检察官优化遴选的新机制，走出了司法队伍正规化、专业化、职业化的关键一步。目前已完成两批法官入额。

关于完善司法责任制。海南从 2015 年 1 月开始率先在全省推行主审法官责任制、合议庭办案责任制、检察官办案责任制，建立专业法官会议和检察官联席会议制度，突出法官、检察官办案主体地位，出台海南省法院司法责任制职责清单、检察官权限指引、检察人员司法责任追究办法等一系列规章制度。成立海南省法官、检察官惩戒委员会，加强对法官、检察官办案的监督制约。法院的每一个办结案件实行二维码终身识别制度，这在全国还是首创。通过去行政化下沉办案力量，将院庭长和检察长们从繁杂的行政事务中解脱，回归业务。比如，2015 年 3 月至 8 月，全省法院的院庭长承办案件同比增长 77.8%；省检察院在系统内推行“大部制”改革，把 85% 的人员充实到办案一线，审查起诉案件时间平均每件缩短了 7 天。

关于健全司法人员职业保障。海南省制定防止干预司法的“三个规定”的实施细则，减少和防止对司法活动的不当干扰。2015 年 9 月完成了全省法官、检察官基本工资和津补贴套改，套改工资和前期补发工资全部落实到位，绩效考核奖金部分安排到位。

关于省以下法院和检察院人、财、物统一管理。2015 年 4 月完成了对市县法院和检察院的清产核资，7 月起各市、县、区法院和检察院财物上划省级财政管理，成为省财政一级预算单位，走在了全国前列，有效减少和防止了外部干预，为司法公正又上了一道防线。次年 8 月实行了全省法院和检察院干部统一管理，

11 月市县法院和检察院机构编制正式移交省级统一管理。

海南司法体制改革的成效得到了中央政法委和最高法、最高检的充分肯定，全国先后有 25 批次兄弟省市的同行前来取经。2016 年 11 月底，中央政法委书记到海南调研，对海南改革取得的成绩给予肯定。最高人民法院院长称赞海南法院司法改革走在全国前列，发挥了示范作用，并把海南法院推出的案件二维码识别制度、防止类案不同判的类案参考制度和专业法官会议制度誉为海南法院司法改革的“三大创举”。最高人民检察院检察长来海南调研时也称赞海南检察机关司法体制改革无论是力度、进度，还是效率、效果都走在全国检察机关前列，出色地完成了中央赋予的先行先试任务。

实践证明，中央司法体制改革的决策是英明的，海南主动争取改革试点，也赢得了司法体制改革的“先手棋”。回望起点，七年多的实践中，海南最大限度地发挥政治智慧和使命担当，给全国司法体制改革探路，给国家治理体系和治理能力现代化建设增加了有分量的砝码，海南也从中尝到了“早改早主动、早改早受益”的甜头。

第四，“放管服”改革成效显著。

2014 年春，海南两会期间，一张“行政审批长征图”在网上迅速走红，一石激起千层浪。海南省的一位人大代表在海南省两会上“晒”出了他制作的“行政审批长征图”。长达 5 页的 A3 纸上，详细记录着一个投资项目从获得土地到办完手续，需经过 30 多项审批，盖上百个章，全程最少需历经 272 个审批日。这位代表在海南两会的发言，代表了当时千千万万个市场主体对行政审批制度改革的呼声。

行政审批制度改革是简政放权、转变政府职能、提升治理能力的突破口，也是优化发展环境、释放改革红利的重要一招。党的十八大之后，新一届中央政府把简政放权作为深化改革的“当头炮”“先手棋”。李克强总理上任之初就承诺，本届政府五年之内要砍掉 1/3 的行政审批事项，第一年国务院就下放和取消了 334 项行政审批事项，第二年国务院又提出再砍掉“五个一批”，凸显了中央深化行政审批制度改革的坚定决心。

在海南，行政审批制度改革早在 2000 年就已启动实施。2013 年 8 月，为深化省行政审批制度改革，优化审批流程，推进网上审批工作，省政府决定成立海南省行政审批制度改革工作领导小组，下设办公室在省政务服务中心，同时撤销海南省行政审批制度改革工作联席会议制度。同年 9 月，《海南省深化行政审批制度改革实施方案（试行）》经省行政审批制度改革领导小组同意印发实施，全面启动行政审批制度改革工作。围绕行政审批改革任务，海南在行政审批事项的“瘦身”、提速、便民、规范等方面先后制定和出台了一系列改革文件，通过推行行政审批“三集中”改革、推行“四化”规范行政审批行为、推行网上审批、推行投资项目并联审批等举措，取消、下放省级行政审批事项。

2018 年以来，在海南全面深化改革开放，加快建设海南自由贸易试验区、自由贸易港的新形势下，海南省在行政审批、政务服务等方面推进更深层次的行政审批制度改革，最大程度做好政府“减法”，换来市场主体“加法”，打造法治化、国际化、便利化营商环境。

一是深化“极简审批”制度改革。立法授权重点园区实施“极简审批”制度，深化“多规合一”改革，推行“机器管规划”，深入实施规划代立项、园区区域评估评审取代单个项目评估评审、准入清单和项目技术评估制度、企业“承诺公示制”、联合验收机制、项目退出机制等“六个试行”。推进“带方案出让+极简审批”，重点园区办理施工许可压缩至28个工作日之内，项目落地提速70%以上。对重点园区下放43项权限，推动项目进园区、让园区“说了算”，新增3个园区推广适用特别极简审批。“极简审批”做法入选国务院优化营商环境典型经验。

二是推行“一枚印章管审批”改革。在市县（区）设立行政审批服务局，实行“一个大厅办事、一个部门审批、一枚印章出件”，“一枚印章管审批”办件量累计超过20万件，按时办结率达96.1%，满意率达99.8%。指导市县统一划转行政许可事项，分类实施行政审批，加快推进市县政务服务窗口规范化、专业化、制度化建设。推进政务服务“一网通办”，实行“一个平台管服务”。

三是实行最少行政审批事项清单管理制度。持续开展行政审批事项清理，取消与负面清单不符的、设定依据不足的、重复审批、临时性审批，以及以备案、登记、行政确认、征求意见等为名的审批事项。截至2021年底，海南省级依申请审批事项压缩至 1800 多项，低于浙江、广东等省份，是全国行政审批事项最少的省份之一。

四是推进“零跑动”改革、“一件事一次办”改革。依托全省一体化在线政务服务平台建设，推出第一批“零跑动”事项清单 838 项。“海易办”平台已完成出生一件事、失业保险金申领等 20 项“一件事一次办”事项上线运行，实现市场主体办事“不见面、不找人”。

五是深化工程建设项目审批制度改革。全面推行建设工程规划许可机器赋码和电子证照，累计发放 1000 多张电子证照。推行工程建设项目“清单制 + 告知承诺制”，推动“拿地即开工”。全省政府投资、社会投资、带方案出让用地和重点园区“极简审批”的房建市政类项目，全流程审批时限在工程审批系统部署上压缩至 86、70、54 个工作日。

六是完善国际贸易“单一窗口”和国际投资“单一窗口”。国际贸易“单一窗口”在国家标准版 16 项功能基础上拓展了离岛免税等 18 项海南特色应用。国际投资“单一窗口”整合招商、市场监管、发改委等 13 个部门 20 个政务服务系统，可办理 234 项投资相关业务。实现海南全岛“两步申报”“提前申报”口岸、商品、业务流程全覆盖，在洋浦港、海口港推行“船边直提”“抵港直装”业务改革，提高码头进出口货物通关时效。2021 年 1 至 9 月，海南口岸进出口整体通关时间较 2017 年分别压缩 51.4% 和 98.3%。

七是推进政府数字化转型。制定实施《海南省政府数字化转型总体方案（2022—2025）》。完善“海易办”平台功能，实现“一网通办”。截至2021年10月，已实现省级1330个、市县7079个政务服务事项的“掌上办”“全省通办”，110个事项实现跨省通办。完善“海政通”平台，推进“一网协同”。截至2021年10月，整合接入包括网上督查室、办公自动化（OA）、“互联网+监管”、移动执法、农房报建、应急一键通、公务报账系统、消防身份与授权管理以及疫情核查等64个应用集成。

八是完善守信联合激励和失信联合惩戒机制。近年来，海南制定了《加强海南自由贸易港事中事后监管工作实施方案（试行）》，试行包容审慎监管机制，制定实施“不予处罚清单”“应当从轻或减轻处罚清单”“可以从轻或减轻处罚清单”三张清单。推进以信用为基础的新型监管机制建设。建立统一的企业信用风险分类制度，实施差异化、低干预、高效能的精准靶向监管。依托自由贸易港一体化信用信息共享平台，累计归集公共信用信息3亿条，为2000余项审批服务事项推行信用承诺应用。率先推行信用修复制度，相关案例被列入国务院第六批自由贸易试验区试点经验在全国推广。构建精准监管体系，实施“一网监管”，建成全省统一的“互联网+监管”系统。

与此同时，海南省成立以省长为组长的优化营商环境工作专班，开展创一流营商环境大会战，建立营商环境问题受理平台，与“12345”热线联动，收集问题线索、征集意见建议、推动问题核查、督促落实整改。对标世界银行标准，制定和落实优化营商环境行动计划。落实有事必应、无事不扰的经营便利政策制度，建立健全帮办、代办和上门办制度，为企业提供全天候、全链条、全生命周期服务，有效激发市场主体活力和发展动力。

商事登记制度改革是行政审批制度改革的“牛鼻子”。党的十八大以来，海南围绕商事登记做了大量改革探索，实行“先照后证”、注册资本实行认缴制、放宽企业名称核准条件、放宽住所登记、构建全省统一的市场主体信息公示平台等系列改革举措，在全国率先构建宽进严管工商登记监管体系。2018 年底，海南省出台《中国（海南）自由贸易试验区商事登记管理条例》，运用经济特区立法权，对商事登记制度进行了大胆改革和创新。条例明确推行商事登记“全岛通办”、简化简易注销公告程序、探索信用修复制度、减免商事主体信息公示事项、探索外国（地区）企业直接登记制度等 5 项制度率先在全国实现。从 2018 年 11 月 10 日起，在海南省范围内对国务院公布的第一批全国推开“证照分离”改革的具体事项表内的 106 项涉企（含个体工商户、农民专业合作社）行政审批事项实施“证照分离”改革。到 2019 年底，对法律、行政法规、国务院决定设定的 523 项涉企经营许可事项清单和地方性法规、地方政府规章设定的 5 项涉企经营许可事项实行全覆盖清单管理，按照直接取消审批、审批改为备案、实行告知承诺、优化审批服务等四种方式，开展“证照分离”改革全覆盖试点工作。开展试点工作以来，海南省直接取消审批 83 项，审批改为备案 30 项，实行告知承诺事项 107 项，总共达到 220 项，其中告知承诺事项数量全国第一。目前，海南正在积极推行“一业一证”改革，推进证照联办、同步审批、一照通行。

第五，地方党政机构改革率先完成。

党政机构改革是自上而下的改革，也是全国各地都在推进的改革任务。这一次，海南又在全国一马当先、率先落子。

《中共中央　国务院关于支持海南全面深化改革开放的指导意见》明确要求海南全面贯彻党的十九届三中全会精神，认真落实《中共中央关于深化党和国家机构改革的决定》《深化党和国家机构改革方案》，坚决维护党中央权威和集中统一领导，率先完成地方党政机构改革。2018 年 9 月，中共中央办公厅、国务院办公厅印发《海南省机构改革方案》，这是全国首个获得党中央、国务院批准的地方机构改革方案。9 月 27 日上午，海南省召开机构改革动员大会。

这次机构改革，其力度之大、影响面之广、触及利益关系之复杂前所未有。

中共中央印发的《深化党和国家机构改革方案》着眼于把党作为最高政治领导力量的地位和作用进一步制度化，调整重组优化数十个部门，党和国家组织结构和管理体制实现系统性、整体性重构。此次海南省机构改革，也把着力点放在加强党对一切工作的领导并作出制度设计和安排，突出加强党的全面领导，同时也突出服务“三区一中心”的战略定位，突出保障高质量发展，突出体现以人民为中心的发展思想。

海南对应党中央、国务院机构改革的机构调整和职能优化后，设置党政机构 55 个，其中省委机构 18 个、政府机构 37 个，同中央和国家机关保持总体一致，也体现了海南特色。在建立健全和优化省委对重大工作的领导体制机制方面，组建省监察委员会、省委全面依法治省委员会、省委审计委员会、省委教育工作领导小组，与中央对应改建省委财经委员会、省委网络安全和信息化委员会、省委外事工作委员会。在加强省委职能部门的统一归口协调管理职能方面，省委组织部统一管理省委机构编制委员会办公室，调整优化省委机构编制委员会领导体制；统一管理公务员工作，对外加挂省公务员局牌子。省委宣传部统一管理新闻出版和电影工作，对外加挂省新闻出版局（省版权局）、省电影局牌子。省委统战部统一领导民族宗教工作，统一管理侨务工作，对外加挂省侨务办公室牌子。对应国务院组成部门调整和职能优化方面，组建省自然资源和规划厅，加挂省海洋局牌子；组建省生态环境厅、省农业农村厅、省旅游和文化广电体育厅、省卫生健康委员会、省退役军人事务厅、省应急管理厅；重新组建省司法厅，并将上述8个机构作为省政府组成部门，优化省审计厅职责。组建省市场监督管理局、省医疗保障局、省林业局，并作为省政府直属机构。将省级和省级以下国税地税机构合并。

除对应中央机构进行调整外，这次机构改革，突出海南特色，因地制宜设置了部分机构。比如，组建省委全面深化改革委员会，加挂省委自由贸易试验区（自由贸易港）工作委员会牌子，作为省委议事协调机构，主要负责审议并组织实施海南自由贸易试验区（自由贸易港）建设各项综合配套改革及各领域对外开放重大事项等。省委全面深化改革委员会办公室作为省委工作机关，加挂省委自由贸易试验区（自由贸易港）工作委员会办公室牌子。

在基本完成省级党政机构改革的同时，海南积极推进人大、政协、群团、事业单位、综合行政执法、开发区管理、机构编制和市县党政机构等各项相关改革。

这次机构改革，进一步深化了综合行政执法改革，省级原则上不设执法队伍，主要负责制定执法标准、开展执法监督，组织查处重大案件、跨行政区划案件，一般不直接承担具体执法事项。推动执法力量下沉、重心下移。在推进整合市场监管、生态环境保护、文化和旅游、交通运输、农业等领域综合行政执法的同时，深化跨领域综合行政执法改革，完善规划管控和城市管理综合行政执法体系，逐步将国土空间用途管制行政处罚权纳入跨领域综合行政执法范围。借鉴经济发达乡镇行政管理体制改革试点经验，整合乡镇各类站所力量资源，设立综合行政执法机构，实行“一支队伍”管执法。锁定清理执法队伍人员编制，减少执法队伍种类和人员数量。按照中央统一部署，加强行政处罚、行政强制事项的源头治理，全面梳理规范和精简执法事项，积极探索建立体现综合行政执法特点的编制和人员管理办法。

海南在全国率先实施并顺利完成机构改革工作，改革涉及55个省直党政部门的人员转隶、挂牌组建等工作，并印发实施部门“三定”规定，转隶更名事业单位170家。19个市县机构改革工作按时完成，稳妥完成5708名人员转隶工作，初步建立了适应海南自由贸易港建设要求的机构职能体系。

第六，统筹推进社会体制、财税制度、国有企业、民主法制、党的建设、纪律检查体制等各项改革。

除上述重点改革以外，改革也让海南经济社会和百姓生活逐步发生了新的变化。比如，结婚证、准生证同时发放等一系列便民措施全面实行；新企业登记注册在全国率先实行“先照后证”“注册资本认缴制”；国资国企质量效益明显提升；稳步推进财税制度改革，调整完善省与市县财政体制，探索推进财政事权和支出责任划分改革，不断深化预算管理制度改革，逐步健全地方税体系，全面落实“营改增”改革和小微企业税收优惠政策，减轻企业税负，等等。比如，在文化体制改革方面，理顺了省民族博物馆管理体制，将省民族博物馆由省民宗委和省文体厅双重管理调整为由省文体厅管理，激活“沉睡”的博物馆。将省歌舞剧院划归省歌舞剧团管理，解决了省歌舞剧团长期没有固定演出场所的难题。还比如，完成盐业体制改革，人才发展体制机制、农业农村、卫生、教育、林业、空域精细化管理等改革均取得重要进展。小到一个证、一个章，大到经济社会发展的宏观政策，大大小小的改革举措整体推进、井喷式全面开花。海南，这个位于改革开放最前沿的最大经济特区，再一次在全面深化改革新的号角下发起冲锋、跃马前行。

今天，海南在党中央、国务院的正确指引下，一鼓作气、气势如虹地推进全面深化改革，在改革的多点爆破下，以贸易投资自由化便利化为重点的自由贸易港政策制度体系已具雏形。今天的海南，已用事实证明，改革开放是发展海南的关键一招。

第四节　集成创新

改革不仅仅是一种勇气，也是一种智慧。

制度创新本身不是个新词，但在我国加快实施自由贸易区战略、开启新一轮对外开放中，其重要性被提到前所未有的高度，成为中央赋予海南自由贸易试验区、自由贸易港建设的全新使命。习近平总书记强调，自由贸易试验区建设要以制度创新为核心，自由贸易港建设要把制度集成创新摆在突出位置，解放思想，大胆创新，成熟一项推出一项，行稳致远，久久为功。

第一，制度创新硕果累累。

国家建设自由贸易试验区的定位很清晰，自由贸易试验区的核心就是制度创新，而且明确自由贸易试验区是制度创新的高地，不是政策的洼地，所以要求各个自由贸易试验区紧紧依靠制度创新，激发市场活力，要把自由贸易试验区建成苗圃而不是盆景，要加快形成更多可复制和推广的制度创新成果。

2019 年 2 月 14 日，中国（海南）自由贸易试验区召开了第一场制度创新案例新闻发布会，发布了海南首批 8 个制度创新案例。截至 2022 年 9 月，全省上下已推出了 14 批 128 项制度创新案例。其中 5 项获中央领导批示肯定；6 项面向全国复制推广；4 项入选国务院自由贸易试验区第六批改革试点经验、1 项入选国务院自由贸易试验区（港）部际联席会议办公室第四批“最佳实践案例”、1 项入选国务院服务贸易发展部际联席会议办公室第二批“最佳实践案例”；还有 6 项得到国务院大督查通报表扬，在推动海南自由贸易港建设、树立海南全面深化改革开放良好形象方面取得了明显成效。

2019 年 5 月，海南省政府印发《海南省人民政府推进制度创新十一条措施》和《制度创新成果考核评估办法》，明确建立省政府制度创新项目库，由省发改委负责项目的入库登记、梳理分类、立项报审、组织实施、出库评审等全过程管理。对创新成果定级，每年年初，由省发改委对上年度完成并办理出库手续的项目汇总后交省人民政府研究室组织第三方机构逐一定级、分类。

已发布的制度创新案例均按照“首创性、已实施、效果好、可复制”原则，经过严格规范的报送及筛选程序，通过第三方机构科学评估，从全省的候选案例中精挑细选出来，并经省委深改委暨自贸港工委会议审议通过后发布，充分展现了我省不断优化营商环境，提升社会治理水平，加快推进自由贸易港建设的发展成果。

比如，依托特许医疗、特许研究、特许经营、特许国际交流，博鳌乐城国际医疗旅游先行区在一个医疗欠发达省份展开了创新试验。2020 年 4 月，一名救治“窗口期”仅 1 个月的 65 岁黑色素瘤患者，因疫情无法出国就医来到乐城国际医疗旅游先行区，乐城管理局、省药监局、海口海关、医疗机构、药械企业、流通企业等单位通力合作，在全球范围内找到国内尚未上市的 CTLA-4 药物，并最终造福患者。截至 2022 年上半年，乐城先行区先后与强生、波士顿科学、诺华等 80 家全球顶尖医药企业建立合作关系，引进国际创新药械 226 种，实现医疗技术、设备、药品与国际先进水平“三同步”目标。乐城国际医疗旅游先行区创新“医保＋商保”机制，推出国内首款境内外特种药品费用补偿型医疗保险——“海南自由贸易港博鳌乐城全球特药险”。其涵盖49种国外特药及21种国内社保外特药，海南居民仅需29元、内地居民最低39元即可享受100万元的特药保障。

比如，海南在全国率先建立湿地保护管理三级网络体系，设立海口市湿地保护管理局，实现湿地资源统筹规划、系统管理，有效提升湿地保护效果；率先建立“警保联控”警务新模式，将三亚各企业的保安、公交和出租车司机、外卖配送员等社会力量纳入社会治安防控体系，走出“共建、共治、共享”社会治理的新路子；着眼于自由贸易港建设“管得住，才能放得开”的基本要求，建设全天候、实时性的人流、物流、资金流进出岛信息管理系统，精准识别和管控进出岛的“每一个人、每一件物品、每一分钱”，为自由贸易港开放发展提供技术保障。

还比如，“空地组网”推动低空空域管理改革，以省属国资国企为抓手，布局建设全省20个不同类型的通用机场，构建海南通用机场网络，打造全省通航“县县通、一小时工作圈”。在全国率先建设完成首个覆盖省级区域的低空空域空管服务保障示范区和首个军民航双认证的通航飞行服务站，填补了国家空白，实现了海南低空有序管控。通过“空地结合、立体保障”的低空飞行管控服务运行体系，简化审批流程，提高审批效率，为海南通航用户提供一站式飞行服务，为通航企业进入自由贸易港探索、培育海南自由贸易港特色通用航空产业经济构建了优良的营商环境、创业环境。实施制度创新以来，已吸引60余家科研、培训、通航服务、应急救援等企业进驻海南。截至2019年底，海南通航飞行服务站持续不间断运行2312天，累计受理飞行计划78万余架次，日均服务341架次，服务飞行时长7万余小时，受理紧急救援计划610架次。

再比如，船舶登记“一事通办”，一窗办理。将船舶登记及相关联的20余个审批事项作为“一件事”来开展审批，申请人可在海南海事部门任一政务窗口提交申请，由该窗口负责统筹协调办结各个事项，实现“只进一扇门、办好所有事”，便利企业船舶尽早投入营运。实施制度创新后，大幅度减环节、减材料、减时限，将4个审批环节（部海事局、直属局、分支局、海事处）统筹协调为1个环节，共减少材料30余项，办理时间由累计52个工作日减少到7个工作日。

还有，“五位一体”园区成片开发流程再造，创新前期工作“一体化”采购模式，把分散采购转变为集中采购，将各环节上近百个服务采购项目打包为1个项目，“化繁为简”，大幅压缩项目前期工作时间。对项目前期工作开展“并联”式操作。通过“规划、课题、勘察、咨询设计”的“五位一体”园区成片开发工作新模式，将基础设施建设前期工作由“串联”逐项推进调整为“并联”推进，集中采购确定中标机构后，各环节同步推进。发挥中标企业联合体“内部协同”的关键作用。把不同职能部门、建设主体和服务单位之间“外部沟通”转化为中标企业联合体不同团队之间的“内部协同”，协调和沟通效率明显提高。实施制度创新后，项目前期工作时间累计缩短 19 个月以上，经费支出有效减少。各项服务费用由单项收费变为“团购”收费，不但引入了知名服务单位，而且服务费用也比国家标准下浮 11%~26%。

这些成效，是海南制度创新案例成果的缩影。经过创新突破又经过层层甄选的 128 个案例，实实在在地简化了办事流程，深化了相关领域改革，有力推动了海南营商环境的改善。

海南自由贸易港与自由贸易试验区的根本性差别之一就是，自由贸易港强调的是制度集成创新。制度集成创新对海南自由贸易港而言，是一场从个人到社会、从政府到市场、从规则到法律的全方位系统性改革创新。这种改革是各方面各领域政策制度的“脱胎换骨”，是跨部门、跨领域、跨行业，多领域、多部门的齐头并进、全局突围。

相较以往的单项制度突破，制度集成创新是根据系统集成改革的要求，注重把握各项制度之间的内在联系和辩证关系，站在整体和全局高度，统筹协调和推动各领域、各子项、各事项间的制度创新，避免出现“碎片化”“分散化”“单打独斗”“创新成果相互抵消”等不利局面，是一种更为注重顶层设计和内部协同，比单项制度创新涉及面更广、系统整体性更强且更为复杂的创新，也是最能彻底解决矛盾问题、达成制度创新初衷的一种改革。

推进制度集成创新，既要坚持目标导向，也要坚持问题导向和工作导向，紧盯“五自由便利、一安全有序流动”，聚焦政策落实中最突出的问题、最紧迫的需求，大胆试、大胆闯、自主改，让市场主体和人民群众更有获得感；既要整体推进，强化顶层设计，统筹谋划，也要紧盯重点领域和关键环节加快突破；既要单兵突进，也要联合作战，充分发挥各部门和市县积极性，上下联动、左右协同，形成合力；既要有激情，也要有策略，立足海南资源禀赋优势，敢于打破常规和思维定式，加强体制机制创新，实现后发赶超；既要注重数量，也要务求实效，把解决问题作为根本导向，加强跟踪问效，力争推出一批能够在全国可复制可推广的创新案例；既要敢闯敢试，也要守住底线，坚持“三个区分开来”，落实容错纠错办法，强化风险意识和底线思维，真正做到既“放得开”又能“管得住”。

省委、省政府高度重视制度集成创新工作，把制度集成创新作为推进海南自由贸易港建设的重中之重，多次召开会议研究，围绕《海南自由贸易港建设总体方案》，印发了《海南自由贸易港制度集成创新行动方案（2020—2022 年）》及《海南自由贸易港制度集成创新任务清单（2020—2022 年）》，提出 18 个重点领域 60 项改革任务，着重从以下 5 个方面来推动制度集成创新。

一是注重目标引领。将聚焦海南自由贸易港政策落实当中最突出的问题、最紧迫的需求、最难啃的骨头，动员社会力量，注重基层首创，加强改革系统集成，突破体制机制障碍，着力解决市场主体和人民群众关心的堵点、痛点、难点问题。二是注重系统集成。既要整体推进，也要突出重点，围绕内外贸、投融资等重点领域，推出一批跨部门、跨行业、跨系统、穿透式集成创新成果，为海南自由贸易港建设提供坚实的制度支撑，为全国新一轮高水平改革开放蹚出一条新路。三是注重实践成效。将市场需不需要、群众满不满意作为衡量制度集成创新效果的重要衡量标准，推动形成更多人民所盼、市场所需、发展所急的制度集成创新成果。四是注重协同创新。加强改革系统集成，打通不同地区、部门和行业之间的壁垒，使各方面创新举措相互配合、相得益彰，提高全省改革创新的整体效益。五是注重破立结合。在全方位、大力度推进制度集成创新的同时，把握好应用场景、时间节奏和阶段进度，成熟一项推出一项。同时强化风险防控，精准识别重大风险，严密防范和有效化解系统性风险。

截至 2022 年 8 月，海南自由贸易港制度集成创新 60 项任务已完成和基本完成 55 项，完成率达 92%。《海南自由贸易港博鳌乐城国际医疗旅游先行区制度集成创新改革方案》《海南国际教育创新岛制度集成创新方案》经省委深改委会议审议通过并印发实施。《海南黄花梨树种养交易制度集成创新总体实施方案》已经省委深改委会议审议通过并在东方市开始试点。目前海南正在积极推动制定洋浦国际航运枢纽建设等制度集成创新方案的工作。

“惟改革者进，惟创新者强，惟改革创新者胜。”制度集成创新并非各项制度的简单累加，其核心在于“集成”，是把已有的各种政策制度有机地组合起来，使蕴含其中的创新要素交叉融合、相互激荡，以构成一种新制度，激发出更大的体制机制活力。作为系统集成改革的一种思路方法，制度集成创新具有系统性、整体性、协同性的特征。做好制度集成创新这篇文章，才能更好地推动自由贸易港政策效应在海南集聚释放。

第二，设立全国唯一的省级改革和制度创新奖。

经党中央、国务院批准，2020年2月27日，全国评比达标表彰工作协调小组正式函复我省，批准设立“海南省改革和制度创新奖”。“海南省改革和制度创新奖”是全国改革和制度创新领域唯一由中央批准设立的省部级评选表彰奖项，体现了党中央、国务院对海南建设自由贸易港的大力支持和对全省制度创新工作的充分认可。2020年8月31日上午召开的海南自由贸易港创一流营商环境动员大会上，省委、省政府对第一届“海南省改革和制度创新奖”的获奖项目进行了表彰。

经过严格评审，共有18个改革和制度创新项目获第一届“海南省改革和制度创新奖”。其中，开展省域“多规合一”改革试点，建立全天候进出岛人流、物流、资金流监管系统，立法推行重点园区极简审批改革3个改革和制度创新项目获一等奖。这次受到表彰的改革和制度创新项目，有的被中央充分肯定，有的获得全国通报表扬，有的被中央相关部门在全国复制推广，在对接国际经贸规则、打破体制机制束缚、建立开放型经济体制、打造对外开放新高地等方面发挥了重要作用，树立了海南全面深化改革开放的新标杆、新形象。

2021年10月，经中共海南省委自由贸易港工委第36次会议审议通过，按照《中共海南省委　海南省人民政府关于印发〈海南省改革和制度创新奖评选表彰奖励办法〉的通知》（琼发〔2020〕6号）有关规定，第二届“海南省改革和制度创新奖”拟表彰项目名单面向社会公示，最终共有 14 个项目荣获“海南省改革和制度创新奖”。

初心不变，大道不孤。改革开放是经济特区的生命线，改革不停顿，开放不止步，海南发展才会永远充满活力和动力。在波澜壮阔的新一轮改革开放大潮中，海南将把制度集成创新摆在突出位置，大胆探索、勇于实践，不断积累新经验、取得新成果，筑就营商环境新高地，在全面深化改革开放和自由贸易港建设的新征程中创造新的辉煌。

第三章 发展方式的重大转舵

党的十八大以来，面对错综复杂的国际环境，面对我国经济发展进入新常态等一系列深刻变化，面对突如其来的新冠肺炎疫情，以习近平同志为核心的党中央团结带领全国各族人民，坚持稳中求进的工作总基调，贯彻新发展理念，深入推进供给侧结构性改革，全面深化改革和扩大开放，着力推动高质量发展。我国经济保持中高速增长，经济总量稳居世界第二位；经济结构不断优化，发展质量和效益不断提升，数字经济等新兴产业蓬勃发展，高速公路、高速铁路里程位居世界第一；开放型经济新体制逐步健全，对外贸易、对外投资、外汇储备稳居世界前列……这一系列历史性成就为开启全面建设社会主义现代化国家新征程奠定了坚实基础。

新时代这十年，海南完整、准确、全面贯彻新发展理念，立足省情，发挥比较优势，不断优化发展方式，调整产业结构，大力发展旅游业、现代服务业、高新技术产业、热带特色高效农业等产业，奏响练内功、增动能、引外力“经济转型三部曲”，以壮士断腕的决心破除“房地产依赖症”，加快培育南繁种业、深海、航天三个“陆海空”未来产业，推动区域和城乡协调发展，经济转型发展取得显著成效，经济发展平衡性、协调性、可持续性明显增强，迈上了更高质量、更有效率、更加公平、更可持续、更为安全的发展之路，为加快建设具有世界影响力的中国特色自由贸易港打下了良好基础。

第一节　绿色崛起

2009年12月31日，《国务院关于推进海南国际旅游岛建设发展的若干意见》出台，建设海南国际旅游岛正式上升为国家战略。这是继1988年建省办经济特区之后，海南迎来的又一件具有里程碑意义的大事，为海南经济社会发展注入了强劲动力。海南牢牢抓住建设国际旅游岛建设上升为国家战略的重大机遇，有效应对国际金融危机和各种突发事件的挑战，着力构建海南特色的经济结构和更具活力的体制机制，经济发展取得了重大成就，2011年全省生产总值达2515.29亿元，是2006年的1.9倍，年均增长13.1%。其中，以旅游业为龙头的现代服务业加快发展，成为海南最具特色、最具活力的产业；以洋浦石化产业集群为代表的集约化、园区化、高科技含量、高环保门槛的新型工业不断壮大；以汽车制造、软件信息、生物医药为代表的高新技术产业加速兴起；绿色、安全的热带特色现代农业发展加快，海南已成为我国重要的冬季瓜菜、热带水果、天然橡胶、南繁育种和水产基地。在国际旅游岛建设的带动下，琼州大地蒸蒸日上、充满活力。

2012年4月25日，这是又一个在海南发展史上值得被铭记的日子。这一天，中共海南省第六次代表大会在海口隆重开幕。

这次大会是在国际旅游岛建设进入关键时期召开的一次十分重要的会议。大会站在新的历史起点上，准确把握世情、国情发展变化的大势，深刻认识海南基本省情，进一步厘清海南发展思路、明确目标任务，擘画了海南“坚持科学发展、实现绿色崛起”的发展蓝图。大会明确提出，未来五年海南要坚持以科学发展为主题，以转变发展方式、实现绿色崛起为主线，以建设国际旅游岛为总抓手，全面推进经济建设、政治建设、文化建设、社会建设、生态文明建设和党的建设，为建设中外游客的度假天堂和海南人民的幸福家园打下具有决定性意义的坚实基础。

“绿色”，其基本内涵是“以人为本、环境友好、集约高效、开放包容、协调可持续发展”，是海南崛起的路径选择和目标指向。“崛起”，是超常规的发展，是大踏步的振兴，体现了海南人民群众对海南实现快速发展的期望。“绿色崛起”是“海南版”的科学发展观，是省委审时度势，准确把握世情、国情、省情发展变化态势，从海南实际出发，按照中央对海南国际旅游岛建设的战略定位，顺应时代发展潮流作出的选择，也充分体现了省委对海南发展优势和核心竞争力的正确认识。

从世情看，随着全球能源资源约束和环境压力日益加大，走绿色发展之路、可持续发展道路已成为全球的趋势、时代的潮流，是各国发展的共同选择；从国情看，我国依靠资源、能源的粗放式传统发展模式已经难以为继，以人为本、全面协调可持续的科学发展已经成为全国上下的高度共识和现实选择；从海南省情看，经过建省办经济特区 20 多年的发展，以人均生产总值 4429 美元为标志，此时的海南已经站在了一个新的历史起点上，进入了更有条件、更加自觉地实现科学发展的新阶段。这个时候，单纯追求速度甚至以牺牲环境为代价的发展模式，无疑已不适应时代的要求。这个时候，构建一种全新发展模式，充分利用海南良好的自然生态环境，发挥比较优势，突出特色，构建核心竞争力，实现“绿色崛起”，已是一种必然。因此，“绿色崛起”一经提出，就深入人心，得到了海南人民的认同。

“绿色崛起”，不只是一个美好愿景，更是一场涉及发展观念、发展方式的深刻变革。面对这一艰巨任务，省第六次党代会报告用六个“最”回答了“如何实现绿色崛起”的问题。报告指出，实现绿色崛起，最重要的前提是科学规划，最核心的支撑在于产业振兴，最根本的出路在于改革开放，最基本的依托是悉心呵护海南得天独厚的生态环境，最终目标是打造中外游客的度假天堂和海南人民的幸福家园，最有力的思想保障是牢固树立科学发展的理念和正确的政绩观。

具体而言，实现“绿色崛起”，必须做好科学规划，以全省整体和“一盘棋”的视野，打破行政区划的壁垒，统一规划，在全省形成特色鲜明、布局合理的功能分区，实现资源与项目的最佳配置；必须努力振兴产业，大力发展低能耗、低排放、高效益、高科技的绿色产业，培育一批支撑海南长远发展的龙头企业和产业集群，协调推进工业化、城镇化和农业现代化，提升综合经济实力；必须改革开放，最大限度地解放思想、与时俱进、改革创新，打造更具活力的体制机制，开放一切可以开放的领域、开拓一切能够开拓的市场，创建改革开放的新优势，着力打造海南对外开放的新高地；必须悉心呵护海南得天独厚的生态环境，始终坚持生态立省不动摇，注重发挥生态环境的综合效应，充分发挥海南优越的区位条件、丰富的要素资源、国家赋予的经济特区和国际旅游岛的开放政策、背靠13亿国人的消费大市场、省直管市县体制和人口相对较少等比较优势，形成叠加效应，将优势转化为科学发展的现实生产力；必须以最大努力，按照国际化标准，把海南建设成为世界一流的海岛休闲度假旅游目的地，成为全国人民的四季花园，同时不遗余力改善民生，加强社会管理，让全省人民及时享受到国际旅游岛发展的实惠；必须始终坚持从省情出发，以人为本，多做打基础、利长远、群众受益的事，坚决摒弃短期行为和劳民伤财的形象工程，努力实现城乡、区域、经济社会的协调可持续发展，促进人与自然的和谐。

六个“最”搭建起了“绿色崛起”的“四梁八柱”，其中，产业振兴是最核心、最重要的那根“支柱”。海南作为一个欠发达的省份，发展的底子比较薄，经济实力不够强，以这样的基础来推动绿色崛起显然动力不足，因此，首先必须老老实实地发展实体经济，夯实经济之基，筑牢发展之本。实体经济是人类社会赖以生存和发展的根基，发达强大的实体经济能促进经济进步、提供就业岗位、改善人民生活和维持社会稳定。而产业是实体经济最重要的载体和经济实力最直接的体现，是稳定发展最重要的基础和最终的依托。正是基于对海南这一现实省情的深刻把握和对经济发展规律的深刻认识，海南明确提出，实现绿色崛起，最核心的支撑在于产业振兴，要“下最大的力量，优化产业结构，打造绿色产业，延伸产业链条，扩大产业规模，壮大产业实力”。

产业振兴的着力点在哪里？海南省第六次党代会同样给出了答案，那就是大力发展低能耗、低排放、高效益、高科技的绿色产业，培育一批绿色龙头企业和产业集群。绿色、低碳、集群、集约、高效、高科技是当今产业发展的潮流。海南要发展产业、振兴产业，必然要选择与当今潮流一致的产业。而生态资源优势突出、生态环境又很脆弱的省情，决定了海南只能选择低能耗、低排放、高效益、高科技的绿色产业。具体来说，就是要优先发展以旅游业为龙头的现代服务业，集约、集群、园区化，发展高科技新型工业，做精做优热带特色现代农业，加快发展海洋产业。同时，省第六次党代会报告提出，要大力发展生态农业、生态旅游和低能耗、低排放的新兴产业，全面推行清洁生产，发展循环经济和清洁能源，推广节能新技术和新产品，努力建设绿色低碳岛。这些产业都是海南最能发挥自身资源优势的产业，是海南的比较优势所在，是海南产业转型升级的方向和重点。

沿着转变发展方式、实现绿色崛起的主线，海南经济结构进一步优化，产业基础进一步夯实。至 2014 年底，海南三次产业结构比例优化为 23.1∶25.0∶51.9。旅游新业态发展迅速。实行“即购即提、购物邮寄、先征后退”的购物方式，免税购物销售额增长 31.6%，邮轮旅客数增长 60% 以上。海棠湾国际免税购物中心、观澜湖华谊冯小刚电影公社、奥特莱斯品牌折扣店等一批旅游项目建成运营。乡村游、自驾游、婚庆游等呈现良好势头，旅游市场环境治理不断加强，全年接待国内外游客4789.1万人次，同比增长10.6%；旅游总收入506.5亿元，同比增长13.2%。工业质量效益不断提高。规模以上工业增长12.0%。东方石化二期、300万吨LNG站线、海南原油商业储备、多功能片材等一批新型工业重点项目建成投产。新增认定高新技术企业25家；海南生态软件园入驻企业达到752家，实现产值131亿元；一批本土电子商务企业迅速成长。园区基础设施和产业集聚水平得到优化提升。海洋经济稳步发展。开工建造大型渔船116艘，新增深水网箱128口，完成池塘标准化改造9732亩。西南中沙渔业补给基地一期基本建成，西部渔港建设项目顺利实施。中海油南海西部油田海南码头投入使用，海洋石油税收征管取得实质性突破。三亚南海开发服务基地加快建设。金融业发展取得新成绩。2家银行建成开业，1家银行获批筹建，新增村镇银行5家、小额贷款公司11家。海南矿业成功上市，琼中农信等3家企业在新三板挂牌。海南股权交易中心和贵金属交易中心建成运营。房地产结构调整取得成效，推动房地产产业转型升级，规范房地产市场秩序，房地产市场平稳健康发展。

第二节　重点产业

抓好经济发展，关键在于转方式、调结构。尽管海南省第六次党代会以来，全省综合经济实力迅速提升，产业振兴蹄疾步稳，绿色转型发展取得积极成效，然而，海南经济基础较为薄弱，经济结构、产业结构比较单一，新的增长点不多，房地产“一业独大”的格局仍未根本改变。在经济发展进入新常态的新形势下，加快优化产业结构、加速培育新经济增长点尤显迫切。

2015 年 5 月，海南省政府召开专题会议，深入学习贯彻习近平总书记 2013 年 4 月视察海南时的重要讲话精神，决定用一个月左右的时间对适合发挥海南优势、符合可持续发展定位的十二个重点产业进行研讨，在守住生态底线的前提下加快培育新的经济增长点，进一步发展壮大符合海南发展定位的产业，使产业结构在“十三五”时期能够真正优化，为海南经济社会全面持续健康发展打牢根基。这是海南深入学习贯彻习近平总书记 2013 年 4 月视察海南时的重要讲话精神，以战略思维和战略眼光，跳出海南，放眼全局谋一域，把握形势谋大事，聚焦经济新常态，科学把脉产业发展的非常之举。

经过一个多月的研究讨论，海南决定以国际旅游岛建设为总抓手，用切实举措有力加快发展互联网产业，做大做强热带特色高效农业，发展低碳制造业，发展壮大会展业，加快发展医疗健康产业，发展现代物流业，加快发展金融服务业，发展生物制药业，促进房地产持续健康发展，提升旅游产业发展质量和水平以及培育发展高新技术、教育、文化、体育产业等十二个重点产业，为优化产业结构培育新的经济增长点，打造新引擎，促进经济社会健康可持续发展，实现科学发展绿色崛起。做大做强这十二个重点产业，是贯彻《国务院关于推进海南国际旅游岛建设发展的若干意见》的要求，是落实科学发展、绿色崛起战略的需要，是贯彻“四个全面”战略布局、实现全面建成小康社会目标、实施“多规合一”改革试点和科学编制“十三五”规划的必然选择。

为什么是这十二个重点产业？这并非闭门造车，而是源自海南长期以来的实践探索。所敲定的十二个重点产业顺应经济发展新常态的大局大势，符合可持续发展战略定位，能够充分发挥海南的比较优势。加快发展互联网产业被置于十二大重点产业之首，折射出海南顺应新一轮科技革命和产业革命趋势，将加快发展互联网产业打造成“十三五”新经济增长点中的重中之重的决心和信心。做大做强热带特色高效农业，旨在发挥海南的自然生态优势，加快调整农业结构，推动农业转型升级，构建特色鲜明、优势突出、产出高效、产品安全、资源节约、环境友好的产业体系。发展低碳制造业，这是海南扬长避短，突出特色，坚持“有所为，有所不为”，科学布局低碳制造业空间结构和产业重点，努力形成具有海南特色的低碳制造业。发展现代物流业，这是海南抓住“多规合一”改革试点契机，加快建设和形成以港口为主枢纽、以公路为主通道、以铁路为主骨架、以航空为主辐射、以管道为重要补充的综合运输体系。加快发展现代金融服务业，这是海南瞄准现代金融服务业在海南参与“一带一路”、南海资源开发服务保障基地和海上救援基地“两个基地”建设中将有广阔天地和大有作为的实际，谋求做大做实现代经济的核心。加快发展健康产业，这是海南矢志建设全国健康产业示范基地，形成全国乃至全球独特的“健康海南”品牌的必然要求。发展壮大会展业，这是海南推动现代服务业的快速健康发展，不断提升三产水平的重要举措。发展海上油气资源开发及相关产业链，这是海南从管辖海域面积最大的海洋大省迈向有更强大产业支撑的海洋强省的必由之路。发展医药产业，这是国家重点培育和发展的新兴产业，也是海南着力打造的“朝阳产业”。提升旅游产业发展的质量和水平，这是海南抢抓“一带一路”倡议重大机遇，着力打造中国旅游特区的前提和条件。促进房地产业持续健康发展，折射出海南优化房地产空间布局，坚持走精品特色发展之路的决心。培育发展高新技术教育文化体育产业，这一互有区别又紧密关联的产业板块，是海南谋求提升科技创新能力和公众素质、完善产业体系的基础与关键。

值得一提的是，海南不仅正式确定了这十二个重点产业，还在深入研究的基础上，明确了这十二个重点产业的发展目标，提出了推进措施：加快发展互联网产业，要加快完善信息基础设施，用好财政扶持资金，促进互联网与其他产业融合；做大做强热带特色高效农业，要紧紧围绕提升品质、放大特色加快农业结构调整，用好电商等平台促进产销顺畅；发展低碳制造业，要坚持以低碳为基础发展制造业，在“中国制造 2025”中找准海南定位，通过产品创新扩大再生产，在大力招商引资的同时鼓励企业“走出去”发展；发展壮大会展业，要深化机构改革，建立推动会展发展的机构和机制，调动产业链上各方的积极性；加快发展医疗健康产业，要扎扎实实推进一批项目和园区的建设，把博鳌乐城国际医疗旅游先行区的各项政策落到实处；加快发展现代物流业，要摸清海南物流成本，把电商等与物流业的发展结合起来，按照市场规律推进园区建设；加快发展现代金融服务业，要善于抓住机遇、敢闯敢试，做好金融创新的文章，提升全省金融意识，创建具有鲜明地域特色的金融机构；发展医药产业，要以问题为导向，突破制约产业发展的瓶颈，抓紧落实加快药品审批的举措，突出黎药等特色，打造海南特色医疗品牌；促进房地产业持续健康发展，要正视问题、解决问题，加快房地产结构调整和转型升级，保持产业的平稳健康发展；提升旅游产业发展质量和水平，要切实加大对旅游产业的政策扶持，加大旅游营销力度，进一步提升旅游产业的综合效益，把旅游渗透到各个产业；培育发展高新技术教育文化体育产业，要突出海南特色，发挥教育、文体和科技在促进产业发展方面的作用，大力推动相关产业发展。

为实现十二个重点产业“三年成形、五年成势”的发展目标，海南加快构建支持和保障产业做大做强的体制机制。如：加快制定产业规划，把十二个重点产业在“十三五”期间的重点项目细化分解，确保产业发展的可行性；建立推进每个产业的协调机制，由省政府分管领导牵头，各有关部门参加，随时协调解决产业发展中遇到的重大问题；适当调整产业主管部门内设机构结构，并建立适应产业发展工作的队伍；出台完善各产业扶持政策，加快建设旅游园区、高新技术及信息产业园区、物流园区、临空产业园区、工业园区、健康教育园区等六类产业园区，推动产业集聚发展；等等。

在强有力且有针对性的政策措施的推动下，至2015年底，十二个重点产业发展成效初显：全年互联网产业增长14.8%，旅游业增加值同比增长 8.1%，农业增长 5.5%，医疗健康产业增长 11.1%，金融业增长 19.6%，会展业增长 9.9%，医药产业增长 16.8%。至 2018 年底，十二个重点产业对全省税收增长的年平均贡献率达 86.6%，每年新增企业纳税户 6000 户左右。2018 年，全省十二个重点产业纳税总额为 841.8 亿元，是 2015 年的 1.5 倍；纳税户数 4.1 万户，是 2015 年的 1.8 倍。至 2019 年底，十二个重点产业对经济增长的贡献达 67.3%，产业发展的活力、质量、效益进一步提升，有力支撑了海南经济社会的发展。

第三节　转型之路

2018 年 4 月 13 日，海南迎来了建省办经济特区 30 周年。30 年披荆斩棘，30 年砥砺奋进，30 年敢闯敢试、敢为人先、埋头苦干，海南已经从一个较为封闭落后的边陲岛屿，发展成为中国最开放、最具活力的地区之一，谱写了改革开放的海南篇章。这一天注定被海南人民铭记，在这个特殊的日子，习近平总书记出席庆祝海南建省办经济特区 30 周年大会并发表重要讲话，郑重宣布党中央决定支持海南全岛建设自由贸易试验区，支持海南逐步探索、稳步推进中国特色自由贸易港建设，分步骤、分阶段建立自由贸易港政策和制度体系。习近平总书记的重要讲话赋予了海南经济特区改革开放新的重大责任和使命。同月，中央 12 号文件出台。2020 年 6 月，《海南自由贸易港建设总体方案》正式公布。在海南建设自由贸易港，是党中央着眼于国内国际两个大局、为推动中国特色社会主义创新发展作出的一个重大战略决策，是我国新时代改革开放进程中的一件大事；是推进高水平开放，建立开放型经济新体制的根本要求；是深化市场化改革，打造法治化、国际化、便利化营商环境的迫切需要；是贯彻新发展理念，推动高质量发展，建设现代化经济体系的战略选择；是支持经济全球化，构建人类命运共同体的实际行动。

建设自由贸易试验区特别是建设中国特色自由贸易港，海南迎来了新的历史机遇。把握新机遇，踏上新征程，海南在经济领域承载着更高的期许。“海南要坚决贯彻新发展理念，建设现代化经济体系，在推动经济高质量发展方面走在全国前列。”习近平总书记为海南经济发展明确了目标、路径。在习近平总书记关于海南工作的系列重要讲话和指示批示精神的指引下，海南践行新发展理念，唱好练内功、增动能、引外力的“经济转型三部曲”，摆脱经济对房地产的依赖，构建现代产业体系，推动经济结构转型、发展动能转换，坚定迈向高质量发展。

第一，练内功——以壮士断腕的决心减少经济对房地产的依赖。

自海南建省办经济特区以来，如何平衡好经济增长与房地产之间的关系，始终是一个难题。1988 年，海南建省，一时间，全国各地的投机商和炒房客蜂拥而入。一个总人口数不过 655.8 万的海岛上冒出了两万多家房地产公司，热火朝天地“炒地皮”“炒楼花”，不少项目被反复抵押多次，大量房地产项目甚至不存在。1993 年 6 月，中央为抑制经济过热，对经济实行整顿治理，全面紧缩银根，海南楼市顿时被釜底抽薪。当年海南房价从顶峰时期的7500元每平方米下跌47%，1994年下跌13%，1995年又跌去了10%，银行坏账飙升至60%。最终，海南房地产泡沫破裂。海南经济增长陷入了低谷，政府前后用了差不多20年时间处理烂尾楼。2009年12月31日，海南国际旅游岛建设上升为国家战略后，仅5天时间，海南商品房交易额为171亿元左右，是2008年全年的总和，房价涨幅是全国的5倍。此后，相当长一段时间，海南的房地产占全省投资和税收的比重都高约50%。如2017年，海南地区生产总值为4462.54亿元，全年全省固定资产投资完成4125.40亿元，其中，房地产开发完成投资2053.11亿元，占比达49.8%。虽然房地产业的税收占比也达到将近一半，但是房地产对海南经济的拉动作用越来越低。同时，海南老百姓有很大的怨言，城乡居民收入水平低与高物价、高房价之间的矛盾成为海南经济社会发展中存在的突出矛盾。假如不解决这个矛盾，海南全面建成小康社会的成色和自由贸易港建设的含金量将会大打折扣。

海南房地产结构以住宅地产为主，且长期以来面向岛外市场，投资性需求大，于是，大量建造房子，大量房子被空置，海南成为房地产"加工厂"。这是对海南宝贵土地资源的极大浪费，而且作为一个岛屿型经济体，海南的土地资源已经十分紧缺，靠卖土地资源推动经济发展难以为继。省委、省政府充分认识到，"经济发展靠房地产是不可持续的"，房地产"一业独大"的产业结构不改变，经济高质量发展就难以实现。同时，省委、省政府还深刻认识到，"房地产依赖症"除了导致发展方式落后、动能减弱等后果外，还使海南干部长期面临能力水平无法提升的风险，因为卖地建房是经济发展工作中最不需要动脑筋，又最容易滋生腐败的一件事。

在建设自由贸易试验区、自由贸易港的新的历史条件下，如何保持房地产市场平稳健康发展，避免历史重演，防止再次出现“大起大落”，不仅是摆在海南面前的一道重要考题，也是考验政府治理能力、建设人民满意的服务型政府的一道难题，更是海南实现高质量发展第一道要解决的难题。这个问题倘若处理不好，不仅会影响海南人民对建设海南自由贸易试验区、自由贸易港的信心和期望值，还会影响自由贸易试验区、自由贸易港建设进程。正是基于对这个问题的清醒认识，省委、省政府决定苦练内功，调整优化经济结构和发展动力结构，以壮士断腕的决心减少经济对房地产的依赖，为海南自由贸易港建设打下良好的产业结构基础。

“壮士断腕”体现了海南的决心，因为长期以来，房地产业是海南经济的支柱，税收的近一半都来自房地产，破除“房地产依赖症”将直接影响海南并不宽裕的财政收入，以及其他相关产业的发展，还将影响海南的各项经济指标。但省委、省政府没有任何疑虑，坚持“房子是用来住的、不是用来炒的”定位，坚定不移“练内功”，坚决破除房地产“一业独大”的困境。为破除“房地产依赖症”，省委、省政府谋定而后动，确定了岛内居民基本需求由政府来保障、改善性需求由市场来调节、投资性需求靠制度来限制的房地产转型发展新思路。根据这一发展思路，海南出台了一系列具体措施。

2016 年 2 月，海南省政府印发《海南省人民政府关于加强房地产市场调控的通知》，实施“两个暂停”政策，即对商品住宅库存消化期超过全省平均水平的市县，暂停办理新增商品住宅（含酒店式公寓）及产权式酒店用地审批，暂停新建商品住宅项目规划报建审批。从 2018 年起，海南取消了 12 个市县的生产总值、工业产值、固定资产投资考核，督促各市县加大经济结构调整力度，降低对房地产业的经济依赖。2018 年 4 月 22 日，海南发布《中共海南省委办公厅　海南省人民政府办公厅关于进一步稳定房地产市场的通知》，在已出台限购政策的基础上，实施全域限购，提出建设用地供应向建设自由贸易试验区和中国特色自由贸易港急需的基础设施、产业发展、社会发展、民生需求等倾斜，大幅减少直至停止供应外销商品住宅项目用地等措施。2020 年 3 月，海南进一步升级限购政策，推出安居型商品房，并在全国率先全面实施商品房现房销售制度，规定本地居民限购第二套住房。在实施系列限购政策后，海南也加快实施新一轮分税制财政体制方案，把与房地产关联度最大的土地增值税、契税两个税种收入大部分集中于省级，把其他产业产生税收的大部分留给市县，倒逼市县产业转型升级。

在省委、省政府的坚定决心和高位推动下，房地产调控达到了预期目标。自 2018 年实施全域限购政策后，海南商品房销售面积大幅下降，由 2017 年的 2292 万平方米下降至 2020 年的 752 万平方米。商品房价格得到有效控制，基本保持平稳。购买商品住房的对象由以省外居民为主转为以省内居民和引进人才为主，本省户籍居民购买商品住房占比 2017 年仅为 17.8%，到 2020 年已提升至 70% 以上。全省房地产开发投资额占固定资产投资总额的比重由 2015 年的 50.7% 下降至 2020 年的 38.69%。房地产业税收占海南税收比重自 2018 年以来逐年降低，2018 年、2019 年、2020 年房地产业税收占比分别为 42.7%、38.6%、35.5%。总的来看，至“十三五”末，房地产业的增加值、投资、税收分别占地区生产总值、固定资产投资、地方一般公共预算收入的比重，从最高位回落至 4%、21.9%、25.1%。但这一时期，海南经济始终保持平稳健康发展，2020 年海南省财政收入和生产总值增速均超过全国平均水平，投资增速大幅度超过全国平均水平，产业投资（不含房地产开发投资）比重明显上升，达到 24.8%。2021 年，海南房地产开发投资额占固定资产投资总额的比重进一步下降至 36.1%，非房地产开发投资、产业投资（不含房地产）、制造业投资占比分别提高 2.6%、5.2%、2.9%。经济数据表明，海南成功闯关。

在落实严格的房地产调控政策下，海南坚持以人民为中心的发展思想，积极探索保障房地产市场供应需求的机制，不断完善与自由贸易港发展相适应的住房体系，通过发展公共租赁住房、安居型商品住房、市场化商品住房、市场化租赁住房等，构建多主体供给、多渠道保障、租购并举的住房制度，妥善解决本地居民和引进人才的住房问题。

第二，增动能——多措并举培育发展新动能。

在练好内功的同时，海南积极“增动能”。多措并举培育发展新动能，大力发展旅游业、现代服务业、高新技术产业、热带特色高效农业四大主导产业，加快培育“陆海空”三大未来产业，尤其是积极做好吸引境外高端购物、医疗和教育三篇消费回流文章，推动海南经济发展动力从主要依靠房地产和基础设施投资向消费和投资共同发力转变，推动消费取代投资成为拉动经济增长的主引擎。

在促进境外消费回流方面，海南积极建设国际旅游消费中心，推动新兴消费业态蓬勃发展，境外消费回流效应显著，消费占经济的比重和对经济增长的贡献度明显提高。自2018年以来，海南积极推动离岛免税政策优化调整，大幅度提高了购物限额，丰富了商品种类，增加了经营主体和免税门店，优化了提货方式，推动海南离岛免税销售快速增长，离岛免税成为吸引境外消费回流的“金字招牌”。至2021年底，全省离岛免税店从4家增加到10家，引进国际消费品牌从最初的不到100个发展到超过1400个，其中20多个品牌单店销售位列全球免税零售第一。2019年至2021年，海南离岛免税购物销售总额累计超过1000亿元，年均增速达81.28%，其中，2021年离岛免税店总销售额601.7亿元，同比增长84%，全年全省社会消费品零售总额2497.62亿元，比上年增长26.5%。2021年首届中国国际消费品博览会成功举办，吸引来自约70个国家和地区的近1500家企业超2600个品牌参展，成为亚太地区规模最大的消费精品展会。2022年7月，第二届中国国际消费品博览会在新冠肺炎疫情多点频发的形势下顺利举办，充分展示了海南风险防控能力、大型活动组织能力，也充分证明了海南对广大消费者的吸引力。本届消博会共有来自 61 个国家和地区的 1955 家企业、2800 余个消费精品品牌参展，总进场观众超 28 万人次。本届消博会期间，主题论坛、新品发布、时装周、采购对接、国别推介等一系列丰富多彩的活动成功举办，消博会正成为推动高水平对外开放、促进内外市场相通、畅通国内国际双循环、促进消费升级和消费回流、引领全球消费时尚的重要平台。

在促进境外医疗消费回流方面，海南积极推动博鳌乐城国际医疗旅游先行区建设，加快推动优惠政策落地落实，博鳌乐城国际医疗旅游先行区已经成为国际药械企业进入中国市场最主要的通道，成为国内药械改革开放领域名副其实的政策高地，成为海南自由贸易港吸引境外医疗消费回流的一张靓丽的名片。博鳌乐城国际医疗旅游先行区在全国率先开展临床真实世界数据应用试点，目前已有青光眼引流管、飞秒激光治疗机、普拉替尼、热蒸汽治疗设备、一次性使用前列腺热蒸汽治疗器械、人工耳蜗植入体共 6 款国外创新药品医疗器械；首个使用乐城真实世界数据作为辅助临床评价证据的药品在国内获得注册批准；开展了首个省级电子处方中心平台首单业务流程探索。截至 2021 年底，博鳌乐城国际医疗旅游先行区使用进口特许药械品种突破 200 例，基本实现医疗技术、装备、药品与国际先进水平“三同步”。通过落实卫生健康委属委管公立医院特许经营、“1+X”共享医院、医生集团等多种方式支持公立医疗机构、优质科室或团队进驻，优质医疗资源在博鳌乐城国际医疗旅游先行区加速聚集。2019 年、

2020年、2021年博鳌乐城国际医疗旅游先行区医疗机构接待医疗旅游人数年均增长速度分别为134%、31.2%、90.6%。2021年，博鳌乐城国际医疗旅游先行区特许药械使用患者数同比增长431%；接待医疗旅游人数12.73万人次，同比增长90.57%，境外医疗消费回流明显提升。

在促进境外教育消费回流方面，海南加快建设陵水黎安国际教育创新试验区，打造新时代中国教育开放发展新标杆和中外教育交流互鉴的集中展示窗口，擦亮“学在海南＝留学国外”招牌。2020年6月，陵水黎安国际教育创新试验区正式挂牌。2021年10月，电子科技大学和北京体育大学以“海南自由贸易港国际英才班”项目的形式在陵水黎安国际教育创新试验区开展过渡期办学，陵水黎安国际教育创新试验区迎来首批学生。至2022年6月，陵水黎安国际教育创新试验区已签约引进的中方高校共有10所，包括北京大学、东南大学、南开大学、电子科技大学等；外方高校共有12所，包括加拿大阿尔伯塔大学、英国格拉斯哥大学、美国罗格斯大学、瑞典斯德哥尔摩经济学院等。2022年秋，约有500名学生在陵水黎安国际教育创新试验区开学，境外教育消费回流效益正逐渐显现。

做好吸引境外高端购物、医疗和教育三篇消费回流文章的同时，外资、对外贸易也成为海南经济发展的新动能。实际使用外资跨越式增长，2021年海南实际使用外资额为35.2亿美元，同比增长16.2%，在2018年至2020年连续三年“翻一番”的基础上继续保持稳步较快增长势头，总量规模位居全国第9位。货物贸易动能转换，积极克服新冠肺炎疫情、汇率波动等不利因素影响，多措并举促进货物进出口实现历史性突破。贸易额创历史新高。2021 年海南货物进出口额 1476.8 亿元，同比增长 57.7%，比全国平均增速高 36.1 个百分点，货物进出口总额、进口额均首次突破千亿元大关。服务贸易加快发展，2021 年，实现服务进出口额 287.79 亿元，同比增长 55.54%，远超全国 16.1% 的整体增速，规模排全国第 18 位。

数据是最好的说明，一系列亮眼数据表明，海南经济发展动能转换取得较好效果，经济发展的韧劲、后劲不断增强。2022 年 4 月 11 日上午，习近平总书记来到三亚国际免税城，实地了解离岛免税政策落地实施等情况后指出，要更好地发挥消费对经济发展的基础性作用，依托国内超大规模市场优势，营造良好市场环境和法治环境，以诚信经营、优质服务吸引消费者，为建设中国特色自由贸易港作出更大贡献。海南将深入落实习近平总书记重要指示精神，高质量建设国际旅游消费中心，释放自由贸易港政策红利，加快发展新兴消费、打造消费新场景、拓展消费新空间、提升消费体验，进一步巩固消费对经济发展的基础性作用。

第三，引外力——优化营商环境，吸引市场主体大幅增长。

在“练内功”“增动能”的同时，海南不断优化营商环境，积极“引外力”，大力引进、培育市场主体。“营商环境是海南自由贸易港建设的‘金饭碗’”“营商环境应该和生态环境一起，成为海南的‘两大本钱’和核心竞争力”“营商环境就是口碑”。作为岛屿型经济体，海南深知市场主体的重要性，在做好培育的同时，充分发挥政策优势，优化营商环境，敞开怀抱欢迎全球投资者到海南自由贸易港投资兴业。打造一流的营商环境也是海南自由贸易港建设的重要目标和鲜明特征。2018 年 4 月 13 日，习近平总书记在庆祝海南建省办经济特区 30 周年大会上强调，海南要加快形成法治化、国际化、便利化的营商环境和公平、开放、统一、高效的市场环境。中央 12 号文件提出了具体的目标：到 2025 年，海南自由贸易港营商环境达到国内一流水平；到 2035 年，营商环境跻身全球前列。

海南努力打造法治化、国际化、便利化和公平、透明、可预期的营商环境。其中，公平、透明、可预期是法治化、国际化、便利化的具体化，是市场主体能直接感受到的。所谓“公平”，就是公平对待所有企业，内资外资一个样、国企民企一个样、大企业小企业一个样，以及认不认识政府官员都一个样；所谓“透明”，就是在服务市场主体的过程中，包括审批事项、标准、行业监督等都是透明的；所谓“可预期”，就是市场主体对某一事项能不能办成，要多久能办成，事先心里有底，而不是无限期等待，进退两难。围绕这个目标，海南在优化营商环境方面做了大量的工作。

海南首先从强化顶层设计和创新工作推进机制入手。从 2018 年开始，海南每年都制定优化营商环境行动计划，以问题为导向，有针对性地提出创新、务实的举措。同时，进一步加强法治保障，制定出台了优化营商环境条例、商事登记管理条例、外国企业从事服务贸易经营活动登记管理暂行规定、社会信用条例、知识产权保护条例等法规。在工作机制方面，2021 年 2 月，海南省优化营商环境工作专班成立，从全省有关单位和市县抽调了 100 余名业务骨干进行集中办公，专门从事优化营商环境工作。专班着眼于长远，建立健全工作机制，制定让市场主体说了算、横向可比纵向监测的评价指标体系，开通“海南自贸港请您来投诉”平台，完善营商环境问题投诉和协调处理、核查督办机制，解决一批影响企业经营的难题，企业的合法权益得到了有力维护，大大提升了企业获得感。

优化营商环境的过程也是一个推进制度集成创新的过程。比如，海南创新商事登记“全省通办”制度，让全省商事主体通过统一的登记平台海南商事主体登记平台（海南 e 登记）自主申报登记，实现“数据多跑路、群众少跑腿”。大力推行极简审批，通过设立行政审批、国际投资、国际贸易、人才服务等“单一窗口”，把审批时限压缩七至八成；国际船舶登记申请材料和审批时间压缩 60% 和 86%；在 14 个重点园区以极简审批模式审批建设项目 800 多个，涉及投资额超 5700 亿元，平均审批提速 90% 以上。出台全国首张不予税务行政处罚正面清单，免除处罚事项 24 项。90% 的省级行政许可事项实现全程网办。推行“机器管规划”，探索建立“土地超市”制度解决“项目等土地”问题，实现工程建设项目审批电子证书 100% 全覆盖……

处理好政府与市场的关系，是优化营商环境的核心关键内容，政府工作人员如何跟企业家交往，既服务到位又不打扰企业则是其中的重点。为此，海南出台了《海南省政商交往行为指引清单

（试行）》，制定了党政机关和公职人员政商交往正面清单、负面清单以及市场主体和企业家政商交往正面清单、负面清单。该文件既从正面清单的角度鼓励、要求干部光明正大与企业家打交道，畅通政企沟通机制，积极主动为企业服务，又从负面清单角度为干部与企业打交道中的哪些行为可行、哪些不可行画红线，界定和厘清了政企行为，有助于打造公开、透明、可预期的营商环境和构建“亲”“清”的政企关系。2022 年，海南探索建立企业首席服务专员制度，全省各级各部门和各重点园区共有企业首席服务专员及其团队成员 2000 多人。海南要求企业首席服务专员深入企业一线，宣传惠企政策，听取企业意见，帮助解决问题，当好政企对接的联络员、政策解读的宣传员、解决问题的协调员、企业权益的护航员。

栽下梧桐树，引得凤凰来。好的营商环境就是生产力、竞争力，海南优化营商环境的努力得到了积极回报。数据说明了一切：2020 年，海南新增市场主体增长 30.9%，新设企业增长 113.7%，位列全国第一，总部企业累计入驻 64 家。实际利用外资额增长 100.7%，外商投资主体倍增。2021 年，全省新增市场主体 49.77 万户，同比增长 52.15%，截至 2021 年 12 月底，全省实有市场主体 160.40 万户。实际利用外资增长 16.2%。新设立外商投资企业 1936 家，新设立外商投资企业增长 92.6%。

实践证明，“经济转型三部曲”是海南贯彻新发展理念、推动高质量发展的“利器”，也是海南征战未来、创造辉煌的重要依托。奏响“经济转型三部曲”，海南正在以更高水平、更高质量推动自由贸易港建设。

第四节　人间正道

自由贸易港是当今世界最高水平的开放形态，这对海南建立开放型经济新体制、构建现代化产业体系提出了新的更高要求。习近平总书记在出席庆祝海南建省办经济特区30周年大会发表的重要讲话中强调，海南要坚决贯彻新发展理念，建设现代化经济体系，在推动经济高质量发展方面走在全国前列；海南发展不能以转口贸易和加工制造为重点，而要以发展旅游业、现代服务业、高新技术产业为主导，更加注重通过人的全面发展充分激发发展活力和创造力。2022年4月，习近平总书记考察海南期间谈到海南的主导产业定位时说："过去争论很多啊，上个大的石化基地，上个钢铁项目，搞个先进制造业基地。经过30年持续摸索，决定就抓这几样：旅游业、现代服务业、高新技术产业、热带特色高效农业。""现在统一了，知道了哪个是人间正道，就这么走下去。"

旅游业是海南长期以来重点发展的特色和优势产业，特别是2009年底海南国际旅游岛建设上升为国家战略以来，海南旅游产业快速发展。习近平总书记在出席庆祝海南建省办经济特区30周年大会发表重要讲话时明确指出，国际旅游岛是海南的一张重要名片。推动海南建设具有世界影响力的国际旅游消费中心，是高质量发展要求在海南的具体体现。中央12号文件明确指出，海南建设国际旅游消费中心，要大力推进旅游消费领域对外开放，积极培育旅游消费新热点，下大气力提升服务质量和国际化水平，打造业态丰富、品牌集聚、环境舒适、特色鲜明的国际旅游消费胜地。毫无疑问，旅游业是海南的一张“王牌”，必须一如既往地抓好。

现代服务业的发展水平是一个国家和地区发达程度的重要衡量指标。从全球看，现代服务业不仅是发达国家和地区的主导产业，而且也成为支撑一些新兴经济体快速发展的支柱产业。发展现代服务业，能够充分发挥海南的区位、资源、生态、政策和不断完善的“五网”基础设施等优势，形成叠加的产业发展优势，提高海南自由贸易港产业竞争力和对外开放水平。习近平总书记在出席庆祝海南建省办经济特区 30 周年大会发表重要讲话时明确指出，现代服务业是产业发展的趋势，符合海南发展实际，海南在这方面要发挥示范引领作用。中央 12 号文件提出，支持海南传统产业优化升级，加快发展现代服务业，培育新动能。现代服务业是近年来海南一直大力推动的产业，已有一定基础，必须继续抓好。

高新技术产业是实施创新驱动发展战略的重要措施，海南有南繁育种、航天发射、深海研究等优势，近年来又集聚了一批高新技术企业，具有发展高新技术产业的基础和条件。习近平总书记在出席庆祝海南建省办经济特区 30 周年大会发表重要讲话时指出：“发展是第一要务，创新是第一动力，是建设现代化经济体系的战略支撑。海南要深化供给侧结构性改革，发挥优势，集聚创新要素，积极发展新一代信息技术产业和数字经济，推动互联网、物联网、大数据、卫星导航、人工智能同实体经济深度融合，整体提升海南综合竞争力。”中央 12 号文件明确提出，面向深海探测、海洋资源开发利用、航天应用等战略性领域，支持海南布局建设一批重大科研基础设施与条件平台，建设航天领域重大科技创新基地和国家深海基地南方中心，打造空间科技创新战略高地。加强国家南繁科研育种基地建设，打造国家热带农业科学中心，支持海南建设全球动植物种质资源引进中转基地。2021 年，海南全省研究与试验发展（R&D）经费投入增速全国第一，发明专利授权数达 954 件，较上年显著提高 233 件，高新技术企业总数增至 1202 家、增长 43.3%。海南高新技术产业有其他地区所没有的独特优势和禀赋，是大有可为的一个产业。

热带特色农业是习近平总书记十分关心的产业。海南省是我国唯一的热带岛屿省份，是天然大温室，热带农业资源十分丰富，全国热带土地面积近一半在海南。独特的地理位置、丰富的作物资源、优越的自然环境，为海南发展热带特色农业提供了得天独厚的条件。同时，长期以来农业在海南三产中的比重超过 20%，是海南的基础性产业。早在 2013 年 4 月，习近平总书记在视察海南时就指出，要加快农业发展方式转变，促进农业结构优化，推动传统农业向标准化、品牌化、产业化的现代农业转型升级，做强做精做优热带特色农业，使热带特色农业真正成为优势产业和海南经济的一张王牌。在庆祝海南建省办经济特区 30 周年大会发表的重要讲话中，习近平总书记再次强调，海南要实施乡村振兴战略，发挥热带地区气候优势，做强做优热带特色高效农业，打造国家热带现代农业基地，进一步打响海南热带农产品品牌。特别值得一提的是，海南农业在保障全国粮食安全大局中具有重要战略地位。海南是我国唯一适宜大面积冬季作物南繁的区域，全国 80% 以上的植物新品种都在海南开展南繁加代，南繁能够缩短 1/3 到 1/2 的育种周期，极大加快育种进程。截至 2021 年，全国有 29 个省区市 400 多家单位在海南设立长期科研育种基地，每年到南繁季节更有约 800 家单位近万名科研人员在海南开展南繁科研育种。因此，海南发展任何时候都不能落下农业。

正是基于这样的认识，沿着习近平总书记指引的方向，海南形成了旅游业、现代服务业、高新技术产业、热带特色高效农业四大主导产业体系。这四大主导产业符合海南高质量发展要求，契合海南实际和发展定位，又顺应时代潮流，有强大竞争力和广阔发展前景，在海南建设现代化经济体系中举足轻重，是海南转变发展方式、优化经济结构、转换增长动力、高质量高标准建设自由贸易港的必然选择。对于如何发展壮大这四大主导产业，党的十八大以来，海南边探索边实践，边实践边总结，逐渐明晰四大主导产业的发展思路，特别是 2018 年 4 月 13 日习近平总书记发表重要讲话以来，海南已经有了明确的发展思路与清晰的发展蓝图。

在旅游业方面，主要目标是建设具有世界影响力的国际旅游消费中心，打造国际知名度假天堂、康养天堂、购物天堂和会展高地，努力形成“处处有旅游、行行加旅游”的全域旅游格局。

这里面最重要的两项工作是推进境外消费回流和全域旅游。在境外消费回流方面，海南充分利用自由贸易港政策，坚持特色化、国际化、高端化、全域化、标准化、智能化的发展理念，推动旅游业高质量发展，积极发展旅游消费新热点、新业态，形成以生态旅游、海洋旅游、购物旅游、医疗康养旅游、生态旅游、会展旅游为主，多种旅游形式聚集的全业态旅游消费模式，全力做好高端购物、医疗、教育“三篇境外消费回流文章”，不断拓展旅游消费空间。在全域旅游方面，海南坚持注重实效、突出示范，点线面结合，持续创建并串联更高等级、更有特色的景区景点，完善公共设施配套，加快创建全域旅游示范省。深度整合资源，挖掘文化内涵，突出主题特色，合力打造精品旅游城市、旅游园区、旅游度假区、景区景点、旅游小镇、乡村旅游点和旅游特色街区等七类旅游“点”，着力把环岛旅游公路打造成传世之作，把热带雨林国家公园打造成具有海南特色的重要旅游目的地，把美丽乡村打造成靓丽的田园风景线。同时，海南聚焦旅游发展的自由化便利化，提升旅游供给侧国际化水平，促进旅游国际化升级。

在现代服务业方面，海南瞄准国际先进水平，以现代物流、医疗健康、现代金融、商务服务为发展重点，对标国际最高开放水平，构建海南自由贸易港现代服务业体系。在现代物流业方面，目标是建成适应全省现代物流业发展需要的基础设施和综合运输体系，基本建成服务西南、连接沿海、辐射东南亚的突出区域性的数字国际海运转运中心。在医疗健康产业方面，海南充分释放博鳌乐城国际医疗旅游先行区新旧“国九条”政策红利，打造集医药研究、临床试验、临床治疗、健康疗养于一体的高水平医疗服务产业集群，着力打造国内医学品牌。在现代金融业方面，积极吸引境内外银行、证券、保险等金融机构落地，推动形成牌照齐全、结构合理、功能互补的现代金融机构体系。在商务服务业方面，重点是培育和发展金融、交易、科技研发、设计、结算类总部经济；发展法律、会计、资信调查与评级、产权交易、供应链管理、智库咨询等专业服务业，支持发展市场营销、租赁等商务服务业；高水平举办中国国际消费品博览会，积极推进专业化商品交易市场建设，推动形成以海口、三亚、琼海、儋州四个城市为主体的会展业发展重点区域，通过市场化、国际化、专业化举措，推动会展业高质量发展。

在高新技术产业方面，海南发挥自身优势，在三个领域重点发力。第一个重点领域是培育以“陆海空”为主的三大未来产业，这是重中之重。其中，南繁产业的发展目标是加快建设国家南繁科研育种基地，构建以南繁科研为基础、以种业创新为核心、以热带农业为特色的产业体系，推动南繁科技城科研、生产、销售、科技交流、成果转化一体化建设，努力建成服务全国的“南繁硅谷”和我国种业贸易中心，并为打好种业翻身仗作出海南贡献。在深海产业方面，主要是依托三亚深海科技城建设，重点发展深海科考服务、深远海探测、海洋工程装备、海洋遥感、海洋资源勘探及开发利用、海洋生态保护和利用、海洋生物活性物质及生物制品等产业，同时建设深远海空间站岸基服务业保障基地、国家南海生物种质资源库等，打造国家深海基地南方中心。在航天产业方面，主要依托文昌航天发射场打造文昌国际航天城，建设国际航天发射中心、国际航天交流合作平台、航天高端产品研发制造基地、航天大数据开发应用基地和“航天 +”产业示范区。第二个重点发展领域是加快发展数字经济、石油化工新材料、现代医药等三个战略性新兴产业。数字经济产业发展的重点是做好产业数字化和数字产业化，实现规模经济基础上的个性化产品和个性化服务提升；石油化工新材料产业发展的重点是向下游、向高端延伸，向精细化工和新材料方向发展；现代医药产业发展的重点是加快推进医疗技术、装备、药品与国际先进水平“三同步”。第三个重点发展领域是优化升级清洁能源、节能环保、高端食品加工三个优势产业，重点要坚持走高端路线，发挥政策效应带动产业发展，实现原辅料“零关税”政策利用最大化。

在热带特色高效农业方面，重点是推动农业规模化、产业化、品牌化，提高农业质量效益和竞争力。海南深入落实“藏粮于地、藏粮于技”战略，加强高标准农田建设，提升耕地地力水平。至2021年底，海南已累计建成高标准农田409万亩。海南深入推进农业供给侧结构性改革，推进以国家冬季瓜菜生产基地、南繁育制种基地、热带水果和热带花卉基地、天然橡胶等热带经济作物基地、水产养殖与海洋捕捞基地和无规定动物疫病区“五基地一区”为主导的热带特色高效农业体系建设，积极引进和培育热带果蔬优质品种，大力发展林下经济，做足“季节差、名特优、绿色有机”文章，发展热带水果、花卉、冬季瓜菜、特色养殖和海洋渔业等特色高效产业，保障好全国人民的冬季“菜篮子”和热带“果盘子”。推动橡胶、槟榔、椰子等热带特色作物扩面增量，鼓励种植热带特色中草药，打造一批南药生产基地。推进畜禽养殖业转型升级，支持文昌鸡、生猪等产业现代化发展，培育壮大农业龙头企业。推动渔业转型升级，引导渔民“往岸上走、往深海走、往休闲渔业走”，加快渔港建设，支持深海网箱养殖。加强农业全产业链建设，积极培育休闲农业、农村电商等新产业新业态，以共享农庄为载体推进农村一二三产业融合发展，推动产业生态化和生态产业化，探索将绿水青山转化为“金山银山”的实现路径。深化品种管理和植物新品种保护制度改革。加强“两品一标”培育认证（登记）保护工作，着力增加优质高效绿色农产品的有效供给。打造国家农业绿色发展先行区，建设生态循环农业示范省。打造国际热带农产品加工、储藏、冷链物流和交易中心，构建省、市县、乡镇三级农产品运销实体网络。

在以上四大主导产业的支撑下，随着海南自由贸易港政策红利加快释放，海南产业结构进一步优化，实现了较高增长、较低通胀、较多就业的优化组合。至 2021 年底，四大主导产业增加值占比达七成，对经济增长的贡献率近八成，成为海南经济高质量发展的最主要支柱。其中，2021 年全省服务业（第三产业）增加值同比增长 15.3%，高于整体经济 4.1 个百分点，对经济增长的贡献率为 82.5%；克服新冠肺炎疫情影响，全省接待游客总人数 8100.43 万人次，同比增长 25.5%，恢复至 2019 年的 97.5%，实现旅游总收入 1384.34 亿元，同比增长 58.6%，两年平均增长

14.4%；产业投资增长33.5%，其中制造业投资同比增长84.2%，高技术产业投资较2020年增长36.6%，高出全省投资增速26.4个百分点；全省实现农林牧渔业总产值2014.79亿元，同比增长5.1%，两年平均增长3.7%。“陆海空”三大产业科技成果频出，高水平科研机构纷至沓来，研发经费投入强度增速全国第一，高新技术企业数量突破1200家，风电装备、机器人、无人机等先进制造业项目落地。此外，货物贸易进出口总额首次突破千亿元大关，同比增长57.7%，服务贸易进出口总额增长55.5%，新型离岸国际贸易收支总额增长4倍。全省经济外向度提升7.1个百分点，实际利用外资增长16.2%。产业园区的承载力和贡献度不断提高，11个自由贸易港重点园区固定资产投资增速高出全省60.4个百分点，实现营业收入13555.5亿元，税收收入585.63亿元，以不到全省2%的土地面积贡献40.1%的税收。其中，洋浦经济开发区营业收入突破5000亿元大关，税收超200亿元，海口江东新区、海南生态软件园、海口复兴城互联网信息产业园、海口综合保税区进入“营收千亿元俱乐部”。

这一系列亮眼数据表明，四大主导产业是海南构建现代产业体系、高质量高标准建设自由贸易港的正确产业发展道路。2022年4月，习近平总书记到海南考察，对海南发展四大主导产业予以充分肯定，并进一步强调，要把海南更好地发展起来，贯彻新发展理念、推动高质量发展是根本出路；要聚焦发展旅游业、现代服务业、高新技术产业、热带特色高效农业，加快构建现代产业体系。习近平总书记的肯定极大地提振了海南的信心。海南省第八次党代会对下一步发展四大主导产业作出了全面部署，海南将深入贯彻落实习近平总书记重要指示精神，坚持聚焦发展四大主导产业不动摇，一任接着一任干、一棒接着一棒跑、一张蓝图绘到底，使海南现代产业体系这棵大树枝繁叶茂、硕果累累。

第五节　全岛同城

海南是我国陆域面积最小的省份，然而，在海南岛这块不大的陆地上，各种耕地、林地、建设、海洋等规划的重叠图斑达127.9万块，同一地块会有基本农田、林地和城市建设用地等几种“身份”。各种规划冲突、打架已成为制约社会经济发展的普遍性问题。2015年3月，海南正式开展省域“多规合一”改革探索。2015年6月，习近平总书记主持召开中央全面深化改革领导小组第十三次会议，同意海南开展省域“多规合一”改革试点。海南树立“全省一盘棋、全岛同城化”的理念，推进“多规合一”改革试点，把全岛作为一个大城市、大景区来规划建设，完成了《海南省总体规划（空间类2015—2030）》及主体功能区规划、生态保护红线规划、城镇体系规划、土地利用总体规划、林地保护利用规划、海洋功能区规划等六类空间性规划，为海南整体发展绘制了一张蓝图。与此同时，海南省修订出台了《海南经济特区海岸带保护与开发管理规定》《海南省生态保护红线管理规定》等，推动解决法规依据不统一的问题。搭建了全省统一的空间规划管理信息平台，推动解决技术手段和信息应用上不统一的问题。成立全国首个省级规划管理职能部门——海南省国土空间规划委员会，主管全省国土空间规划的编制、审批和督查工作，确保“一张蓝图干到底”。

“全省一盘棋、全岛同城化”，不仅是为了解决规划“打架”的问题，还是统筹推进海南区域协调发展的必然要求。海南市县规模普遍偏小，各市县资源条件、人口规模、经济基础都有限，推进“全省一盘棋、全岛同城化”，有利于继续提升全岛资源利用效率，整合各市县资源优势，合理布局产业项目，避免同质竞争，激发市场活力，形成发展合力。历届省委、省政府都十分重视从“全省一盘棋”的高度统筹推进区域发展。比如，海南省第五次党代会提出，“坚持全省统一规划，形成合理的区域经济布局”“既要突出市县特色，充分调动市县发展的积极性，又要切实把海南作为一个整体进行统一规划”。海南省第六次党代会报告强调，“以全省整体和一盘棋的视野，打破行政区划的壁垒，统一规划，超前抓好重大基础设施和重要产业项目的合理布局规划”“努力实现城乡、区域、经济社会的协调可持续发展”。海南省第七次党代会报告提出，按照“全省一盘棋”，实现跨市县产业发展、基础设施、生态建设协调联动，构建更具活力的区域发展新格局。2020 年 6 月，中国共产党海南省第七届委员会第八次全体会议通过《中共海南省委关于贯彻落实〈海南自由贸易港建设总体方案〉的决定》。该决定强调要坚持“全省一盘棋、全岛同城化”，推动区域和城乡协调发展；坚持把全岛作为一个大城市、大景区来规划、建设和管理，建立健全更加有效的区域、城乡协调发展新机制，实现全岛资源利用效益最大化。

在“全省一盘棋、全岛同城化”理念指引下，海南打破一亩三分地的行政区划惯性思维，积极推动区域协调发展、城乡一体化发展和基础设施同城化。海南省第七次党代会报告明确提出，加快推进“海澄文”一体化综合经济圈和“大三亚”旅游经济圈建设，充分发挥南北两极对周边市县的辐射带动作用；建设琼海、儋州区域中心城市，推动东西两翼齐飞；强化政策支持，保育发展好中部生态区，促进少数民族地区发展进步。至“十三五”末，海南基本形成“南北两极带动、东西两翼加快发展、中部山区生态保育”的区域协调发展格局。

为更好地促进自由贸易港建设，充分发挥现代产业体系和区域协调发展“两大引擎”的作用，海南进一步优化区域协调发展布局，提出加快实施“三极一带一区”发展布局，健全平台、政策、项目、体制机制，以更高水平、更高质量的区域协调发展赋能自由贸易港建设。“三极”是指由海口、澄迈、文昌、定安、屯昌等市县组成的海口经济圈，由三亚、陵水、乐东、保亭等市县组成的三亚经济圈，由儋州洋浦一体化融合发展组成的儋洋经济圈；“一带”是指由海口、文昌、琼海、万宁、陵水、三亚、乐东、东方、昌江、儋州、临高、澄迈等临海市县组成的滨海城市带；“一区”是指由五指山、保亭、琼中、白沙等中部市县组成的中部生态保育区。

从“海澄文”一体化综合经济圈到“海口经济圈”，把定安、屯昌纳入其中，有利于强化海口省会城市和全省门户功能，支持海口建设现代化、国际化城市，也有利于更好地发挥省会城市的核心带动作用，带动文昌、澄迈、定安、屯昌差异化、特色化，推动琼北地区高质量发展。从“大三亚”旅游经济圈到“三亚经济圈”，去掉“旅游”二字，表明“大三亚”区域组团发展动能不断丰富，并不仅仅依靠旅游业。加快推动儋洋经济圈发展，推进儋州、洋浦一体化，是补齐儋州“有城无产”短板的客观要求和破解洋浦“有产无城”瓶颈的迫切需要，儋州将因洋浦而更加开放，洋浦也将因儋州而更有深度。洋浦的政策、区位和产业优势与儋州的城市功能和腹地优势相结合，将为儋州洋浦产业高质量发展注入强劲动力，进而打造海南高质量发展第三极。推进滨海城市带建设，有利于让各沿海市县在自由贸易港建设的大框架下找准自身定位，在医疗康养、热带农业、商业航天等局部领域成为“辐射光源”和“单项冠军”，逐步构建环岛“链珠式”的滨海城市带发展格局。中部生态保育区范围主要是热带雨林国家公园涉及的五指山、琼中、白沙、保亭等市县，重点是促进生态保育发展，推进黎苗文化传承，促进民族地区发展。

海南深刻认识到，坚持“全省一盘棋、全岛同城化”，推动区域协调发展，是破解发展不充分不平衡矛盾、建设现代化经济体系、推动高质量发展的重大举措，也是海南自由贸易港建设的特色亮点和紧迫任务。2022 年 4 月，习近平总书记考察海南，强调要突出陆海统筹、山海联动、资源融通，推动城乡区域协调发展。海南省第八次党代会贯彻习近平总书记重要指示精神，报告提出“坚持高质量发展，建设产业聚焦、区域协调的自由贸易港”，对深入打造“三极一带一区”区域协调发展新格局作出部署，报告明确提出：做大做强海口经济圈，全面提升发展能级，建设自由贸易港核心引领区；做优做精三亚经济圈，打造国际旅游胜地、自由贸易港科创高地；加快推动儋洋经济圈发展，创建自由贸易港港产城融合发展先行区、示范区。突出滨海城市的功能和形象，协调推进以新型城镇化为基础的滨海城市带规划建设。以热带雨林国家公园建设为重点，加快建设中部生态保育区。此外，2022年5月，海南还发布实施了《关于海南自由贸易港统筹区域协调发展的若干意见》，深入贯彻习近平总书记考察海南重要讲话和省第八次党代会精神，对加快构建“三极一带一区”区域协调发展新格局作出了系统谋划，明确了各区域的发展目标、实施路径和具体举措。

海南自由贸易港是一个拥有广大农村和农业人口的自由贸易港。加快城镇化和缩小城乡差距，既是推进区域协调发展的重要内容，也是让改革发展成果、自由贸易港建设红利更多更公平惠及海南人民的必然要求。海南始终坚持以人民为中心，坚持农业农村优先发展，大力实施乡村振兴战略，加快补齐农村基础设施和公共服务短板，推进农业农村现代化，促进城乡协调发展。海南省第七次党代会报告明确提出，统筹推进新型城镇化和美丽乡村建设。大力推进城市更新，保护好天际线、景观风貌和历史文脉，高水平建设独具海南特色的新型城镇。深化户籍制度改革，实现城镇基本公共服务覆盖全部常住人口。推动城镇公共资源、基础设施、产业发展、公共服务向农村延伸，增强农村发展内生动力，引导农村就地美化提升，促进城乡一体化发展。吸引社会投资高水平建设“美丽海南百镇千村”，与旅游度假区、景区、产业园区融合互动，促进群众长远可持续增收，打造宜居、宜业、宜游、宜养的美丽家园。至 2020 年底，海南常住人口城镇化率达 60.27%，户籍人口城镇化率达 44.6%，累计建成 1001 个美丽乡村、158 家椰级乡村旅游点，城乡发展差距不断缩小。2021 年，全省老旧小区改造项目开工 450 个，惠及 5.2 万户。常住人口城镇化率提高到 61.1%。5G 网络实现市县主城区室外连续覆盖、重要区域热点覆盖。城乡环境进一步优化提升，6 个市县创建国家卫生城市（县城），城镇污水日处理能力提升 8.7%，行政村生活污水处理设施覆盖率提高 14.3 个百分点，卫生厕所覆盖率达 98.8%，城乡生活垃圾无害化处理率超 95%。2021 年，全省常住居民人均可支配收入 30457 元，同比名义增长 9.1%。其中，城镇居民人均可支配收入 40213 元，名义增长 8.4%；农村居民人均可支配收入 18076 元，名义增长 11.0%。城乡居民收入差距进一步缩小。

基础设施建设的联通性和统一性是区域协调发展、城乡一体化、实现全岛同城化的重要基石。对一个岛屿型经济体来说，完善的基础设施在联通岛内外、促进自身发展、提高人民群众幸福感等方面具有更加深刻的意义。历届省委、省政府都把基础设施建设作为海南发展的关键环节，持续加大投入力度，按照把全岛作为一个大城市来规划、建设和管理的理念，统筹布局，不断加强全省路网、光网、电网、气网、水网“五网”基础设施建设，大力推动基础设施互联互通，相继建成一大批项目，彻底改变了海南基础设施落后的面貌，为实现全岛同城化打下了坚实的基础。

在路网方面，海南积极构建现代综合交通运输体系。2015 年 12 月 30 日，全球首条环岛高铁建成通车。“十三五”以来，海南交通投资创历史新高，完成了“县县通高速”，公路水路交通基础设施投资额约 980 亿元，是“十二五”时期的 2 倍，为建省以来最高水平。至“十三五”末，海南全省公路通车总里程超 4 万公里，高速公路通车里程达 1254 公里，公路网密度由“十二五”末的每百平方公里 79.2 公里提高到每百平方公里 118.5 公里，高速公路网密度提升至每百平方公里 3.7 公里，高于全国平均水平；投入 200 亿元在全省范围内开展自然村通硬化路工程、窄路面拓宽工程、县道升级改造工程、生命安全防护工程、农村公路桥梁建设及危桥改造工程、旅游资源路工程等“农村公路六大工程”建设，在全国范围内率先实现具备条件的自然村 100% 通硬化路，100% 解决农村公路安全防护问题，完成具备条件的建制村“100% 通硬化路和 100% 通客车”的“两通”任务。此外，海南持续推进交通运输改革，进一步完善交通建设管理体制。完成了港口资源整合，实现了琼州海峡南岸轮渡码头一体化整合，琼州海峡港航一体化取得重要进展，通航更加便利。海南还成为全国唯一同时主动开放第三、第四、第五、第七航权和中途分程权的省份，为国内航权对外开放的最高水平。创新国际船舶登记制度，建设“中国洋浦港”船籍港。积极探索邮轮游艇制度创新，邮轮海上游航线试点政策落地实施。

在光网方面，海南大力推动城乡一体化的光纤宽带和 5G 网络建设。“十三五”期间，海南光网总投资额约 213 亿元，总体实现全省城乡光纤宽带和高速移动通信网络覆盖，海南宽带网速排名从全国第 30 名提升至第 9 名，用户上网体验明显提升。新建一条 72 芯出省海底光缆，出省传输能力和安全保障能力显著提升。在城乡光网接入方面，海南在 2017 年各市县城区和 2500 多个行政村光纤宽带和 4G 网络全覆盖的基础上，全面推进城镇千兆小区和自然村光纤宽带建设。截至 2020 年底，全省建成城市千兆光纤宽带网络端口 60 多万个，20 户以上自然村基本实现光纤宽带和 4G 网络全覆盖。在 5G 网络建设应用方面，海南是全国第一批开展 5G 网络规模化试点建设的地区之一。截至 2020 年底，全省累计建成 5G 逻辑基站 10823 个，基本实现海口、三亚主城区室外覆盖，其他市县城区热点覆盖，5G 网络应用项目区域全覆盖。

在电网方面，海南加快形成经济高效稳定的电力系统。“十三五”以来，海南电力装机能力明显提高。2015 年，全省错避峰限电 176 天，最大电力缺口 73.8 万千瓦。“十三五”期间，海南全省电源建设全面提升，先后投产了昌江核电一期、文昌气电、琼中抽水蓄能电站等项目，截至 2020 年底，海南全省装机 986 万千瓦，较 2015 年的 671 万千瓦上升 47%，根治了困扰海南多年的电源性缺电问题。2020 年，海南全社会用电量约为 362 亿千瓦时，统调发电量约为 312 亿千瓦时，较 2015 年分别提高 34% 和 37%。“十三五”期间，海南积极推进全国首个智能电网示范省建设。跨海联网二回项目顺利投产，电网通过双回 500 千伏线路连接大陆电网。开展电网升级改造三年行动计划，全省供电可靠率和防灾抗灾能力进一步提升。全省年户均停电时间由2015年的48小时下降至2020年的约13小时，海口、三亚中心城区户均停电时间由2015年的11.65小时下降至2020年的约1小时。此外，海南还加强清洁电力发展，构建清洁化电力供应体系。“十三五”期间，海南新增装机中315万千瓦为清洁能源装机，关停了27.6万千瓦煤电机组。至2020年底，海南全省清洁能源装机约662万千瓦，占全省装机的67%，较2015年提升约23个百分点。2020年，煤、核能、天然气、可再生能源发电量占统调发电量比重分别为47%、31%、9%和13%，清洁能源发电量占统调发电量比重为53%。

在气网方面，海南环岛天然气长输管网形成闭环。“十三五”期间，海南气网建设同样取得显著成果。东方13-2气田已正式投产。环岛天然气长输管网（文昌—琼海—三亚）建成，标志着海南环岛天然气长输管网真正形成闭环，覆盖了沿海12个市县。全省已建成洋浦和澄迈LNG接收站，建成输油管道187公里和14个储备油品库，总库容约1100万立方米，油气供应能力进一步增强。同时，海南积极推进燃气下乡、“气代柴薪”工作，建成覆盖19个市县城镇燃气管网4713公里。至2020年底，海南城市地区燃气普及率达96.9%，农村地区燃气普及率达95.13%。

在水网方面，海南逐步建设安全生态水网调蓄均衡的水系网络。“十三五”期间，海南累计落实水务投资额521亿元，年均投资104亿元，较“十二五”期间增长130%。截至2021年末，南渡江引水工程通水运行，红岭灌区工程进入验收阶段，琼西北供水工程已正式开工，三亚西水中调工程、白沙西部供水工程、南繁基地水利设施工程、红岭灌区田间工程加快建设，昌化江水资源配置工程前期工作有序推进，迈湾、天角潭水利枢纽工程开工建设，海岛型骨干水网初具规模。

总的来看，党的十八大以来特别是“十三五”以来，海南“五网”基础设施提质升级成效显著，为海南全面建成小康社会和推进自由贸易港建设提供了支撑。海南省第八次党代会对未来一个时期基础设施建设进行了谋划，第八次党代会报告明确提出，要超前谋划以高速公路为骨干网、贯通全省的“五网”基础设施一张网；加快推进“两主两辅一货运”机场体系建设，加快推动湛海高铁建设，完善全岛高速公路网，建设环岛旅游公路、环热带雨林旅游公路；加快推进以洋浦港、马村港和新海港为主体的港口群建设；打造海岛型绿色智慧水网；全面推进数字电网建设，加快打造新型电力系统省级示范区；加快建设“智慧海南”“气化海南”。可以预见，在不久的将来，一个城乡公共基础设施一体化和城乡基本公共服务一体化水平更高、城乡区域协调发展的自由贸易港将会呈现在世人面前。

第六节　向海而兴

海南是陆域小省，却是海洋大省。按照陆域面积算，海南是中国最小的省，但如果加上受权管辖的 200 多万平方公里海域面积，海南就成为全国面积最大的省份。海南管辖的 200 多万平方公里海域约占全国海洋总面积的三分之二。这片广袤的海域，是潜力巨大的资源宝库。目前，南海已经探明石油储量400多亿吨，天然气储量超16万亿立方米，可燃冰地质储量约700亿吨油当量，远景资源储量可达上千亿吨油当量，堪称“第二个波斯湾”，渔业资源、矿产资源、生物资源也极其丰富，海洋经济开发前景十分广阔。

同时，海南与菲律宾、文莱、印度尼西亚、马来西亚、越南等隔海相望，又地处南海国际海运中心线，在国际海运航线上具有重要战略地位。自汉代以来，我国从水路与东南亚、南亚乃至欧洲、非洲各国人民的人文、商贸往来，都由此经过。正是源于这样的区位和战略地位，海南成为国家“一带一路”倡议中的重要支点。海南与东盟各国地缘相近、血缘相亲、人文相通、商缘相连，在中国与“一带一路”沿线各国或地区深化互利合作、构建命运共同体中具有独特优势和有利条件。

党的十八大以来，习近平总书记统筹国内国际两个大局，提出了建设海洋强国的战略思想。2012年，中央从维护国家主权、安全，加强南海资源保护与开发的全局出发，作出了设立地级三沙市的英明决策，海南在国家海洋战略中的作用进一步凸显。2012年7月24日，海南省三沙市正式成立。

2013年4月，习近平总书记视察海南。4月8日下午，习近平总书记到琼海市潭门镇看望渔民，并亲切看望了由潭门渔民组成的海上民兵连，看民兵连史展览，听事迹介绍，勉励他们努力学习现代装备知识，提高作业能力，在带领渔民耕海致富的同时，积极做好收集远洋信息、支援岛礁建设等工作。在这次考察中，习近平总书记还强调，要加快发展海洋经济，不断完善海洋基础设施，努力使海洋经济成为海南经济新的增长点。

2018 年 4 月，习近平总书记再次视察海南。4 月 12 日下午，习近平总书记来到设在三亚市的中国科学院深海科学与工程研究所，看望科技人员和考察科技创新情况。习近平总书记同科技人员一一握手，向他们询问深海下潜的感受和设备的研发、试验情况。习近平总书记指出，我国是一个海洋大国，海域面积十分辽阔。一定要向海洋进军，加快建设海洋强国。习近平总书记强调，南海是开展深海研发和试验的最佳天然场所，一定要把这个优势资源利用好，加强创新协作，加快打造深海研发基地，加快发展深海科技事业，推动我国海洋科技全面发展。2018 年 4 月 13 日，在庆祝海南建省办经济特区 30 周年大会上，习近平总书记指出：“我国是海洋大国，党中央作出了建设海洋强国的重大部署。海南是海洋大省，要坚定走人海和谐、合作共赢的发展道路，提高海洋资源开发能力，加快培育新兴海洋产业，支持海南建设现代化海洋牧场，着力推动海洋经济向质量效益型转变。要发展海洋科技，加强深海科学技术研究，推进‘智慧海洋’建设，把海南打造成海洋强省。要打造国家军民融合创新示范区，统筹海洋开发和海上维权，推进军地共商、科技共兴、设施共建、后勤共保，加快推进南海资源开发服务保障基地和海上救援基地建设，坚决守好祖国南大门。”

2022 年 4 月，习近平总书记再次考察海南。他来到中国海洋大学三亚海洋研究院，了解海洋观测设备与信息服务系统研发应用情况，连线“深海一号”作业平台。习近平总书记指出，建设海洋强国是实现中华民族伟大复兴的重大战略任务。要推动海洋科技实现高水平自立自强，加强原创性、引领性科技攻关，把装备制造牢牢抓在自己手里，努力用我们自己的装备开发油气资源，提高能源自给率，保障国家能源安全。

习近平总书记关于海洋强国的重要论述，特别是2013年4月、2018年4月、2022年4月三次视察海南时的重要讲话精神，为海南进一步走向海洋、保护海洋、探索海洋和开发海洋提供了根本遵循。

党的十八大以来，海南坚持以建设“海洋强省”为己任，进一步提升海洋经济综合实力。中国特色自由贸易港的建设，更是让海南驶入海洋强省的“快车道”，海洋经济在海南产业经济发展中的重要地位日益凸显。“十三五”期间，海南省海洋生产总值由1005亿元增长到1536亿元，年均增长8.85%；2020年，海洋经济占全省生产总值的比重为27.8%，接近全省经济总盘子的三分之一。“十四五”期间，海南将形成多个千亿级以上的海洋产业集群和海洋渔业、海洋航运、海洋油气等百亿级产业集群，朝着“海洋经济大省”大步迈进，力争到2025年海洋生产总值占全省比重达35%以上。

南海是保护国家安全的重要屏障，是连接印度洋和太平洋的门户和我国进出两大洋的战略通道，也是我国未来能源的接续区和资源基地。海南在维护国家主权、安全和发展利益，推进海洋强国战略和“21世纪海上丝绸之路”建设，实现军民融合发展等方面，具有不可替代的重要地位。“坚决守好祖国南大门”是习近平总书记对海南的又一个重要嘱托。在庆祝海南建省办经济特区30周年大会发表的重要讲话中，习近平总书记强调，海南要着力打造全面深化改革开放试验区、国家生态文明试验区、国际旅游消费中心、国家重大战略服务保障区。建设国家重大战略服务保障区，是党中央在新时代赋予海南的一项新的特殊政治任务，是海南服务国家内政外交全局、为实现“两个一百年”奋斗目标和中华民族伟大复兴而肩负的神圣使命。扛起这一神圣使命，海南责无旁贷，义不容辞。围绕建设国家重大战略服务保障区，海南深度融入海洋强国、“一带一路”建设、军民融合发展等重大战略，全面加强支撑保障能力建设，切实履行好党中央赋予的重要使命。

南海也是深海研究的最佳试验场。国际上深海的标准是1000米水深以下，我们国家东部沿海一般只有三四百米水深，1000米以下深海都在南海。三亚崖州湾南山港距深海科考地约128公里，航行约5小时即可到达；距离1000米深海水域仅200公里，科考船、实验船等从南山港出发，两天内即可完成往返，十分有利于深入开展南海油气资源、可燃冰、钴结壳、生物资源、深海装备等科研工作。2020年11月28日，“奋斗者”号全海深载人潜水器成功完成万米下潜海试并胜利返航。习近平总书记第一时间发来贺信致以热烈的祝贺和诚挚的问候。“奋斗者”号研制及海试的成功，标志着我国具有进入世界海洋最深处开展科学探索和研究的能力，体现了我国在海洋高技术领域的综合实力。时光倒回到 11 月 24 日，“长征五号”遥五运载火箭在文昌航天发射场成功发射探月工程“嫦娥五号”探测器，开启了我国首次地外天体采样返回之旅。这一探月工程中最关键的探测器所执行的是我国航天领域迄今最复杂、难度最大的任务之一，其发射成功意味着中国已经全面步入“高科技发展国家”行列。

“可上九天揽月，可下五洋捉鳖。”这句毛主席诗词《水调歌头·重上井冈山》中的经典名句，充分彰显了新中国发展科技事业、勇攀科学高峰的豪迈情怀，也寄托了几代中国航天、深海科技工作者的梦想。2020 年 11 月 24 日至 28 日，不到一周的时间里，两项航天、深海领域的重大科技创新项目在海南珠辉玉映，成为我国坚定不移走自主创新道路，勇于进取、锐意攻关的有力见证。从“长五”飞天到“嫦娥”探月，从“深海勇士”号实现 4500 米级载人深潜到“奋斗者”号成功完成万米载人深潜海试……海南一次次见证了科技创新工作的历史性飞跃，在创新高原上耸立起尖端科技的高峰，切实扛起了国家重大战略服务保障区的使命和责任。

海南省第八次党代会报告提出，聚焦建设国家重大战略服务保障区，统筹海洋开发和海上维权，推进军地共商、科技共兴、设施共建、后勤共保，稳步推进南海资源开发服务保障基地和海上救援基地建设，更好服务海洋强国战略，坚决守好祖国南大门。未来海南将积极推进南海资源环境调查和海洋产业发展；加快培育海洋装备、海洋生物医药、海洋电子信息、海水淡化等新兴海洋产业，加大天然气水合物、油气等海洋资源勘探开发力度，建设澄迈海上油田生产服务基地，建设海南陵水海洋经济发展示范区；加快建设海上救援基地，健全海上搜救应急反应体系；扎实推进南海开发服务保障基地建设，加快三沙市建设发展；全力支持中国科学院深海科学与工程研究所在内的所有科研单位发展海洋科技，加强深海科学技术研究，推进“智慧海洋”建设，为建设海洋强国、全面建设社会主义现代化国家作出新的更大贡献。

第四章　美丽中国的海南篇章

生态兴则文明兴。绿色是永续发展的必要条件和人民对美好生活追求的重要体现。党的十八大以来，在习近平生态文明思想的指引下，我国全面加强生态文明建设，系统谋划生态文明体制改革，一体治理山水林田湖草沙，开展了一系列根本性、开创性、长远性工作，决心之大、力度之大、成效之大前所未有，生态文明建设从认识到实践都发生了历史性、转折性、全局性的变化。“绿水青山就是金山银山”的理念日益深入人心，全党全国贯彻绿色发展理念的自觉性和主动性显著增强；着力解决人民群众反映最强烈的突出环境问题，蓝天、碧水、净土三大保卫战取得重大战略成果；生态文明制度体系加快形成，国家公园体制试点积极推进，生态系统质量和稳定性不断提升；全面节约资源有效推进，能源资源消耗强度大幅下降，成为全球生态文明建设的重要参与者、贡献者、引领者，美丽中国建设取得显著进展。

新时代这十年，海南深入贯彻落实习近平生态文明思想，坚持把生态环境保护作为“国之大者”，强化制度和机制建设，取消对全省 2/3 市县的地区生产总值考核，率先划定省域生态保护红线；以标志性工程为抓手推进国家生态文明试验区建设，热带雨林国家公园入选首批国家公园，清洁能源装机占比和清洁能源汽车保有量占比全国领先，在全国率先实施全面禁塑，装配式建筑面积连续四年翻番；严格落实两轮中央环保督察和国家海洋督察反馈问题整改，开展生态环境六大专项整治和海岸带整治。十年来，在全省上下的不懈努力下，海南生态环境质量稳居全国一流。

第一节　何其幸福

面朝大海，春暖花开。良好的生态环境、美丽的自然风光是海南的“金字招牌”，也是海南最大的优势。海南的青山绿水、碧海蓝天自古就为文人雅士所称道。900 多年前，宋代文豪苏东坡面对海南的美景，不禁挥墨写下“云散月明谁点缀？天容海色本澄清”“飞泉泻万仞，舞鹤双低昂”“丹荔破玉肤，黄柑溢芳津”等绝美诗句。900 多年后的 2013 年 4 月，习近平总书记在海南参加博鳌亚洲论坛 2013 年年会和考察海南工作时，引用苏东坡这三句诗，赞美海南的生态环境，称在海南可大口呼吸新鲜空气，“何其幸福”。习近平总书记还指出，这次来到海南参加博鳌亚洲论坛年会的外国元首和政要，无一不向他赞美海南岛绮丽的自然风光。在 2018 年 4 月 13 日召开的庆祝海南建省办经济特区 30 周年大会上，习近平总书记又引用苏东坡、丘濬、杨维桢的诗句来赞美海南的美丽。他说，苏东坡的“不似天涯，卷起杨花似雪花”；丘濬的“五峰如指翠相连，撑起炎荒半壁天。夜盥银河摘星斗，朝探碧落弄云烟”；杨维桢的“绿衣歌舞不动尘，海仙骑鱼波臬臬”，无不描绘出海南宛如仙境的动人景象。习近平总书记强调，海南生态环境是大自然赐予的宝贵财富，必须倍加珍惜、精心呵护，使海南真正成为中华民族的四季花园。

实际上，一直以来，习近平总书记对海南的生态环境都格外看重。每次到海南考察，他都会对海南的生态环境不吝赞美之词，都会与干部群众共商生态环境保护大计，并作出重要指示。2010年4月，习近平同志先后到万宁市兴隆热带植物园和保亭黎族苗族自治县呀诺达热带雨林区视察生态文明建设。他强调，良好的生态环境是建设国际旅游岛的突出优势。要实行最严格的生态环境保护制度，坚定不移走绿色发展之路，建立健全资源节约型技术体系和生产体系，提高资源开发利用水平，形成节约能源资源和保护生态环境的生活方式和消费模式，使青山更绿、海水更蓝、环境更美。

2013年4月，习近平总书记到海南考察工作。在这次考察中，习近平总书记对海南提出了殷切期望："加强生态环境保护，谱写美丽中国的海南篇章。"他指出，青山绿水、碧海蓝天是建设国际旅游岛的最大本钱，必须倍加珍爱、精心呵护。保护海南生态环境，不仅是海南自身发展的需要，也是我们国家的需要，"13亿中国人需要有环境优美、适宜度假的地方，海南的同志在保护生态环境方面责任重大，使命光荣"，"中央要求把海南建设成为全国生态文明示范区，是希望你们闯出一条人与自然和谐发展的新路，为全国的生态文明建设当个表率。大家要在过去工作的基础上，提出更高要求，采取更有力的举措，加快建设美丽海南"。他希望海南处理好发展和保护的关系，着力在"增绿""护蓝"

上下功夫，为全国生态文明建设当个表率，为子孙后代留下可持续发展的“绿色银行”。

党的十八大以来，习近平总书记以马克思主义政治家、战略家、理论家的深刻洞察力、敏锐判断力和战略定力，站在坚持和发展中国特色社会主义、实现中华民族伟大复兴中国梦的战略高度，传承中华优秀传统文化、顺应时代潮流和人民意愿，提出一系列新理念新思想新战略，深刻回答了为什么建设生态文明、建设什么样的生态文明、怎样建设生态文明等重大问题，形成了系统科学的习近平生态文明思想，为推进新时代生态文明建设和美丽中国建设提供了根本遵循。“保护生态环境就是保护生产力，改善生态环境就是发展生产力”“经济发展不应是对资源和生态环境的竭泽而渔，生态环境保护也不应是舍弃经济发展的缘木求鱼，而是要坚持在发展中保护、在保护中发展，实现经济社会发展与人口、资源、环境相协调”“良好的生态环境是最公平的公共产品，是最普惠的民生福祉”“对人的生存来说，金山银山固然重要，但绿水青山是人民幸福生活的重要内容，是金钱不能替代的”……习近平总书记在2013年4月视察海南时留下的这些富有哲理的“生态金句”，深刻揭示了生态与经济、生态与民生的关系，既阐述了生态文明是经济健康持续发展的强大动力，也阐明了生态环境的公共产品属性及其在改善民生中的重要地位。这些重要论述直接体现了习近平生态文明思想的内涵要义，并广为流传、深入人心，不仅为海南生态文明建设提供了指引，而且为全国生态文明建设提供了遵循。

2018年4月，海南建省办经济特区30周年之际，习近平总书记再次视察海南。4月13日上午，习近平总书记到海南省博物馆，参观海南建省办经济特区30周年成就展。在博物馆中的生态建设馆里，习近平总书记察看了热带海洋岛屿动植物物种基因库样本，观看了自然保护区实时监控画面，听取了海南空气质量监测数据分析，并对海南省重视生态环境保护的做法表示肯定。他强调指出，我们党提出生态文明建设是一个历史性贡献。青山绿水、碧海蓝天是海南最强的优势和最大的本钱，是一笔既买不来也借不到的宝贵财富，破坏了就很难恢复。要把保护生态环境作为海南发展的根本立足点，牢固树立“绿水青山就是金山银山”的理念，像对待生命一样对待这一片海上绿洲和这一汪湛蓝海水，努力在建设社会主义生态文明方面作出更大成绩。

2018年4月13日下午，习近平总书记出席庆祝海南建省办经济特区30周年大会并发表重要讲话。在讲话中，习近平总书记对海南生态文明建设提出了新的定位和要求。他指出，海南要牢固树立和全面践行“绿水青山就是金山银山”的理念，在生态文明体制改革上先行一步，为全国生态文明建设作出表率。他强调，党中央决定支持海南建设国家生态文明试验区，鼓励海南省走出一条人与自然和谐发展的路子，为全国生态文明建设探索经验。要实行最严格的生态环境保护制度，构建高效统一的规划管理体系，率先建立现代生态环境和资源保护监管体制。要积极开展国家公园体制试点，建设热带雨林等国家公园，构建归属清晰、权责明确、监管有效的自然保护地体系。要完善以绿色发展为导向的考核评价体系，建立健全形式多样、绩效导向的生态保护补偿机制。要严格保护海洋生态环境，建立健全陆海统筹的生态系统保护修复和污染防治区域联动机制。习近平总书记的重要指示，为海南在全面深化改革开放，特别是建设自由贸易试验区、中国特色自由贸易港背景下的生态文明建设提供了根本遵循。

在党中央的关心、指导下，海南坚持生态立省不动摇，扎实推进生态文明建设。2017 年 4 月，中国共产党海南省第七次党代会召开，报告明确提出“加快建设经济繁荣、社会文明、生态宜居、人民幸福的美好新海南”，坚定不移地实施生态立省战略。报告提出“让海南人民共享良好的生态环境所带来的福祉”“使最好的资源吸引最好的投资，使生态优势转化为发展优势，实现保护与发展双赢”“实施最严格的生态环境保护制度。落实生态环境保护‘党政同责、一岗双责’，完善以绿色发展为导向的考核评价体系”……这些铿锵有力的话语彰显了海南保护生态环境、推进绿色发展的决心。

2017 年 9 月，在党的十九大即将召开和迎接海南建省办经济特区 30 周年之际，中共海南省委七届二次全会召开，大会审议并通过了《中共海南省委关于进一步加强生态文明建设谱写美丽中国海南篇章的决定》（以下简称《决定》），系统部署了海南下一阶段的生态文明建设工作。这是省委首次以全会形式对加强生态文明建设作出决定，是海南坚决贯彻落实习近平总书记系列重要讲话精神和党中央治国理政的新理念新思想新战略，特别是习近平总书记 2013 年视察海南时重要讲话精神的具体行动，是深入贯彻党中央、国务院关于生态文明建设重大决策部署的海南方案，是新一届省委践行习近平生态文明思想的重要体现。该《决定》提出了30条规范性要求，是海南建省办经济特区以来最为明确、最为严格的生态环境保护制度规定。《决定》强调，必须以对国家、对历史、对人民高度负责的态度，集全省之力抓实抓好生态文明建设。《决定》提出，进一步加强生态文明建设必须做到“五个坚持”：坚持生态立省不动摇，倍加珍爱、精心呵护海南的青山绿水、碧海蓝天，以生态文明建设引领经济社会发展；坚持绿色发展不动摇，以供给侧结构性改革为主线，加快形成绿色产业体系，不断提高资源利用水平，闯出人与自然和谐发展的新路；坚持正确的政绩观、发展观，始终做到保护和发展并举，任何影响生态环境的项目，即使再多税收也坚决不上，防止急功近利，多做打基础、利长远的工作，努力创造经得起实践、人民、历史检验的业绩；坚持以人民为中心，以最好的资源吸引最好的投资、最好的资源让广大人民共享，让绿水青山成为造福海南百姓的金山银山；坚持改革创新，以解决生态环境领域突出问题为导向，因地制宜大胆探索，充分借鉴国内外先进技术和经验，形成生态文明建设长效机制。《决定》出台后，立刻引起各方广泛关注，被海南人民亲切称为“生态文明30条”。

2018年4月，《中共中央　国务院关于支持海南全面深化改革开放的指导意见》（下文简称《意见》）颁布，《意见》明确了海南要着力打造全面深化改革开放试验区、国家生态文明试验区、国际旅游消费中心、国家重大战略服务保障区“三区一中心”的战略地位。在阐述国家生态文明试验区时，《意见》中明确要求海南牢固树立和践行“绿水青山就是金山银山”的理念，坚定不移走生产发展、生活富裕、生态良好的文明发展道路，推动形成人与自然和谐发展的现代化建设新格局，为推进全国生态文明建设探索新经验。2019 年 5 月，中共中央办公厅、国务院办公厅印发了《国家生态文明试验区（海南）实施方案》，对海南建设国家生态文明试验区进行了全面部署，明确到 2035 年，海南生态环境质量和资源利用效率居于世界领先水平，成为展示美丽中国建设的靓丽名片。

2020 年 6 月，中共中央、国务院印发《海南自由贸易港建设总体方案》。方案明确提出，创新生态文明体制机制：深入推进国家生态文明试验区（海南）建设，全面建立资源高效利用制度，健全自然资源产权制度和有偿使用制度；扎实推进国土空间规划体系建设，实行差别化的自然生态空间用途管制；健全自然保护地内自然资源资产特许经营权等制度，探索生态产品价值实现机制。建立热带雨林等国家公园，构建以国家公园为主体的自然保护地体系；探索建立政府主导、企业和社会参与、市场化运作、可持续的生态保护补偿机制；加快构建自然资源统一调查评价监测和确权登记制度；健全生态环境监测和评价制度。

2021 年 6 月 10 日，第十三届全国人民代表大会常务委员会第二十九次会议通过《中华人民共和国海南自由贸易港法》，明确规定海南自由贸易港实行最严格的生态环境保护制度，坚持生态优先、绿色发展，创新生态文明体制机制，建设国家生态文明试验区。同时,《中华人民共和国海南自由贸易港法》中用了整整一个章节六条具体法条对生态环境保护作出了规定。

2022年4月10日至13日,习近平总书记再次考察海南。考察中,他多次就加强生态文明建设作出重要指示:“加强陆海统筹,把生态保护工作作为一项重要任务抓紧抓好。”“海南要坚持生态立省不动摇,把生态文明建设作为重中之重,对热带雨林实行严格保护,实现生态保护、绿色发展、民生改善相统一,向世界展示中国国家公园建设和生物多样性保护的丰硕成果。”“要深入打好污染防治攻坚战,落实最严格的围填海管控和岸线开发管控措施。要扎实推进国家生态文明试验区建设。热带雨林国家公园是国宝,是水库、粮库、钱库,更是碳库,要充分认识其对国家的战略意义,努力结出累累硕果。”

习近平总书记的高度重视,党中央、国务院、全国人大常委会以及各相关国家部委的大力支持,都充分体现了中央对海南生态文明建设的高度重视,也为海南在新发展阶段高质量推进生态文明建设指明了方向和路径。与此同时,海南切实提高政治站位,始终保持高度清醒,不折不扣贯彻落实习近平总书记重要指示要求和中央重大决策部署,完整、准确、全面贯彻新发展新理念,坚持生态立省不动摇,始终牢记保护生态环境这个“国之大者”,把生态环境和政策环境、营商环境一起作为自由贸易港建设的三大核心竞争力来打造,不断深化绿色发展理念,狠抓中央生态环境保护督察和国家海洋督察反馈问题整改,大力推进热带雨林国家公园、清洁能源岛和清洁能源汽车推广、“禁塑”、装配式建筑应用和推广、“六水共治”和博鳌零碳示范区等国家生态文明试验区标志性工程，强化全民生态意识培养，开展污染防治攻坚战等一系列重大行动，推动海南生态文明建设不断迈向新高度。

2021 年，海南环境空气质量优良天数比例为 99.4%，细颗粒物（$PM_{2.5}$）浓度从 10 年前的 25 微克 / 立方米降至历史最低水平 13 微克 / 立方米并保持两年。全省城镇内河湖水质达标率为 94.2%、优良率为 44.2%，整体水质达到治理以来最好水平，76 条主要河流和 41 座主要湖库的总体水质优良率为 92.2%，近岸海域水质优良率 99.77%，城市（镇）集中式饮用水水源水质优良率连年保持 100%。受污染耕地安全利用率超过 90%，医疗废物处置能力由 4440 吨 / 年提升至 10775 吨 / 年。反映全省总体生态状况的生态环境状况指数（EI）达到 80.41，持续保持优级，较 2017 年的 77.47 进一步提升。海南岛自然海岸线保有率保持在 60% 以上。海南热带雨林国家公园成为首批 5 个正式设立的国家公园之一。新能源汽车保有量占比稳居全国“第一方阵”。在“禁塑”方面，实施全国首部法规，实施首年便取得良好开局。装配式建筑应用量连年翻番。能源结构更加清洁低碳，2021 年全省清洁能源装机比重达 70.9%，较 2017 年提升约 15 个百分点，较全国平均水平高 23 个百分点。资源利用效率明显提升，“十三五”期间全省单位地区生产总值能源消耗和用水量分别下降 11% 和 25.45%，单位地区生产总值能源消耗的二氧化碳排放下降了 27.9%，绿色、低碳、可持续发展的能力不断增强。大力推进生态文明制度集成创新，形成一批制度成果，9 项改革举措入选国家推广清单。完成生态环境机构监测监察执法垂直管理制度改革和生态环境综合行政执法改革，构建“大环保”监管格局。深化排污许可制度改革，在全国率先完成排污许可证核发登记全覆盖。出台党政部门生态环境保护职责清单，深入落实生态环境保护督察制度，推动落实生态文明建设和生态环境保护“党政同责、一岗双责”……十年来，海南的生态环境持续向好，生态环境质量始终处于全国领先水平，一个生态环境最优的自由贸易港正呈现在人们眼前……

第二节 增绿护蓝

绿色是海南的底色。2013 年 4 月 10 日，习近平总书记在视察海南结束时的重要讲话中指出，海南要着力在“增绿”和“护蓝”上下功夫。“增绿”就是要保护好森林，保护野生动植物资源，绿化美化人居环境，打造空气清新、四季花开的绿色家园。“护蓝”就是要保护好天空、水流和海洋，守护好那一抹蔚蓝。

在这次讲话中，习近平总书记进一步要求海南突出抓好“绿化宝岛”工程，巩固和扩大天然林、海防林和其他公益林的建设成果。“绿化宝岛”工程即为“绿化宝岛”大行动，这个行动是省委倡导的重大生态建设工程，也是海南省加强生态保护、推进生态文明示范区和国际旅游岛建设、打造“美丽海南”的重要载体。《海南省绿化宝岛大行动工程建设总体规划（2011—2015）》确定的总体目标为：植树造林绿化 150 万亩，森林覆盖率达到

62% 以上，各市县城区绿地率达到 35% 以上，道路绿化达标率达到95%以上。海南省第六次党代会报告明确要求，大力推进“绿化宝岛”大行动。自 2011 年启动以来，全省紧紧围绕“绿化宝岛”工程，实施了城市森林建设工程、通道绿化工程、河流水库绿化工程、海防林建设工程、林业开发和林场建设工程、热带雨林和湿地保护工程、村庄绿化工程、盆景花卉和种苗工程等“八大工程”。据统计，2011—2016 年，全省累计完成造林绿化 174.1 万亩，其中完成海防林工程建设 12.3 万亩，沿海基干林带已经基本合拢，完成村庄绿化 23.2 万亩，完成通道绿化面积 7.5 万亩，全省森林覆盖率从 60.2% 提高至 62.1%，各市县城区绿地率超过 35%，道路绿化达标率超过 95%，森林生态环境和人居环境得到明显改善。

在“护蓝”上，海南也不遗余力。作为中国唯一的热带海岛，海南本岛拥有长达 1823 公里的海岸线，被称为海南的“最美资产”。然而，多年来，极高的经济价值让海南的环岛海岸线被不少人“盯”上，砍伐防风林、违规建别墅、挖塘养鱼养虾等违规行为时有发生，严重影响了近海生态系统。对此，海南省政府于 2015 年 7 月 20 日至 8 月 20 日，在全省沿海市县开展为期 1 个月的海岸带保护与开发专项检查行动。此次检查行动的依据是海南省第五届人大常委会通过的《海南经济特区海岸带保护与开发管理规定》（下文简称《规定》）。《规定》中明确规定，“沿海区域自平均大潮高潮线起向陆地延伸最少 200 米范围内、特殊岸段 100 米范围内，不得新建、扩建、改建建筑物，具体界线由省人民政府确定”。该《规定》已于 2013 年 5 月 1 日起施行。按照上述规定，检查组以《规定》施行日（2013年5月1日）为时间节点，对《规定》施行后开发及未开发（含已规划未开发）的项目一律按规定处理。按照要求，这次检查将查清全省沿海区域（不含三沙市，下同）自平均大潮高潮线起向陆地延伸200米范围内的保护开发情况；查清全省沿海区域自平均大潮高潮线向陆地延伸200米外、300米范围内的保护与开发情况；查清全省海岸防波堤、沿海防护林等海岸带防护设施建设情况；查清全省沿海区域填海造地用海情况（不包括人工岛填海）；查清全省海岸线变化情况；查清全省沿海区域排污入海情况。经过1个月的专项检查，基本完成了“摸清情况、找准问题、严肃整改”的任务要求，该整改结果充分体现了贯彻法规、推进改革和顺应民意的意义和作用，为建立海岸带保护与开发长效机制奠定了基础。紧接着，海南开展了为期3个月的“回头看”行动，对此次专项检查发现的问题进行“回头看”和全面持续整改，并研究建立海岸带保护与开发长效机制。这次海岸带专项检查和整改行动，对805宗违法违规问题全面整改，拆除违法违规建筑25.7万平方米，收回岸线土地8765亩，取得了积极成效。

2016年，海南省持续加大生态环境保护力度，积极推进生态文明建设，谋划部署了深入推进整治违法建筑、城乡环境综合整治、城镇内河（湖）水污染治理、大气污染防治、土壤环境综合治理、林区生态修复和湿地保护等六大专项整治工作。为开展好这项工作，海南省政府印发了《海南省人民政府关于深入推进六大专项整治加强生态环境保护的实施意见》（下文简称《意见》）。

《意见》阐述了海南省开展专项整治和加强生态环境保护的重要性和紧迫性，明确了指导思想、基本原则和总体目标，强调按照“三年攻坚、两年巩固”要求，到2018年，用3年时间集中整治，使生态、大气、水、土壤等环境方面的突出问题得到有效治理，城乡环境面貌得到根本性改观。在此基础上，再用两年时间巩固提升，到2020年，生态环境质量持续保持全国领先水平，城乡人居环境明显改善，资源节约型和环境友好型社会建设取得重大进展，生态文明建设水平与全面建成小康社会进程相适应。

2018年6月，在完成生态环境六大专项整治3年目标任务的基础上，省政府办公厅印发了《海南省深化生态环境六大专项整治行动计划（2018—2020年）》（下文简称《计划》），持续深入推进整治行动。《计划》明确提出，结合海南省实际，持续深化整治违法用地和违法建筑等六大专项整治，着力解决生态破坏和环境污染突出问题，坚决打好污染防治攻坚战，确保环境质量只能更好，不能变差。六大专项整治行动同时展开，并持续3年。在明确总体目标的要求上，《计划》提出，到2020年，我省大气、水、土壤、生态环境突出问题得到有效治理，主要污染物排放总量减少，生态环境质量持续保持全国领先水平，重点区域生态环境明显改善，生态系统质量与保障功能显著提升，违法用地和违法建筑得到全面有效处置，城镇绿化、美化、亮化、彩化、净化水平有较大提升，农村面貌整洁优美，美丽乡村建设成效显著，生态文明建设水平与全面建成小康社会进程相适应。在一系列强有力措施的推动下，海南生态破坏和环境污染突出问题得到了有效整治，生态环境持续好转。

2017 年 8 月 10 日至 9 月 10 日，根据党中央、国务院的统一部署，中央第四环境保护督察组对海南省开展了环境保护督察，并于 12 月 23 日反馈了督察意见，指出海南省委、省政府高度重视生态文明建设和环境保护工作，但与国家要求，与生态省、国际旅游岛定位和人民群众期盼相比仍有差距，还存在对环保工作认识和推进不够、海域岸线自然生态和风貌破坏明显、部分自然保护区管护不力、环境基础设施建设滞后等问题。中央环保督察反馈的问题犹如一声响雷在海南干部群众耳边炸开，特别是使海南干部清醒地认识到，海南生态环境好，不是因为环保工作做得好，而是来自大自然的馈赠，海南本应是生态环境的“优等生”，但“开发”热情屡屡突破生态保护界限，使生态环境有了“难以抚平的伤痕”。对督察组反馈的问题，海南省委、省政府高度重视，提高站位、真抓实干，坚持“态度上全盘接收，行动上立行立改，整改上务求实效”，把落实整改工作作为推进国家生态文明试验区建设的重要抓手，不折不扣抓好反馈意见整改工作。

2017 年 8 月 22 日至 9 月 21 日，国家海洋督察组第六组对海南省开展了围填海专项督察工作。国家海洋督察组充分肯定了海南海洋环境质量总体保持优良，海草床、珊瑚礁、红树林等重要海洋生态系统的结构与功能保持相对稳定，自然岸线保有率达 65% 以上，90% 以上的近岸海域达到一、二类海水水质标准的生态环境情况。同时，国家海洋督察组指出，海南由于产业基础薄弱，优化产业结构和转变经济发展方式任务繁重，围填海活动主要服务于旅游房地产业，给海洋生态环境带来较大压力，局部近岸海域生态环境质量不容乐观，围填海管控措施和力度有待进一步加强。还存在国家有关围填海管理制度、政策措施落实不到位，围填海项目审批不规范、监管不到位，围填海执法监管不到位，近岸海域污染防治工作需进一步加强等问题。围绕国家海洋督察反馈的问题，海南省研究制定了《海南省贯彻落实国家海洋督察反馈意见整改方案》，实行问题整改“清单制”，细化明确了整改事项、目标、主体、时限和具体整改措施，要求整改一个，销号一个，保证整改工作落实到位。

2019 年 7 月 14 日至 8 月 14 日，中央第三生态环境保护督察组对海南省开展了第二轮生态环境保护督察，并于 2020 年 5 月 9 日向海南省反馈了督察报告。督察报告指出，海南省生态环境保护工作虽然取得积极进展，但与中央要求和群众期盼相比，特别是与习近平总书记对海南省提出的“为全国生态文明建设作出表率”的厚望相比，仍有较大差距。主要存在以下问题：一是贯彻落实习近平生态文明思想不到位。海南省一些部门和地方领导干部没有将习近平生态文明思想转化为思想自觉和行动自觉，在违法围填海问题处置方面，动真碰硬不够，尺度把握不一，个别围填海项目甚至继续违法违规建设。二是生态环保工作推进机制还待完善。在督察报告中，省级部门常常反映市县工作不力、能力不够，导致工作缓慢，效果不好；市县同志则认为，规划、政策、资金等资源均在省级有关部门，一些部门该规划的不规划，该指导的不指导，该投入的不投入，市县工作很难开展。三是第一轮督察整改工作不力。对第二轮环保督察反馈的问题，省委、省政府高度重视，主要领导第一时间作出批示。2020年5月11日，省委常委会扩大会议全文传达海南省中央生态环境保护督察报告，研究部署整改工作。省政府立即对整改方案制定工作作出了部署安排，组织制定了《海南省贯彻落实中央第三生态环境保护督察组督察报告整改方案》。2020年10月19日，海南举行《海南省贯彻落实中央第三生态环境保护督察组督察报告整改方案》新闻发布会，向全社会公布、介绍整改措施，邀请社会监督，彰显整改决心。

针对两轮中央环保督察以及国家海洋督察反馈的问题，海南真刀真枪，建立目标责任制，强化督察反馈问题整改工作的责任追究。对无力推进整改工作的，及时调整岗位；对整改不到位、工作严重滞后、不担当不作为，甚至存在弄虚作假、敷衍塞责等行为的，严肃追究相关责任单位和责任人的责任。让失责必问、问责必严成为常态，发挥追责震慑警醒作用，倒逼干部担当作为、落实责任，推动督察问题整改取得实效。比如，针对第一轮环保督察反馈的问题，海南按照中央环保督察追责工作有关规定及“党政同责、一岗双责、失职追责”原则，根据查明事实，根据有关规定，对17个责任单位、135名责任人员严肃问责。其中：厅级干部30人，处级干部56人，科级干部49人；给予党纪政务处分118人次，诫勉处理37人。针对第二轮环保督察反馈的问题，省委、省政府根据调查核实情况，对11个党组织、57名责任人员开展追责问责，其中，厅级干部17人、处级干部23人、科级及以下干部17人；给予党纪政务处分27人、诫勉6人，其他处理24人。在省委、省政府的强力推动下，至2021年末，海南第一轮中央环保督察整改任务实现“清零”，第二轮到期完成率达98.5%，国家海洋督察整改到期完成率达90.7%。

2022年初，省委、省政府从贯彻落实习近平生态文明思想和海南自由贸易港水安全保障的战略高度，谋划部署治污水、保供水、排涝水、防洪水、抓节水、优海水“六水共治”攻坚战，并把“六水共治”作为海南国家生态文明试验区建设的第五项标志性工程。“六水共治”计划用5年时间，使海南水环境质量和水安全保障迈上新台阶，明确到2026年，省控国控断面全部达标，城镇、农村污水处理设施基本全覆盖，重点园区实现“污水零直排”，推进尾水再生利用和水产养殖尾水生态化治理，污水处理效能大幅提升，水环境质量巩固提升，全省主要河流水库水质稳定达标，并制定了2023年、2024年的阶段性目标。为打好“六水共治”攻坚战，海南建立了高规格的领导体制，由省委书记、省长担任治水工作领导小组组长，省委副书记担任常务副组长，常务副省长和分管水务、生态工作的副省长任副组长，水务、生态环境、农业农村等35个单位为成员，领导小组下设办公室。以项目为王推动治水攻坚，梳理形成农村黑臭水体等重点领域问题清单，按照“保续建、保硬任务、保两年目标”的思路，优先落实中央环保督察、国家海洋督察反馈问题整改，优先推进黑臭水体、长期不达标断面水体治理，优先支持能落地见效、实施性强的项目，建立治水项目库，2022年治水项目年度计划完成投资

190 亿元。同时，引导全民参与“六水共治”攻坚战，打造共建共治共享新格局。面向社会公开征集一批新工艺、新模式，指导征集治水标语标识，开展“海南节水在行动”进社区进校园活动等特色活动……“六水共治”攻坚战正在海南如火如荼地开展。

生态环境六大专项整治，中央环保督察、国家海洋督察反馈问题整改，“六水共治”攻坚战……一个个组合拳精准出击，有力地推进了海南生态环境问题整治，使山水林田湖草海整个“生命共同体”再展新颜，推动海南生态环境变得更好。

海南也清醒地认识到，这些专项行动更大程度上是治标之策。习近平总书记深刻指出，“保护生态环境必须依靠制度、依靠法治。只有实行最严格的制度、最严密的法治，才能为生态文明建设提供可靠保障”。海南坚持两手抓、两手硬，在抓好环境问题整改的同时，加强生态文明制度和法治建设。2013—2018 年，海南省五届人大及其常委会通过立法加强对林地、土地、水域、海域、岸线、矿产、森林等资源的保护，共审议和批准 50 多件相关法规和法规性决定。如修订《海南省自然保护区条例》《海南省城乡容貌和环境卫生管理条例》等，制定《海南省机动车排气污染防治规定》《海南省水污染防治条例》《海南省珊瑚礁和砗磲保护规定》等。2016 年 6 月，《海南省党政领导干部生态环境损害责任追究实施细则（试行）》，明确提出实行生态环境损害责任终身追究制；这一年，海南省人大常委会还通过了《海南省人民政府关于划定海南省生态保护红线的通告》，划定陆域生态保护红线总面积 11535 平方公里，占陆域面积 33.5%，划定近岸海域生态保护红线总面积8316.6平方公里，占海南岛近岸海域总面积35.1%。2017年12月，《海南省人民政府关于健全生态保护补偿机制的实施意见》出台，明确通过系列举措解决生态补偿工作中补给谁、谁来补、补多少、如何补等普遍存在的问题，要求逐年加大省级财政生态保护补偿资金投入力度，优化整合资金，建立多元化生态补偿机制。从2018年1月1日起，海南正式实施新的《海南省市县发展综合考核评价暂行办法》，取消对12个市县的地区生产总值、工业、固定资产投资的考核，同时把生态环境保护立为负面扣分和一票否决事项。

2019年5月，《国家生态文明试验区（海南）实施方案》印发后，海南坚持立法先行，两年间共制定、修订20余项涉生态文明领域的省级地方性法规，推动国家生态文明试验区驶入法治化建设快车道。这20余项省级地方性法规，覆盖“多规合一”、禁塑限塑、热带雨林国家公园建设、生活垃圾分类等多个生态文明细分领域，确保相关改革于法有据。其中，海南省的生态保护红线管理规定、生态保护补偿、禁止一次性不可降解塑料制品规定、排污许可管理条例等系列立法实践走在全国前列。2020年，海南还出台《海南省生态环境损害赔偿启动和磋商工作规则》《海南省生态环境违法行为举报奖励办法》等5项法规文件，并围绕火电厂、橡胶初加工、全生物降解塑料等方面制定5项生态环保地方特色绿色标准。在深化排污许可制度改革方面，海南省在全国率先完成排污许可证核发登记全覆盖、率先出台排污许可地方性法规，制定排污许可管理制度融合工作方案，推动建立以排污许可制度为核心的固定污染源环境监管机制。这一系列密集制定、修订的生态领域法规和不断完善的制度措施，将海南生态保护纳入了制度化、规范化、科学化的轨道。

第三节　国家公园

国家公园是由国家批准设立并主导管理，边界清晰，以保护具有国家代表性的大面积自然生态系统为主要目的，实现自然资源科学保护和合理利用的特定陆地或海域。党的十八大以来，以习近平同志为核心的党中央在对我国 60 多年的自然保护历史进行全面总结的基础上，借鉴国家公园建设的国际经验，站在为中华民族永续发展夯实生态基础的战略高度，作出建立国家公园体制的重大决策部署。2013 年 11 月 12 日，党的十八届三中全会通过的《中共中央关于全面深化改革若干重大问题的决定》，明确提出要“建立国家公园体制”。2015 年 1 月，国家发改委等 13 部委联合通过《建立国家公园体制试点方案》，确定了北京、云南、青海、福建、浙江、湖南、湖北、黑龙江、吉林 9 个试点省（市），要求每个试点省（市）选取 1 个区域开展试点。2015 年 12 月，中央全面深化改革领导小组第十九次会议通过了《中国三江源国家公园体制试点方案》。2016 年 3 月，中共中央办公厅、国务院办公厅正式印发《三江源国家公园体制试点方案》，标志着我国首个国家公园体制试点正式启动。

建设海南热带雨林国家公园是以习近平同志为核心的党中央

作出的重大决策。2018 年 4 月 13 日，习近平总书记在庆祝海南建省办经济特区 30 周年大会上强调，海南要积极开展国家公园体制试点，建设热带雨林等国家公园，构建归属清晰、权责明确、监管有效的自然保护地体系。2019 年 1 月 23 日，习近平总书记亲自主持召开中央全面深化改革委员会第六次会议，审议通过《海南热带雨林国家公园体制试点方案》。2019 年 10 月 28 日，习近平总书记在十九届四中全会上的重要讲话中再次强调，支持海南建设国家生态文明试验区，开展海南热带雨林国家公园体制试点。“研究设立热带雨林等国家公园，构建以国家公园为主体的自然保护地体系”被写入中央 12 号文件；“建立热带雨林等国家公园，构建以国家公园为主体的自然保护地体系”被写入《海南自由贸易港建设总体方案》。2019 年 10 月，海南热带雨林国家公园体制试点被写进由人民出版社出版的、由中共中央党史和文献研究院编写的《中华人民共和国大事记（1949 年 10 月—2019 年 9 月）》。

森林是地球之肺。热带雨林是地球上生物多样性最丰富的生态系统，为人类社会提供不可替代的生态功能服务。海南热带雨林位于热带北缘，系大陆性岛屿型热带雨林，是世界热带雨林的重要组成部分，也是我国分布最集中、类型最多样、保持最完好、连片面积最大的热带雨林，是中国热带雨林的典型代表，为海南自由贸易港和“一带一路”建设，以及南海地区提供了生态安全保障。海南热带雨林国家公园总面积 4269 平方公里，约占海南岛陆域面积的 1/8。虽然占全国国土面积的比例不足 0.046%，但是海南热带雨林公园却拥有全国约 20% 的两栖类、33% 的爬行类、38.6% 的鸟类和 20% 的兽类，是全球最濒危的灵长类物种之一——海南长臂猿唯一分布地，是全球重要的种质资源基因库，是我国热带生物多样性保护的重要地区，也是全球 36 个生物多样性保护热点地区之一。在海南建设热带雨林国家公园具有国家代表性和全球性保护的重要意义。

省委、省政府坚决贯彻落实习近平总书记关于海南生态环境保护工作的系列重要讲话和指示批示精神，将建设海南热带雨林国家公园列为海南全面深化改革开放的第一批 12 个先导性项目之一和国家生态文明试验区的标志性工程之首。省委、省政府和国家林草局联合成立海南热带雨林国家公园建设工作推进领导小组，由省委副书记担任组长，国家林草局分管领导和海南省政府分管领导担任副组长，33 个省直相关部门和相关市县为成员单位，形成强大的工作合力。海南省人大常委会颁布《海南热带雨林国家公园条例（试行）》和《海南热带雨林国家公园特许经营管理办法》，将国家公园管理纳入法治化轨道。印发实施《海南热带雨林国家公园体制试点方案》和《海南热带雨林国家公园总体规划（试行）》，编印生态保护、交通基础设施、生态旅游等 3 个专项规划。制定印发实施国家公园社区发展、调查评估、巡护管护等 10 多项制度、办法和规范。编制并印发《海南热带雨林国家公园权力和责任清单》，划清热带雨林国家公园管理局和地方政府之间的权责。率先在全国开展试点区边界校核，确保规划落地。进一步完善科研监测体系，初步构建起覆盖试点区的“森林动态监测大样地 + 卫星样地 + 随机样地 + 公里网格样地”四位一体的热带雨林生物多样性系统。

海南热带雨林国家公园在全国10家国家公园体制试点中是启动试点工作最晚的一个。在起步晚、时间紧、任务重的情况下，省委、省政府以超常规的决心、政策、措施推动试点工作，顺利地完成了各项试点任务。2021年10月12日，习近平总书记在昆明举办的《生物多样性公约》第十五次缔约方大会领导人峰会上亲自宣布，中国正式设立海南热带雨林、三江源、大熊猫、东北虎豹、武夷山等第一批国家公园。海南热带雨林国家公园成为习近平总书记亲自宣布的我国正式设立的首批国家公园，这是海南生态文明建设史上的里程碑事件，标志着海南生态文明建设翻开了崭新的篇章。

全球唯一的中国特有长臂猿——海南长臂猿，仅分布于海南热带雨林国家公园范围内。海南长臂猿被世界自然保护联盟物种生存委员会与国际灵长类学会认定为当今全球最濒危的25种灵长类物种之一。海南长臂猿对热带雨林具有高度依赖性，其生存状况直接反映了海南热带雨林生态系统的健康状况和保护成效，是海南热带雨林国家公园最受关注的旗舰物种。2021年3月2日、3日，海南热带雨林国家公园管理局霸王岭分局海南长臂猿监测队发现，海南长臂猿B群和D群各新增一只婴猿，分别为7月龄和6月龄，持续的监测显示两只婴猿健康状况良好，生长发育正常。2021年8月23日，海南省林业局召开专家鉴定会，专家组成员一致确认新生两只婴猿。2022年上半年，经监测和专家组认定，热带雨林国家公园又新增一只海南长臂猿。至此，海南长臂猿的种群数量已从1980年的七八只恢复到5群36只。专家认为，近年来海南长臂猿种群数量不断增长，表明海南长臂猿的繁殖状况良好，其生存环境和生存状态在稳步改善，海南热带雨林等自然生态空间得到修复和扩大。

除了海南长臂猿种群数量稳定增长外，国家Ⅰ级保护野生动物海南坡鹿数量从以前的26只增加到700只左右，植物种类由3577种增长到3653种，其中包括9个植物新种，如稀有的腐生性草本植物尖峰水玉杯。珍稀动植物种群数量不断增长，是海南热带雨林国家公园体制试点的标志性成果之一，表明海南热带雨林生态系统的质量和稳定性在稳步提升。

除了在生态系统的原真性和完整性及生物多样性保护等方面取得积极成效外，海南热带雨林国家公园体制试点还取得了一系列具有海南特点的创新性成果，其中不少是全国首创。比如，海南首创扁平化的国家公园管理体制和双重管理的国家公园综合执法管理机制。过去，海南热带雨林国家公园范围内有20个不同类型的自然保护地，分属不同的部门管理，导致出现职责交叉、权责脱节、保护管理效能不高等问题。对此，2019年，海南成立热带雨林国家公园管理局，建立统一事权、分级管理的体制机制，整合国家公园试点区内原有的20个自然保护地，组建海南热带雨林国家公园管理局尖峰岭、霸王岭、吊罗山、黎母山、鹦哥岭、五指山、毛瑞等7个分局，实现了由多头管理向统一管理、分块分类保护向系统保护的转变，突破了条块分割、管理分散、各自为政的传统模式，取得了明显效果。同时，独创国家公园综合执法派驻双重管理机制，海南热带雨林国家公园管理局设置了执法监督处，牵头负责指导、监督、协调国家公园区域内综合行政执法工作；国家公园区域内其余行政执法职责实行属地综合行政执法，由试点区涉及的9个市县综合行政执法局承担，单独设立国家公园执法大队，分别派驻到国家公园管理局各分局，由各市县人民政府授权国家公园管理局各分局指挥，统一负责国家公园区域内的综合行政执法。国家公园区域内的森林公安继续承担涉林执法工作，实行海南省公安厅和海南省林业局双重管理。海南省政府于2021年11月25日授权海南省公安厅森林公安局及其直属分局行使海南热带雨林国家公园区域内林业行政处罚权，共涉及42项林业行政处罚事项。

海南热带雨林国家公园分核心保护区和一般控制区，核心保护区内禁止人为活动，一般控制区内限制人为活动，可以提供科研、教育、游憩等服务。海南热带雨林国家公园核心保护区面积2331平方公里，占海南热带雨林国家公园总面积的54.6%，既是热带雨林国家公园核心资源集中分布区，也是受损热带雨林生态系统及生态廊道重点修复区，实行最严格的保护。为推动热带雨林国家公园核心保护区内村庄和村民的搬迁工作，海南开创生态移民搬迁集体土地与国有土地置换新模式，探索出了一条搬得出、留得住、能致富和生态生产生活“三生互促”的路径。在推进核心保护区里的白沙3个自然村生态移民搬迁过程中，将3个自然村共计5.21平方公里的集体土地，与位于国家公园外的农垦白沙农场3.65平方公里的国有土地进行等价置换，置换后集体土地转变为国有土地，国有土地转变为集体土地，确保村民搬迁后离乡不失地，生产生活条件更便利。搬迁后，原来的行路难、就医难、上学难、就业难等问题迎刃而解，村民走上了稳定脱贫致富的道路。海南计划 2022 年全面完成搬迁任务，届时海南将率先在全国实现国家公园核心保护区无人居住的目标。

此外，海南还创新设立海南国家公园研究院，加强对国家公园体制机制等方面的研究。2020 年 1 月 5 日，海南国家公园研究院正式成立。海南国家公园研究院，由海南热带雨林国家公园管理局联合中国林业科学研究院、北京林业大学、海南大学、中国热带农业科学院共同组建，是没有编制、没有行政级别的公益性事业单位，实行全员劳动合同聘用制。研究院实行理事会领导下的执行院长负责制。研究院人员管理实行市场化的运作方式，薪酬机制、用人机制、激励机制和市场接轨。研究院以项目为导向，柔性引进高层次及特需人才，不求所有，但为所用，吸收了一批国际国内生物多样性等领域顶尖人才。研究院成立以来，召开海南长臂猿保护国际研讨会等多次会议，在国内外相关领域产生了积极影响。

海南热带雨林国家公园还率先开展生态系统生产总值（GEP）核算工作，制定了《海南热带雨林国家公园体制试点区生态系统生产总值（GEP）核算技术方案》，于 2021 年 9 月正式发布 GEP 核算成果。经核算，海南热带雨林国家公园体制试点区 2019 年度生态系统生产总值为 2045.13 亿元，单位面积 GEP 为 0.46 亿元每平方公里。其中，物质产品（包含林业产品、农业产品、畜牧业产品、生态能源等指标）价值为 48.50 亿元，占海南热带雨林国家公园 GEP 总量的 2.37%；生态系统调节服务（包含涵养水源、生物多样性、固碳释氧、洪水调蓄和空气净化等指标）价值为 1688.91 亿元，占海南热带雨林国家公园 GEP 总量的 82.58%；生态系统文化服务价值（包含休闲旅游、景观价值等指标）为 307.72 亿元，占海南热带雨林国家公园 GEP 总量的 15.05%。开展生态系统生产总值（GEP）核算，为进一步探索生态产品价值转化提供了基础。

值得一提的是，在推进热带雨林国家公园体制试点过程中，海南创新科普宣教机制，海南公众的生态文明意识明显增强。2020 年，海南成立第一批 10 所热带雨林国家公园自然教育学校，多层次培训传播国家公园理念。开通海南热带雨林国家公园官网、公众号等，并向社会公开征集热带雨林国家公园形象标识。最终正式确定的海南热带雨林国家公园标识内涵十分丰富。在造型方面，形象标识源自海南名山五指山和海南热带雨林旗舰物种长臂猿融为一体的写意造型。绿色的线条生动地勾勒出五指山热带雨林的勃勃生机。两只长臂猿身体并立犹如中国古篆中的“林”字。亲密相拥的一雌一雄长臂猿正好位于五指山的第三峰，此创意出自《道德经》第四十二章里的“道生一，一生二，二生三，三生万物”，寓意以海南长臂猿为代表的热带雨林动植物生生不息、延绵不绝。在色彩方面，形象标识使用代表海南热带雨林的 4 种不同的绿色，同时用深咖啡色和金黄色巧妙地描绘出两只海南长臂猿（现实中长臂猿雌性为金黄色，雄性为黑色）；在字体方面，采用苏东坡的书法，鲜红的“雨林”二字篆体中国印，寓意海南要兑现保护热带雨林的庄严承诺。这个标识图案体现出海南热带雨林的精髓，一经发布就受到了全社会的认同。为进一步宣传海南热带雨林国家公园，2021 年 9 月 15 日至 10 月 15 日，海南热带雨林国家公园管理局面向社会为两只新出生的海南长臂猿宝宝征名，通过网上和线下投稿形式征集，其中线上投稿 6364 个，线下投稿 1064 个，参与人数为 3675 人，经专家组初选 30 组 60 个入围名字，由网络投票和专家评审提出建议名字，经海南热带雨林国家公园建设推进工作领导小组第十七次会议审议后，这两个海南长臂猿宝宝分别被命名为“猿海”“猿南”。“猿”代表海南长臂猿，“海”寓意海洋作为生命的摇篮，“南”寓意中国最南端的国家公园，同时，“海”“南”代表海南长臂猿的栖息地是海南岛。这次征名活动有效提升了海南热带雨林国家公园的知名度，增加了社会公众对海南长臂猿的了解，取得了较好效果。

海南热带雨林国家公园体制试点起步最晚，却后来居上，在 10 个试点区中脱颖而出，成为首批正式设立的国家公园，这份成绩来之不易。2022 年 4 月，习近平总书记考察海南，深入热带雨林国家公园五指山片区，沿木栈道步行察看公园生态环境，不时停下脚步，询问树木生长、水源涵养、动植物资源保护等情况。他指出，海南要坚持生态立省不动摇，把生态文明建设作为重中之重，对热带雨林实行严格保护，实现生态保护、绿色发展、民生改善相统一，向世界展示中国国家公园建设和生物多样性保护的丰硕成果。他还强调，要扎实推进国家生态文明试验区建设。热带雨林国家公园是国宝，是水库、粮库、钱库，更是碳库，要充分认识其对国家的战略意义，努力结出累累硕果。习近平总书记的肯定和勉励，给予了海南极大的信心，为海南进一步推进海南热带雨林国家公园建设提供了根本遵循、注入了强劲动力。海南将深入贯彻习近平生态文明思想，落实习近平总书记重要指示精神，正确处理保护与发展的关系，加大生态保护力度，深挖热带雨林价值，高标准高质量建设热带雨林国家公园，更好实现“绿水青山就是金山银山”的发展目标，努力打造更多具有海南特点的国家公园“创新范式”。

第四节 “两山”路径

改革开放初期，浙江省安吉县余村靠着开山采石成为远近闻名的“首富村”，老百姓腰包鼓起来了，但生态环境恶化了，烟尘笼罩、污水横流成为困扰群众的大问题。要“钱袋子”，还是要“绿叶子”？在抉择的十字路口，2005 年 8 月，时任浙江省委书记习近平来到余村考察，以充满前瞻性的战略眼光，首次提出“绿水青山就是金山银山”。在这一重要理念的引领下，余村努力修复生态，用绿水青山敲开了经济发展的新大门，走出了一条生态美、百姓富的绿色发展之路。如今，“绿水青山就是金山银山”这一新的发展理念已经从小山村走向了全中国，成为推进现代化建设的重大原则，成为全党全社会的共识和行动。

2013 年 4 月 10 日，习近平总书记在视察海南结束时的重要讲话中指出：“对人的生存来说，金山银山固然重要，但绿水青山是人民幸福生活的重要内容，是金钱不能替代的。你挣到了钱，但空气、饮用水都不合格，哪有什么幸福可言！”习近平总书记要求海南闯出一条人与自然和谐发展的新路，为全国的生态文明建设当个表率；在过去工作的基础上，提出更高要求，采取更有力的举措，加快建设美丽海南。2018 年 4 月 13 日，在庆祝海南建省办经济特区 30 周年大会上，习近平总书记强调，海南要牢固树立和全面践行“绿水青山就是金山银山”的理念，在生态文明体制改革上先行一步，为全国生态文明建设作出表率。

生态是海南的本色，绿色是海南的底色。保护生态环境就是保护生产力，改善生态环境就是发展生产力。党的十八大以来，海南深入贯彻习近平生态文明思想，牢固树立和全面践行“绿水青山就是金山银山”的理念，倍加珍爱、精心呵护海南的青山绿水、碧海蓝天，坚持以人民为中心，推动绿水青山成为造福海南百姓的“金山银山”。叫停不符合环保要求的项目，取消中部生态核心保护区生产总值考核，加大生态补偿力度，以壮士断腕的勇气减少经济对房地产的依赖，培育四大主导产业，开展“多规合一”，实施生态环境专项整治，建设美丽乡村，划定生态保护红线、环境质量底线、资源利用上线和制定生态环境准入清单（简称“三线一单”），开展“六水共治”。海南蹄疾步稳地走在全新的绿色发展道路上，推动山更青、水更净、天更蓝，人民更幸福。

被群山环抱的王下乡，地处昌江黎族自治县东南角，森林覆盖率高达 98%，拥有丰富的生态资源。“十里画廊，一里更比一里奇；南尧河，一湾更胜一湾秀。”这是人们对王下乡秀丽风光的描绘。然而，过去这个美丽的乡镇曾因交通不便、信息闭塞、基础设施薄弱，成为昌江最偏远、最贫困的乡镇。2011 年以来，昌江先后投入 2000 万元，打通王下乡出山之路，实现道路硬化，让乡与县、行政村与乡、自然村与行政村紧密相连。近年来，王下乡通过探索和实践，着力把生态环境优势转化为生态农业、生态旅游等生态经济的优势，使绿水青山变成百姓手中的“金山银山”。王下乡依托自然资源和黎族文化，打造“黎花里”文旅项目，按照“一步一里一风情”的思路，将三派村、洪水村和浪论村三个村以点串线、连线成面策划打造为风格迥异、特色鲜明的“黎花三里”。其中，在三派村，以“诗里画里”为主题，打造以七彩梯田、诗画书咖驿站、黎花集市等为特色的“黎花一里”三派村；在洪水村，以“时光里”为主题，打造以黎族传统船形屋部落为特色的“黎花二里”；在浪论村，以“酒里歌里”为主题，打造以“浪悦黎奢”民宿、黎花里精品客栈、各式各样的餐酒吧等为特色的“黎花三里”。如今，走进王下乡洪水村，首先映入眼帘的是黎族船形和“金”字形的茅草屋，茅草屋大门旁摆放着传统的农作工具，四周是郁郁葱葱的树木。穿过茅草屋民宿，便见到一处长廊，长廊前是一片绿油油的稻田，应景了“稻花香里说丰年，听取蛙声一片”。洪水村依托黎族传统船形茅草屋部落特色，发展特色主题民宿，并借助 3D 光影技术将昌江“四季旅游”元素投影在茅草屋及稻田上，把黎族特色文化投影在墙壁和屋顶上，把洪水村打造成展示黎族文化的光影博物馆，创新乡村夜游体验，让游客置身其中，回味无穷。同时，王下乡在县政府主导下，引进社会资本发展民宿、餐饮等旅游配套产业。发展生态旅游、乡村旅游，让王下乡老百姓挖掉了“穷根”，吃上了“生态饭”“旅游饭”，日子过得越来越滋润。2020 年全乡总收入达 4740 万元，比 2015 年增长 78.7%；人均可支配收入达 14600 元，比 2015 年增长 180.8%。王下乡的生动实践，使其获评海南首个国家“绿水青山就是金山银山”实践创新基地。

像王下乡这样的美丽蝶变，犹如雨后春笋一般在琼州大地不断涌现。距离海南博鳌亚洲论坛永久会址不到 5 公里的沙美村也是其中一个典型。沙美村坐落于琼海市金牛岭脚下，濒临生态湿地沙美内海，远眺烟波浩渺的南海，被九曲江、龙滚河环绕。在博鳌亚洲论坛 2019 年年会上，沙美村成为外事会见、田园漫步、招商茶叙的“美丽乡村会客厅”。但在两年前，沙美村房屋老旧、环境脏乱，进出只能靠一座两三米宽的小桥，经济生产受到很大限制，村民收入普遍较低，许多村民不得不外出务工。2017 年 10 月，为深入贯彻党的十九大精神，大力实施乡村振兴战略，海南琼海市启动沙美美丽乡村建设，在保持原有乡村风貌、风土人情和绿水青山的基础上进行升级改造，精心打造“椰林水韵”“饮水思源”“滨海长廊”“耕读传家”“山海在望”和“金牛泉涌”沙美六景，让村庄整体面貌焕然一新。良好的生态环境是沙美村的最大财富，在 1.8 公里长的滨海长廊尽头，有一座 3 层楼高的观光平台，站在平台上远望，沙美村的滨海生态湿地一览无余。在建设美丽乡村过程中，沙美村按照“山水林田湖草是一个生命共同体”的生态保护理念，推进沙美内海全面退塘还林还湿，恢复生态和景观功能，复植红树林 568 亩，形成以红树林保护为主的湿地生态区。滨海长廊内则是沿山而建的村落和特色民居，家家各具特色。以沙美村“南侨机工”龚祥勋命名的祥勋客栈，正是龚祥勋的后代龚建民结合博鳌本地特色，将自家房屋进行全面装修，精心打造而成的沙美村最具田园风情的旅居场所。客栈里的6间客房几乎没有空闲过。沙美村逐步修缮和改造民居145户，扩建环村路4公里，全村污水截污纳管集中处理。同时配套建设生态停车场、村民文体广场、公共厕所等基础设施。良好的生态环境，促进了乡村旅游的发展，而乡村旅游又带动了村民致富。在推进沙美村美丽乡村建设过程中，博鳌镇组织引导农民成立专业合作社，引进社会资本，以“农户 + 合作社 + 公司”的模式进行统一经营管理，发展热带高效农业、休闲渔业、民宿、农家餐饮、电商等农村特色产业，推进乡村融合发展，让村民共享美丽乡村建设成果，实现家门口的创业就业致富梦。如今，琼海博鳌沙美休闲农业农民专业合作社综合服务中心已设立，海堤甜品、五谷丰登杂粮、沙美渔人饭店、琼海公道、溜茶书吧、内海咖啡屋、木养元、农村电商互联网中心、怡然轩、小螺号清吧、祥勋客栈、沙美人家、沙美集市、品香驿站和望海居等15处业态已经形成。沙美正朝着“产业兴旺、生态宜居、乡风文明、治理有效、生活富裕”的海南乡村振兴战略样板目标迈进。

共享农庄是海南推进“两山”理论实践的一大创新亮点。2017年7月，海南在深入调研、多方论证的基础上，结合中央推进田园综合体建设的有关政策意见，出台了《海南省人民政府关于以发展共享农庄为抓手建设美丽乡村的指导意见》，提出大力发展农业共享经济，支持有条件的村庄、农场、基地加强基础设施、产业支撑、公共服务、环境风貌建设，实现农村生产生活生态“三生同步”、一二三产业“三产融合”、农业文化旅游“三位一体”，积极探索推进农村经济社会全面发展的新模式、新业态、新路径，发展以农民合作社、农村集体经济组织等充分涵盖农民利益的经济组织形式为主要载体，以各类资本组成的混合所有制企业为建设运营主体，让农民充分参与和受益，集循环农业、创意农业、农事体验于一体，以移动互联网、物联网等信息技术为支撑，以农业和民宿共享为主要特征的共享农庄。发展共享农庄，使农民转变成为股民、农房转变成为客房、农产品现货转变成为期货、消费者转变成为投资者，实现农民增收、农业增效、农村增美。

共享农庄是发挥海南农业农村优势、推动乡村全面振兴的有力抓手。丰富的热带农业资源和良好的生态环境是海南农村最强优势和最大本钱。共享农庄强调“不求拥有，但求所用”，在不改变产权归属的前提下，最大限度地运用农村土地、农房等资源的租赁权和使用权，这种模式在吸引社会资本、市场主体进入农业农村方面具有天然优势。通过市场主体的联结带动，农民不再单打独斗，农村的生态资源和闲置资源也将得到有效利用。乡村的建设发展也不再只是依靠政府投入，社会资本与政府、村集体、农民的有机结合，使乡村建设进入了可持续发展的轨道。有了共享农庄，通过农产品认养、托管代种、订单农业等多种私人订制形式，不仅可以降低农业生产经营风险、提升农产品附加值，还能够和以往低频消费的用户建立黏性关系。有了共享农庄，城市消费者“有一方良田，有一处宅院，有一个自由呼吸之所，返璞归真享受乡村生活”的田园梦想将变成现实，农村的绿水青山将真正转化为“金山银山”。多年的探索实践表明，共享农庄是促进农村一二三产业融合发展、促进农民农村共同富裕的有效载体和突破口。

保亭雅布伦·享水谷共享农庄是海南首个扶贫济困型共享农庄试点项目，采取“共有、共享、共富”的“三共”开发运营模式，将共享农庄建设与精准扶贫、乡村振兴相结合，推动实现农民、政府、企业共赢，使共享农庄所在的响水镇什龙村实现了整体脱贫，村民过上了更加幸福的生活。享水谷共享农庄错落有致地分布着溪谷养生区、田园康养区、山水康养区和综合服务区，以山水资源为依托，发展康养旅游产业，打造“泛旅游产业”大框架，以康养农庄为核心产品，发展山水养生、山林养生、田园养生、户外运动、农事体验、度假休闲等多种休闲功能产品，全面激活生态、农业资源的多元价值。政府、企业、农户三方共享收益，建立互利共赢合作模式。政府通过“造血式”精准帮扶，带领农民持续增收，改善农村人居环境，实现农业农村现代化；企业则围绕生态旅游、康养、民宿度假、新型农业生态开发等，整合多方资源，实现共享农庄的可持续发展；农户能够免费获得安置房，通过保底分红、浮动收益、劳务报酬等方式最大限度保障利益。雅布伦·享水谷共享农庄全面建成后，还将提供50余个岗位，使村民在家门口就实现就业。海南率先提出的共享农庄理念得到了市场认可，目前北京、江苏、四川、江西等地都在大力推广共享农庄模式。2021 年 12 月，2021 年共享农庄大会在三亚大茅共享农庄举办，吸引了全国“三农”领域专家学者和企业家代表“乡约”海南。与会专家、学者普遍认为，共享农庄“共建共享共富”的发展模式为农民农村实现共同富裕进行了有益探索，是一条切实可行的共同富裕之路。这次大会还签约了 33 个共享农庄项目，总金额 74.11 亿元。至 2021 年底，海南共正式认定 37 家共享农庄。

人不负青山，青山定不负人。2022 年 4 月，习近平总书记在考察海南省五指山市毛纳村时指出，要深入推进农业供给侧结构性改革，加强农业全产业链建设；乡村振兴要在产业生态化和生态产业化上下功夫，继续做强做大有机农产品生产、乡村旅游、休闲农业等产业。海南将深入贯彻落实习近平生态文明思想，落实习近平总书记考察海南重要指示精神，坚定不移地把绿色生态视作最大财富、最大优势、最大品牌，像保护眼睛一样保护生态环境，将“绿水青山就是金山银山”的理念不折不扣落实到每一项工作中，努力把生态优势转化为海南的发展优势，建设生态更加优良、人民更加幸福的自由贸易港。

第五章 人民至上的奋斗图景

坚持以人民为中心，是新时代坚持和发展中国特色社会主义的一条基本方略。党的十八大以来，以习近平同志为核心的党中央不忘初心、牢记使命，坚持以人民为中心的发展思想，坚持人民至上，着力补齐民生保障短板，持续增进民生福祉，切实做到发展为了人民、发展依靠人民、发展成果由人民共享。全面建成小康社会，现行标准下 9899 万农村贫困人口全部脱贫，创造了人类减贫史上的奇迹；人民生活水平持续提高，中等收入群体规模超过 4 亿人；基本公共服务均等化水平不断提高，2021 年九年义务教育巩固率达到 95.4%，高等教育进入普及化阶段；健康中国建设稳步推进，多层次医疗服务体系更加健全；建成世界上最大的社会保障网，人民群众的获得感、幸福感、安全感显著提升。

新时代这十年，海南坚持以人民为中心的发展思想，坚持把所有精力都用在让老百姓过好日子上，让改革发展成果更多更公平惠及人民。脱贫攻坚战全面打赢，与全国一道迈入全面小康；大力发展民生事业，持续引进国内外优质教育医疗资源，“家门口上好学”和“小病不进城、大病不出岛”正成为现实；下决心解决高菜价这个民生之痛，2021 年居民消费价格指数涨幅由往年的全国前列降为倒数；扎实推进“平安海南”建设，扫黑除恶专项斗争和禁毒工作有力有效，社会主义核心价值观深入人心，社会治理能力提高到新的水平，治安形势达到建省以来最好水平，共建共享、共同富裕的自由贸易港正加快建设。

第一节　领袖足迹

“人民”二字在习近平总书记心中重若千钧、重如泰山。2012年11月15日，刚刚当选中共中央总书记的习近平面对中外记者时，庄重承诺：“人民对美好生活的向往，就是我们的奋斗目标。”这一番深情质朴的话语，鲜明昭示了中国共产党以人民为中心的执政追求，体现了习近平总书记为民爱民亲民的真挚情怀。党的十八大以来，习近平总书记身体力行、率先垂范、夙夜在公，坚持以人民为中心，坚持人民至上，始终与人民心心相印，与人民同甘共苦，与人民团结奋斗，所想所思所虑全部都是围绕人民，在讲话中提及最多的是人民，到基层调研接触最多的是人民，在决策部署中关注最多的是人民，在治国理政中造福最多的是人民。“我的执政理念，概括起来说就是：为人民服务，担当起该担当的责任”“我将无我，不负人民”“我是人民的勤务员”“我最牵挂的还是困难群众”“以百姓心为心”“江山就是人民、人民就是江山，打江山、守江山，守的是人民的心”，这些质朴的话语，是习近平总书记对人民拳拳赤子之心的真情表达，也是对人民至上价值理念的鲜活阐释。

在大海之南，“人民至上”的熟悉旋律同样在耳畔萦绕。

2013 年 4 月，琼州大地天蓝海碧，鸟语花香，到处展现勃勃生机。习近平总书记在出席博鳌亚洲论坛 2013 年年会有关活动后，到琼海、三亚等地深入渔港、特色农业产业园、国际邮轮港考察调研。在调研中，习近平总书记叮嘱海南的领导干部：“抓民生要抓住人民最关心最直接最现实的利益问题，抓住最需要关心的人群，一件事情接着一件事情办、一年接着一年干，锲而不舍向前走。”“人民对美好生活的向往，就是我们的奋斗目标。我们党领导人民搞革命、搞建设、搞改革，最终目的就是让人民过上好日子。”“改革开放之所以得到全国人民衷心拥护，根本一条就是人民生活水平和质量不断得到提高。正所谓‘享天下之利者，任天下之患；居天下之乐者，同天下之忧’。不断提高人民物质文化生活水平，是事关党和国家长治久安的政治要求，我们要牢记在心、落实在行。”

2018 年 4 月，春风又绿海之南，习近平总书记来到海南考察，先后到琼海、三亚、海口等地，深入农村、科研单位、政务中心，考察调研经济社会发展情况。在 2018 年 4 月 13 日举行的庆祝海南建省办经济特区 30 周年大会上，习近平总书记对海南寄予厚望，并进一步指出，海南要坚持以人民为中心的发展思想，不断满足人民日益增长的美好生活需要，让改革发展成果更多更公平惠及人民。他谆谆叮嘱海南领导干部：“要坚持人民主体地位，发挥群众首创精神，紧紧依靠人民推动改革开放。要坚持从人民群众普遍关注、反映强烈、反复出现的问题背后查找体制机制弊端，找准深化改革的重点和突破口。要始终把人民利益摆在至高无上的地位，加快推进民生领域体制机制改革，尽力而为、量力而行，着力提高保障和改善民生水平，不断完善公共服务体系，不断促进社会公平正义，推动公共资源向基层延伸、向农村覆盖、向困难群体倾斜，着力解决人民群众关心的现实利益问题。”

2022 年 4 月，习近平总书记再次考察海南。4 月 11 日下午，他来到海南五指山脚下的水满乡毛纳村，走进黎族群众家中看望，同村干部、村民代表亲切交流。习近平总书记对大家说：“我们已经建成全面小康社会，接着要奔向现代化，推进共同富裕。乡村振兴工作要扎扎实实、踏踏实实做，首先要巩固脱贫成果，巩固住再往前走，同乡村全面振兴有效衔接。中国共产党关心的就是让全国各族群众日子过得一天比一天好。党没有自己的利益，党的领导干部更不应该有自己的私利，要坚持党的根本宗旨和党的群众路线，把所有的精力都用在让老百姓过好日子上。”

道行致远，不忘为民初心。省委、省政府牢记习近平总书记重要嘱托，坚定不移践行以人民为中心的发展思想，举全省之力打赢脱贫攻坚战，如期全面建成小康社会；坚持“小财政办大民生”，聚焦民生热点、痛点、难点，注重普惠性、基础性、兜底性，使人民群众更早、更多地享受到自由贸易港发展红利。

第二节　决胜小康

仲夏时节，三亚博后村，一家家网红民宿吸引着络绎不绝的游人。昔日的这座贫困村庄，如今已蜕变为生机勃勃的旅游乡村。

青山葱茏，绿水环绕，一块石碑静静矗立在蝶舞花香的哎岬湖畔。石碑上，“小康不小康　关键看老乡”两列大字苍遒有力。2013年4月9日，正是在博后村，习近平总书记留下了这句温暖亿万贫困群众心窝的殷殷嘱托，也给海南留下了坚决打赢脱贫攻坚战的“动员令”。4月10日，在考察海南结束时的讲话中，习近平总书记再次强调：“小康不小康，关键看老乡。如果不把农村建设好，全面建成小康社会就要被拖后腿。我们要把中央制定的强农惠农富农政策贯彻落实好，加大统筹城乡发展力度，促进城乡共同繁荣，让广大农民平等参与现代化进程、共同分享现代化成果。”

坚决打赢脱贫攻坚战，让贫困人口和贫困地区同全国一道进入全面小康社会是我们党的庄严承诺。海南牢记习近平总书记嘱托，坚决贯彻落实党中央、国务院关于脱贫攻坚的决策部署，以“一个都不能少”的铮铮誓言，以“不破楼兰终不还”的铁血壮志，坚决打赢脱贫攻坚战，实现15.21万户64.97万建档立卡贫困人口全部脱贫，600个贫困村全部出列，5个贫困县全部摘帽，与全国一道全面建成小康社会，在2018年、2019年、2020年的国家考核中，连续三年获得综合评价为“好”的等次，向党和国家第一个百年奋斗目标交出优异的海南答卷。

脱贫攻坚战号角吹响后，省委、省政府从全面建成小康社会大局、实现第一个百年奋斗目标高度把握脱贫攻坚政治责任，深入学习领会、全面贯彻落实习近平总书记关于扶贫工作的重要论述、关于海南工作的系列重要讲话和重要指示批示精神，加强党对扶贫工作的全面领导，把打赢脱贫攻坚战、如期全面建成小康社会作为建设美好新海南、全面深化改革开放、自由贸易试验区和自由贸易港建设的重要前提和底线目标，坚持高位推进、系统部署、尽锐出战，建立健全脱贫攻坚领导体制、工作机制、政策体系，动员全省上下咬定目标、苦干实干，确保如期打赢这场硬仗。

坚持党的领导，发挥社会主义制度可以集中力量办大事的优势，这是我们党的政治优势，也是打赢脱贫攻坚战最根本的保障。打赢脱贫攻坚战，实现“民亦劳止，汔可小康”的历史伟业，关键在党。习近平总书记深刻指出，越是进行脱贫攻坚战，越是要加强和改善党的领导。海南不断完善扶贫开发工作领导机制，全面加强和改善党对扶贫工作的全面领导，调整充实扶贫开发领导小组，实行省委书记、省长任领导小组双组长制，坚持五级书记抓脱贫攻坚，形成省委、省政府高位推动，各市县各行业部门联动，社会各界齐动的良好攻坚氛围。自 2016 年起，海南先后出台《中共海南省委　海南省人民政府关于打赢脱贫攻坚战的实施意见》《海南省打赢脱贫攻坚战三年行动计划》等政策举措，对打赢脱贫攻坚战作出系统部署，建立了全面覆盖教育医疗住房“三保障”、产业就业帮扶等的政策体系。2018 年，海南建立从省到村脱贫攻坚五级战斗体系，实行“战时”体制，保持“战时”状态。在省扶贫开发领导小组领导下，省委成立打赢脱贫攻坚战指挥部，下设 16 个专项工作组各司其职；在市县、乡镇、村、自然村，相应成立市县打赢脱贫攻坚战前线指挥部以及脱贫攻坚大队、中队和小队，所有帮扶力量编入战斗序列，实现驻村工作队全覆盖。2018 年 8 月，省委七届五次全会召开，专题研究部署脱贫攻坚和乡村振兴工作，动员全省上下以脱贫攻坚为突破口，以乡村振兴为重要抓手，切实解决好“三农”问题，为加快海南自由贸易试验区和中国特色自由贸易港建设打下坚实基础。2019 年和 2020 年，海南先后两次召开以“背水一战”为名的全省脱贫攻坚推进会议，动员全省以“背水一战”的攻坚态势，确保如期完成脱贫攻坚任务。从省级领导带头包点帮扶，到基层党员干部驻村工作，上下同心，一往无前。全省共成立了脱贫攻坚大队 200 个、中队 2500 多个、小队 12000 多个，先后选派三批驻村第一书记共 2800 多人次，选派 8000 多名干部组成 2700 多支乡村振兴工作队，成为帮助群众脱贫的领路人、主心骨。

2020 年，新冠肺炎疫情给海南脱贫攻坚工作带来了严峻挑战。在省委、省政府的号召下，全省干部群众迎难而上，全力克服不利影响。2020 年农历新年之初，全省 600 个建档立卡贫困村驻村工作队、1800 余名驻村工作队队员纷纷提前归队，使鲜艳的党旗飘扬在工作一线。省委、省政府第一时间作出“抗疫情、保畅销、保生产、保增收”部署安排，出台脱贫攻坚抗疫情、保增收、防返贫 15 条措施等一系列政策举措。“扩种养、促务工、增收入”、“组织贫困劳动力积极务工专项行动”、消费扶贫“春风大行动”……一项项切实举措，有效保障农户增收，保障贫困户脱贫，防止脱贫户返贫。

习近平总书记反复强调，扶贫开发贵在精准，重在精准，成败之举在于精准，需要下一番“绣花”功夫，并提出了“六个精准”总体要求，即扶持对象精准、项目安排精准、资金使用精准、措施到户精准、因村派人精准、脱贫成效精准。海南深入落实精准扶贫方略，根据致贫原因有针对性地制定方案，对不同原因不同类型的贫困采取不同措施，因人因户因村施策，对症下药、精准滴灌、靶向治疗，切实做到精准识别、精准帮扶、精准施策、精准退出，确保扶贫扶到点上、扶到根上。精准识别是脱贫攻坚的“第一粒扣子”。“十三五”期间，海南省先后组织多次全覆盖、拉网式大排查，对所有农村常住居民逐村逐户逐人逐项排查，做到不漏一人、不错一人。2016 年，海南对 2015 年在册的建档立卡贫困户和新申请的农户、无建档立卡贫困户的行政村、各市县有农业人口的居委会等开展了 4 轮进村入户调查，切实摸清扶贫对象、找准致贫原因、选准脱贫路子。2018 年，海南再次对全省农村人口进行拉网式大排查，严格按照信息核查、民主评议等程序，重新识别认定。2019 年，针对以往扶贫识别、退出标准把握不精准问题开展大排查，共发现 5.49 万贫困人口存在“两不愁三保障”方面的问题，并采取针对性举措全部解决。2020 年，海南又一次组织对农村人口，特别是建档立卡贫困人口开展大排查，有针对性地制定帮扶措施并抓好落实，较好巩固了脱贫成果。同时，海南建成精准扶贫大数据管理平台，实现教育、卫健等 15 个部门 28 项数据即时比对、即时预警、即时纠错。2020 年又拓展大数据管理平台功能，建立贫困人口动态监测和帮扶机制，重点对边缘户和脱贫监测户实施跟踪监测。

发展产业是确保稳定脱贫的根本之策。海南充分发挥热带农业、旅游等资源优势，坚持从实际出发，立足贫困村资源特色，紧紧围绕市场需求，做强做优热带特色高效农业，提升橡胶、槟榔、椰子等传统产业效益，因地制宜发展共享农庄、乡村旅游等乡村新业态，逐步走出一条人无我有、科学发展、符合自身实际的道路。海南不断完善产业帮扶政策体系，对有条件有意愿的贫困家庭，实行“五个一”帮扶，即至少有一个经营主体带动，有一个产业发展指导员到户帮扶，有一个扶贫小额信贷助力，有一个保险政策托底，有一个奖励政策支持。开展产业奖励扶持行动，对贫困户家庭经营纯收入当年超过 4000 元的，每户奖励 1000 元用于扩大生产。实行产业发展指导员制度，全省聘请贫困户产业发展指导员 4000 多名，从产前、产中、产后进行精准帮扶。推进科技特派员贫困村全覆盖工作，选派 809 名科技特派员对全省 600 个贫困村提供科技服务。出台《关于大力发展农村市场主体壮大农村集体经济的十八条措施》，为在促进乡村产业发展、壮大集体经济等方面作出突出贡献的下乡企业家、优秀农民工、退伍军人、大学生等能人及市场主体，制定了奖励乡村人才公寓、从当年村集体收入增量中安排 10% 的收益奖励等奖励措施，最广泛地吸引各类人才和市场主体进入农业农村。不断完善经营主体与农民群众的利益联结机制，引导经营主体采取土地流转、股份合作、订单帮扶、劳务用工、技术服务等方式，带动群众增收。同时，通过各种形式把贫困群众有效组织起来，让其参与到产业链中来，提高参与度，坚决防止“一股了之”“一分了之”“一发了之”，防止政策养懒汉。截至 2020 年底，全省共有 12.6 万户贫困户落实了产业帮扶措施，比 2015 年提高 77.91%，占建档立卡贫困户总数的 82.85%；贫困地区农民收入持续保持两位数增长，贫困群众人均纯收入从 4448.30 元增长到 12732.96 元以上，年均增幅达 23.41%。

“一人就业，全家脱贫。”在就业帮扶上，海南先后印发了《关于落实九条特殊措施进一步做好就业扶贫工作的通知》《关于大力促进贫困家庭劳动力就业的通知》《关于大力推进职业技能提升行动支持稳定和促进就业的补充通知》等文件，通过提供就业指导、就业培训、就业援助以及开发公益性岗位并辅以社会保险补贴和稳岗补贴政策，确保有劳动能力、有就业意愿的“零就业”贫困家庭至少有 1 名劳动力就业。比如，广东是海南农村劳动力的重点就业地区，海南为进一步加强与广东的协调合作，与广东建立了琼粤劳务输出合作机制，加大跨省劳务输出力度，组织市县就业部门在春节、中秋节等节日期间到广东省进行企业调研和慰问务工人员，建立海南省驻广东就业服务站和 14 个市县（海口、澄迈、昌江、儋州、屯昌、琼海、临高、东方、琼中、保亭、白沙、定安、乐东、文昌）驻粤就业服务站，有效助推了琼粤劳务合作。再如，海南出台务工奖补政策措施。每年开展“春风行动”“就业援助月”“就业扶贫行动日”等公共就业服务活动，通过线上线下专项招聘，全方位促进农村贫困劳动力就业。特别是针对贫困劳动力转移就业推出“打包”式优惠：对跨省务工的，按每人每年不超过 800 元标准给予一次性交通补助；省内县外务工的，按每人每年不超过 200 元标准给予一次性交通补助；连续外出务工一年以上的，给予每人每月 200 元的务工奖补；“劳务输出先进村”奖励 3 万元，“农民工优秀劳务带头人”和“农民工创业典型”各奖励 1 万元。同时，海南充分利用旅游资源优势，乡村旅游点、旅游景区充分吸纳贫困户就业，并在景区设置专区销售扶贫产品。此外，海南还大力开发公益性岗位，促进贫困劳动力就近就业。2019 年，全省共开发护林、护路、管水、保洁、交通等方面的公益性岗位 1.67 万个。2020 年，海南开发并安置 3.9 万个扶贫公益性岗位。为提高贫困劳动力就业能力，海南切实加强贫困家庭劳动力职业技能培训，2016 年至 2020 年 12 月，共面向贫困劳动者及贫困家庭子女开展补贴性职业培训 20.55 万人次。这一系列的就业扶贫帮扶“组合拳”起到了良好效果。截至 2020 年底，全省贫困劳动力 35.85 万人，已就业 29.99 万人，就业率达 84%。

脱贫致富贵在立志，只要有志气、有信心，就没有迈不过去的坎。海南坚持扶贫同扶志、扶智相结合，多措并举激发贫困群众的积极性和主动性，激励和引导他们靠自己的努力改变命运，使脱贫具有可持续的内生动力。2016 年 11 月，海南省整合广播电视、远程教育站点、互联网等各类媒介资源创办《脱贫致富电视夜校》，开通“961017”脱贫致富服务热线答疑解惑，形成“电视 + 夜校 +961017 脱贫致富服务热线”的精准扶贫新模式，为贫困群众提供学政策、学技术、卖产品、找工作、找热线、找媳妇“六大好处”，零距离精准培训和服务贫困群众，提升贫困群众脱贫致富意愿和能力，成为培训帮扶贫困群众、提高基层干部帮扶能力、促进农民持续增收的重要抓手，为海南打好精准脱贫攻坚战作出了独特贡献。《脱贫致富电视夜校》节目每周播出一期，由扶贫干部组织贫困群众共同收看、学习和讨论，平均每期节目收看人数超过 56 万人次。《脱贫致富电视夜校》先后获得 2018 年全国脱贫攻坚奖组织创新奖、中宣部办公厅颁发的“基层理论宣讲先进集体”等荣誉称号。

职业教育传授一技之长。海南省探索推进普通教育与职业教育融通发展之路，创办“扶贫巾帼励志班”“扶贫励志班”，先后招收 1.7 万名贫困家庭学生并帮助其实现就业。为解决贫困学生学习动力不足、反复辍学的顽症，海南省开办“职业初中班”“初中职业班”，使难以完成义务教育的贫困家庭学生接受职业教育，在帮助贫困学生顺利完成义务教育的同时，使其掌握一定的专业技能。该做法得到了教育部的充分肯定，海南省先后在联合国教科文组织主办的“2019 都江堰国际论坛”、教育部主办的“2019 年全国教育扶贫论坛”上作经验介绍。

“正反双向”激发内生动力。海南省建立贫困户转化指导员制度、动态调整机制和扶贫超市积分奖励机制等，正向激励与反向约束相结合，有效激发重点贫困群体的内生动力。2019 年，在全省贫困户中创新开展“六治”（治懒散、治酗酒、治私彩、治浪费、治不孝、治脏乱）专项活动，成功转化 7030 人，转化率达 88%。此外，各市县结合实际，通过以奖代补、以工代赈、积分超市等举措，树立起多劳多得、勤劳致富的鲜明导向。如万宁市创新开展扶贫军训活动，将内生动力严重不足的贫困“钉子户”集中到用工企业军训，实行全封闭军事化管理，既抓体能训练，又抓技能培训，军训后，贫困户基本实现就业。该模式获2020年全国脱贫攻坚奖组织创新奖。

扶贫开发需要凝聚全党全社会的力量。海南充分发挥政府和社会两方面的力量和作用，大力开展定点扶贫、“百企帮百村”和消费扶贫活动，构建专项扶贫、行业扶贫、社会扶贫互为补充的大扶贫格局，调动各方面积极性，引领市场、社会协同发力，形成全社会广泛参与脱贫攻坚格局。至2020年底，242家省直单位参与定点帮扶，累计投入资金21.80亿元。广泛开展“百企帮百村”精准扶贫行动，共有1024家民营企业助力脱贫攻坚，累计投入帮扶资金9.50亿元，帮扶贫困人口29.36万余人。62家省级扶贫龙头企业，带动贫困户4万多户15万余人实现就业。同时，为破解扶贫产品销售难题，帮助贫困户增收脱贫，海南省以“四动四全”（党政强力推动，做到全保障；各方积极联动，做到全覆盖；线上线下高效互动，做到全服务；贫困群众自觉主动，做到全参与）为总抓手，在加强扶贫产品认定工作的基础上，线上主要以“海南爱心扶贫网”为平台，搭建便捷高效的交易渠道，线下重点发挥供销社网点遍布农村的渠道优势，定期组织“爱心扶贫大集市”活动，并逐步实现以党政推动为主向社会力量自觉参与的转变。自2018年全面推开后，至2020年11月底，全省消费扶贫销售总金额达7.34亿元，受益贫困户超过39万户次，让贫困群众获得劳动致富的尊严和动力。该模式获得2019年全国脱贫攻坚奖组织创新奖。

习近平总书记强调，作风建设关乎脱贫攻坚成败，脱贫攻坚时间紧、任务重，必须真抓实干、埋头苦干。曾经有一段时间，压力层层递减、“上热下冷”，成为影响海南脱贫攻坚成效的突出问题。海南省以“省负总责、市县乡抓落实”为引领，不断完善脱贫攻坚责任体系，引领带动扶贫干部队伍真抓实干。脱贫攻坚期间，海南省持续压实各级书记带头抓脱贫攻坚责任，将脱贫攻坚纳入市县乡镇党委书记述职评议、年度考核的重要内容。2017年，在建档立卡动态调整工作中，海南省首次实行村向乡镇、乡镇向市县签订精准识贫退出承诺书制度，把责任压实到一线。2018年，为进一步传导压力、压实责任，海南省成立9个省委脱贫攻坚战督查组，全脱产常驻市县开展常态督查，并建立健全了年度扶贫开发工作逐级督查制度，加强对贫困地区扶贫成效绩效考核，对考核在前的市县、定点帮扶单位进行奖励，对考核靠后的市县、定点帮扶单位及时予以约谈。同时重视考核结果运用，把考核结果作为组织部门对地方党委和政府主要领导同志和领导班子综合评价的重要依据，对履职不力的坚决调整。此外，2018年至2020年，海南省分别聚焦精准识别、精准帮扶、精准退出，连续3年在全省开展全覆盖、全行动、全参与“大比武”，找差距、查不足。为及时有效补齐短板和不足，海南每年开展全覆盖问题大排查，将自查问题与国家考核反馈和审计、省内巡视、人大监督等发现的问题一体整改。同时，将脱贫攻坚问题整改成效纳入省直部门、市县两级年度考核，压实了责任。各相关部门加强对问题整改的督查和指导，并实行本系统末位约谈制度。

在推进脱贫攻坚的过程中，海南立足实际，大胆创新，有力确保了扶贫成效。如创新天然橡胶价格（收入）保险制度，帮助解除贫困胶农后顾之忧。海南天然橡胶年产量约为 36 万吨，占全国总产量的 44.12% 左右，涉及胶农 70 多万人、产业人口 200 余万人。在海南中部地区，售胶收入在当地农民生产收入中的比重高达 70%。为帮助胶农化解价格风险，2018 年，海南省探索推广天然橡胶价格（收入）保险制度。政策托底、胶农受益、保险发展，天然橡胶复割率和产量稳步回升。至 2020 年 10 月，全省已实现农垦国有橡胶约 88.8 万亩和 9 万农户（其中贫困户胶农 4.67 万户）约 141.99 万亩民营橡胶参保，提供风险保障金 74.77 亿元，财政补贴 7.66 亿元，财政资金效益放大 9.76 倍。该项制度对胶林达到开割条件并愿意参保的贫困胶农，基本实现了全覆盖。再如，为有效解决贫困群众“看病难”等问题，海南省下沉医疗卫生资源，创新建立“县属乡用、乡属村用”机制，实施工作岗位在基层、人事关系在上级的管理办法，按照“总量集中管理、岗位编制调剂使用”的要求，统筹招录“县属乡用”“乡属村用”医疗卫生人才。截至 2020 年底，全省已招聘 408 名“县属乡用”“乡属村用”医疗卫生人才。通过定期下派、短期巡诊的方式，这些人员到乡镇卫生院、村卫生室开展医疗服务，有效缓解了基层医疗卫生人才匮乏、服务能力弱等问题，为贫困群众就近看病创造了有利条件。

脱贫结果必须能够经得起历史和人民的检验。海南省以脱贫实效为依据，以群众认可为标准，建立严格、规范、透明的贫困退出机制，坚持逢退必验、实事求是、分级负责、严格标准、规范操作、责任到人的原则，从体制机制上保障贫困人口、贫困村、贫困县在 2020 年实现有序退出，确保如期完成脱贫攻坚目标任务。海南建立严格的贫困人口退出机制。在退出标准上，以户为单位，以年人均纯收入稳定超过省定扶贫标准且吃穿不愁，义务教育、基本医疗、住房安全有保障为衡量标准。在退出程序上，由村党支部委员会和村民委员会（村“两委”）组织召开村民代表大会，对拟退出的贫困户开展民主评议，提出贫困户退出名单。村“两委”、驻村工作队和帮扶责任人根据拟退出名单开展入户核实，并填写海南省建档立卡贫困户脱贫申请验收表。村“两委”将核实情况和贫困户拟退出名单在本村内进行公示，公示期满无异议的，将名单报乡镇政府；公示期提出异议的，由村“两委”和驻村工作队对反映的情况进行核实，并将核查材料一同上报乡镇政府。乡镇政府对各村上报的拟退出贫困户名单有关材料的真实性以及相关程序、异议对象核查情况进行审核确认，在审核确认后将确认退出的名单在相应村内进行公示，公告期满后退出，并报市县扶贫工作办公室备案，同时按程序在全国扶贫开发信息系统内标注“脱贫”。在贫困村脱贫出列方面，海南以贫困发生率降至 2% 以下为主要衡量标准，统筹考虑村内基础设施建设、基本公共服务、产业发展、集体经济收入等因素。在贫困县摘帽方面，海南以贫困发生率降至 2% 以下为主要衡量标准。同时，在贫困村脱贫出列、贫困县摘帽程序上，海南也制定了严格的程序，确保脱贫结果真实有效。

脱贫摘帽不是终点，而是新生活、新奋斗的起点。习近平总书记在庆祝中国共产党成立100周年大会上的重要讲话中指出，我们正在意气风发向着全面建成社会主义现代化强国的第二个百年奋斗目标迈进。海南坚决站稳“江山就是人民、人民就是江山”这个根本立场，推动自由贸易港建设红利更好更快更多惠及人民。2021年，海南扎实做好巩固拓展脱贫攻坚成果同乡村振兴有效衔接开局之年各项工作，坚持“五级书记”一起抓，切实做好队伍机构、工作体系、发展规划、政策举措、考核机制等方面的衔接，健全防止返贫动态监测和帮扶机制，加强特色产业帮扶，推动脱贫劳动力稳岗就业，持续强化“志智双扶”，全力巩固拓展脱贫攻坚成果。

让老百姓过上好日子是海南自由贸易港建设的出发点和落脚点，站在新的历史起点上，海南将始终牢记习近平总书记殷殷嘱托，始终坚持以人民为中心，充分发挥中国特色自由贸易港政策优势，乘势而上，接续奋斗，扎实推进巩固拓展脱贫攻坚成果同乡村振兴有效衔接，全面推进乡村振兴，用党员干部的“辛苦指数”换取人民群众的“满意指数”，努力建设共建共享、共同富裕的自由贸易港，让改革发展的成果更多惠及人民群众。

第三节　近悦远来

民生工作离老百姓最近，同老百姓的关系最密切。海南省委、省政府牢记习近平总书记重要嘱托，牢牢抓住海南人民最关心最现实的利益问题，坚持“小财政办大民生”，连续多年推出为民办实事项目，推动在更高水平上实现幼有所育、学有所教、劳有所得、病有所医、老有所养、住有所居、弱有所扶，让海南人民有更多、更直接、更实在的获得感、幸福感、安全感。

党的十八大以来，海南省每年财政支出 70% 以上用于改善民生。仅“十二五”期间，全省民生支出就达 3664 亿元，占地方一般公共预算支出的 72.7%，年均增长率达 18.1%，是“十一五”时期的 2.9 倍。“十三五”时期，海南进一步加大民生财政支出力度，5 年间全省民生支出总额 6381.9 亿元，占地方一般公共预算支出的 76.5%，比“十二五”时期提高 3.8 个百分点，海南省民生支出占比位居全国前列。

与之形成鲜明对照的是，海南省经济总量不大，财政收支规模也不大，是名副其实的“小财政”。钱袋子不富裕，海南坚持政府过紧日子，锲而不舍惠民生，进一步严控各类新增财政支出，坚守“三公”经费预算总量零增长底线，大力提倡节俭，杜绝奢侈浪费，把更多财力用于改善民生等方面，让改革发展成果更多惠及百姓，有力托举起“大民生”。例如，居民增收目标顺利完成，城乡收入差距进一步缩小、收入结构持续优化；优质教育资源、医疗资源不断向基层下沉，“一市（县）两校一园”工程扎实推进，基本实现“大病不出县”“家门口就读名校”；坚持就业优先，稳住就业“基本盘”，超额完成就业预期目标……一张张亮眼成绩单，组成海南民生事业发展的精彩画卷，是海南人民美好生活愿景一步步变为现实的生动写照，彰显着党和政府坚守人民情怀、增进民生福祉的为民初心。

进入“十四五”时期，乘势而上开启全面建设社会主义现代化国家新征程，持之以恒答好民生考卷，对于海南自由贸易港建设至关重要。海南自由贸易港是以人民为中心的自由贸易港。海南持之以恒走共享发展之路，把民生社会事业放在比以往更加突出的位置，始终把提高百姓获得感作为自由贸易港建设的重要宗旨，坚持既重视经济发展，也重视民生社会事业发展的原则，尽力而为、量力而行，从一个个具体的民生项目、民生工程做起，让广大人民群众能够从自由贸易港建设中拥有更多获得感……

在海南，蔬菜价格的涨落总能牵动老百姓的心。长期以来，受季节、运输等因素影响，海南菜价一直在全国处于较高水平。海南居民以中等以下的收入，承受着中等以上甚至是全国排名靠前的菜价，应对菜价上涨，无疑是一道重大的民生考题。近年来，省委、省政府坚持把稳定菜价作为提高群众满意度的重要民生工作来抓，出台了一系列制度措施，狠抓“菜篮子”工作，努力破解海南菜价高的难题，让群众吃上便宜菜、放心菜。同时，省政府先后印发《海南省落实稳定菜价十项措施责任分解方案》《海南省“菜篮子”市县长负责制考核办法》《海南省常年蔬菜基地建设总体推进方案》《海南省 15 种基本蔬菜价格上涨调控管理方案》，建立市场价格监测预警和通报机制，与各市县长签订“菜篮子”责任状，每年对各市县“菜篮子”工作进行督导和考核。特别是 2020 年以来，海南进一步加大稳菜价力度，落实常年蔬菜基地最低保有量，稳步推进常年蔬菜基地建设，全省建成常年蔬菜基地共 15.3 万亩；大力推进蔬菜大棚建设，提高夏秋季蔬菜特别是叶菜生产能力，逐渐提高本地蔬菜产量；建立外地菜进岛合作机制，强化与云南、广西产销对接，确保外地菜供应，提高岛外蔬菜进岛数量，保障省内市场需求等。同时，积极推进公益性批发市场和公益性农贸市场建设，免费给蔬菜种植户提供销售摊位，为种植基地和周边零散种植户提供销售平台；大力推进平价网点建设，逐步提高平价菜的市场比例，发挥平抑市场价格的作用；推广“基地 + 互联网平台 + 直销”模式，促进产销对接，减少流通环节，降低流通成本。此外，海南还通过积极推进平价蔬菜保供惠民行动工作、建立政府主导调控平台、增加“菜篮子”产品应急储备、做好民生兜底工作等多项举措，对“菜篮子”进行保供稳价。在省委、省政府的不懈努力下，菜价高的问题逐年得到改善，蔬菜均价与全国均价的价差呈现逐年缩小趋势，全国排名从2015年的第5名，后移至2020年的第9名。特别是2021年，“15+N”种基本蔬菜［15种基本蔬菜包括芹菜（西芹）、油菜（上海青）、黄瓜、萝卜（白萝卜）、茄子、西红柿、豆角（长豆角）、土豆、胡萝卜、青椒、尖椒、圆白菜、韭菜、大白菜、蒜薹；“N”为各市县自选的蔬菜品种（不多于7种），包括小白菜、菜心、生菜、空心菜、地瓜叶、冬瓜、苦瓜］价格显著下降，平均每斤较上年下降0.5元，其中15个可比品种平均价格下降7.57%，降幅全国最大，多年以来百姓反映强烈的菜价偏高、上涨偏快的问题开始破解。

“建设教育强国是中华民族伟大复兴的基础工程，必须把教育事业放在优先位置，加快教育现代化，办好人民满意的教育。”

习近平总书记在党的十九大报告中指出了优先发展教育事业的深刻意义，并提出“努力让每个孩子都能享有公平而有质量的教育”。海南是一个教育薄弱的省份，虽然经过长期的努力，“有学上”的问题基本得到解决，但“上好学”“学得好”仍然是人民群众对教育的迫切要求。针对这一现实问题，海南省第七次党代会明确提出促进教育优质均衡发展，并对今后5年的主要任务进行了部署：加大教育投入，推动教育公平，提高办学水平，基本实现教育现代化；加快“一市（县）两校一园”建设，基本普及学前教育和高中阶段教育，均衡提升义务教育质量，稳步推进招生制度综合改革，加强特殊教育学校建设；围绕服务地方经济社会发展，完善职业教育、普通教育、继续教育相互联通的现代职业教育体系，扶持民办教育健康发展，支持海南大学等高校转型升级、争创“双一流”，促进国际合作办学；引进各层次优质教育资源，抓实“好校长好教师”和乡村教师等培养和引进工程，提高教学水平和教育质量。

按照这一部署，海南不断加大投入力度，推动人民教育福祉不断增进。“十三五”时期，全省投入1.5亿元，相继实施中小学“好校长、好教师”引进工程、“校长+骨干”学校管理团队引进工程、“一市（县）两校一园”工程，共引进1.8万名中小学“好校长、好教师”，其中面向全国引进“火种型”校长教师300名。至2021年底，全省累计引进中小学和幼儿园共计83所，提供优质学位16万个，优质教育资源覆盖全省各市县（区），“家门口上好学”的目标正加快实现。学前教育两个比例（公办园就读幼儿比例、普惠性幼儿园覆盖率）从 2016 年的 13.7%、34.3% 大幅提升到 2020 年的 53.34%、86.63%。2020 年全年新增公办园在园幼儿 12.07 万人，超过过去 10 年的总和，实现历史性跨越。2021 年全省普惠性幼儿园覆盖率提高到 91.9%，极大缓解了“入公办园难、入民办园贵”问题。义务教育质量效率实现双提升，成为全国第 17 个全域通过“全国义务教育发展基本均衡县（市、区）”国家督导评估认定的省份；义务教育大班额从 17.24%（全国倒数第一）下降到 3.06%，低于全国平均水平，义务教育正朝优质均衡方向发展。同时，海南深入开展减轻义务教育阶段学生作业负担和校外培训负担（“双减”）工作，大力发展“特色印记”阳光教育。海南坚持把立德树人作为教育的根本任务，以特色而不是分数衡量教育质量，坚决维护好海南基础教育良好生态，致力打造“健康阳光、好学上进、勤劳诚信、文明朴实”的海南学生特色印记，培育海南学生独特的思想品格和高尚情操，形成海南教育的特色和风格，为中国特色自由贸易港建设培养合格的建设者和接班人。如今，快乐健康已成为海南学生的就学体验。经国务院教育督导委员会办公室调查评估，群众对省级政府履行教育职责的满意度位列全国第一。此外，海南高中教育水平也不断提升，2020 年实现“新高考”平稳落地，全省 5.7 万多名考生参加考试，本科录取率为 60.66%，创历史新高。2021 年，本科录取率为 60.68%。海南还着力提升职业教育和高等教育服务地方经济社会发展的能力。围绕自由贸易港建设需要，建设一批直接服务于旅游业、现代服务业、高新技术产业、热带特色高效农业等重点领域的特色优势学科和专业，创新职业教育人才培养“立交桥”，继续推进中高职“3+2”连读等6个改革项目，累计招生5万人，职业教育覆盖32类452个专业。海南大学植物学和动物科学等4个学科进入ESI（基本科学指标数据库）全球排名前百分之一。高等教育获批5个教育部重点实验室，新增6个博士点和33个硕士点，新增涉及大旅游、大健康等自由贸易港建设急需专业60个。截至2021年底，全省5.74万名应届高校毕业生初次就业去向落实率达90.98%，排名居全国前列，创近5年同期新高，毕业生留琼率达62.13%，高于上年同期。

习近平总书记指出，就业是最大的民生工程、民心工程、根基工程。党的十八大以来，省委、省政府坚持就业优先，把稳就业、保就业作为民生工作首要任务，不断完善就业创业政策，优化就业创业服务，多渠道增加就业岗位，加强就业培训，大力推动农村劳动力转移，全面启动零就业家庭就业援助，有效化解失业风险，稳住了全省就业“基本盘”。“十二五”期间至“十三五”期间的这十年间，海南城镇新增就业人数达108.5万人，从“十二五”期间年均增长9万人到“十三五”期间年均增长15万人，城镇登记失业率控制在3%以内。企业劳动合同签订率达93.15%。城镇就业率稳步提升，农村劳动力中就近就业和返乡创业人数增多，区域就业结构更趋合理，基本建成覆盖城乡的公共就业服务网络，和谐劳动关系建设全方位推进。就业结构进一步优化，其中第二产业就业规模继续扩大，就业人数占比自2018年起稳定在50%以上。重点群体就业进一步稳定。全省外出务工农民工 2020 年达到 145.8 万人，全省高校毕业生总体就业率持续稳定在 85% 以上。大规模开展职业培训。以政府补贴、企业自主、市场化等培训为主要供给，依托公共实训机构、职业（技工）院校、职业培训机构和行业企业开展职业技能培训，特别是 2019 年起实施 3 年职业技能提升行动，构建起专项职业能力考核项目、“互联网 + 职业技能提升行动”、企业新型学徒制、适岗培训、以工代训等多样化的培训项目和形式，培训针对性、实效性不断增强，共开展各类补贴性职业技能培训 76.37 万人次，有效助力技能人才总量增长至 58.95 万人，其中高技能型人才 8.1 万人，较 2017 年分别增加了 360.2% 和 268.1%。努力营造更加公平的就业环境。劳动争议调处制度和劳动保障监察执法机制逐步形成，劳动人事争议调解成功率、仲裁结案率分别保持在 60% 和 90% 以上。

收入是民生之源。海南多措并举确保城乡居民增收，特别是下大力气抓好农民增收工作，每年都根据形势变化，出台有针对性的政策措施。比如：2019 年针对上半年农民收入增长比例低于预期的情况，出台了《2019 年下半年促进农民增收二十二条措施》；2020 年针对疫情影响出台了《海南省抗疫情、保增收、防返贫十五条措施》，千方百计减少新冠肺炎疫情对海南脱贫攻坚成效和农民增收的影响；2021 年，出台《2021 年促进农民增收十二条措施》，确保实现年度增收目标。在一系列政策措施的推动下，海南居民收入逐年提高。2020 年，海南省城乡居民人均可支配收入为 27904 元，比 2015 年增加 8925 元，累计增长

47.0%，年均增长 8.0%。其中，城镇居民人均可支配收入年均增长达到 7.1%，农村居民人均可支配收入年均增长达到 8.4%。城乡居民收入比从 2015 年的 2.43：1 降至 2020 年的 2.28：1，缩小 0.15。2021 年，海南居民收入再上新台阶，人均可支配收入突破 3 万元，达到 30457 元。其中，城镇居民人均可支配收入突破 4 万元，达到 40213 元，同比增长 8.4%；农村居民人均可支配收入 18076 元，同比增长 11%，增速创近 5 年来新高，高于城镇增速 3.4 个百分点，城乡居民相对收入差距继续缩小，由 2020 年的 2.28 缩小至 2021 年的 2.22。

社会保障发挥着社会稳定器的作用。海南按照兜底线、织密网、建机制的要求，基本建成覆盖城乡居民的社会保障体系，织密扎牢社会保障“安全网”。到“十三五”末，全省城镇职工基本养老、城乡居民基本养老、失业、工伤保险参保人数分别比“十二五”末增长 22.18%、15.57%、17.65%、29.28%。2021 年，海南全省基本养老保险、基本医疗保险、工伤保险参保总规模达 1781.95 万人次。其中，参加基本养老保险、基本医疗保险、工伤保险人数分别为 658.24 万人、938.82 万人、184.89 万人，同比分别增长 4.5%、0.51%、8.5%。“十三五”以来，海南逐年提高企业退休人员养老金水平和同步调整机关事业单位退休人员养老金水平。其中，城乡居民基础养老金由 2009 年制度建立之初的 55 元，提高到 2021 年的 194 元。此外，海南扎实稳妥管理社保基金，全省机关事业单位职业年金基金全部委托投资运营，城乡居民基本养老保险基金委托投资 80 多亿元，收益情况良好；完善养老保险、工伤、失业保险基金监管和社保经办机构内部控制机制；不断加大对违法违规问题的查处力度，全省养老、工伤、失业保险基金风险防控总体保持了安全稳妥的良好态势。同时，海南坚持制度集成创新引领，跑出自由贸易港人社改革发展“加速度”。实施建设领域以银行保函方式缴纳农民工工资保证金制度，试行事业单位聘用外国人管理办法和灵活多样的薪酬分配等全国首创性、差异化制度，出台全国首个社会保障卡“一卡通”领域法规，推动人社公共服务法规制度不断完善，为加快海南自由贸易港建设提供了坚实的人社法治支撑和服务保障。下一步，海南将加快构建多层次多支柱的养老保险体系，完善补充养老保险制度，在全国率先建立海南自由贸易港企业年金自动加入机制，并将适用范围逐步扩大到省企业、机关事业单位、社会团体、民办非企业组织、个体工商户等各类用人单位的从业人员，实质性推进第二支柱养老保险制度发展；推出完全由个人缴费、政府给予税优政策的个人养老金制度，在全国率先形成海南自由贸易港“二支柱”养老保险制度模式，通过增加职工在工作期间的缴费积累，促进退休收入的多元化，增强退休收入的稳定性，提高职工退休后的生活水平，使老年生活多一分保障，进一步提升海南人民的获得感、幸福感。

健康是幸福之基。对很多人来讲，海南是健康岛、长寿岛，然而由于起步晚、起点低、历史欠账多等因素，海南医疗卫生事业面临医疗技术差、专家人才少等问题。基层患者涌到省内大医院，省内大病患者则到岛外寻医，“候鸟”、游客医疗得不到很好保障。“十三五”期间，海南紧紧围绕自由贸易试验区和自由贸易港战略定位，全面深化医疗卫生体制改革，不断完善医疗服务体系、公共卫生体系，医疗卫生事业再上新台阶，“小病不进城、大病不出岛”正成为现实，人民群众健康水平明显改善。全省人均预期寿命由2017年的78.2岁提升至2020年的79岁。五项基本医疗卫生制度初步建立，居民个人卫生支出占卫生总费用的比重由2017年的23.20%下降到2020年的21.75%，人民群众“看病难、看病贵”问题得到缓解。公立医院药占比控制在30%以下。住院费用实际报销比例比2015年提高8.64%。医疗服务体系不断完善，全省30万以上人口的县至少拥有一所二级甲等综合医院和一所二级甲等中医医院，基本形成海口、三亚、儋州、琼海、五指山“五大区域医疗卫生中心”，实现全省“1小时三级医院服务圈”全覆盖；服务可及性不断提高，每万名城市居民拥有全科医生由2017年的1.23人增长为2021年的3.6人。投入20多亿元完成了1249个基层医疗卫生机构标准化建设。公共卫生服务能力得到加强，连续12年无甲类传染病疫情发生，连续27年无脊灰野病毒感染病例，连续21年无白喉病例报告。健康扶贫工作成效得到巩固，建立“四免一降五保障”机制，贫困人口住院报销率达到90%，慢性病门诊报销率达到80%，特困人员100%报销。国家卫生城镇创建成效显著，全省8个城市、8个县城、11个乡镇被全国爱卫会命名为国家卫生城市（县城、乡镇），占比分别达89%、80%、6%，174个乡镇创建成为省卫生乡镇，1518个行政村创建成为省卫生村。开展“县属乡用”“乡属村用”

和基层卫生人才激励机制改革，完善基层卫生人才评价制度，村医、全科医生等基层卫生人员专业教育与岗位培养取得较好成果。“十四五”时期，是海南高质量高标准建设自由贸易港的关键期，也是海南实现“主要健康水平走在全国前列”目标、全面推进健康海南行动的攻坚期。海南省第八次党代会报告提出，要深入推进健康海南行动，人均预期寿命达到 81 岁，完善公共卫生体系、医疗卫生服务体系，实施好全球“全健康”海南示范项目、深化“三医联动”改革等重点工作，全面实现“小病不进城、大病不出岛”。

住有所居是广大群众的热切期盼。海南始终坚持“房住不炒”的定位，通过实施“两个暂停”、全域限购、加强引导管控、完善住房体系等一系列政策措施，开展市场整治和风险防范，建立健全房地产调控长效机制，全力推动房地产业转型发展，有效遏制了房价过快上涨，房地产“一业独大”局面有所改善，房地产调控成功闯关。同时，以发展安居房、保障性租赁住房和公共租赁住房为着力点，加快完善多主体供给、多渠道保障、租购并举的住房制度，全力保障本地居民和人才住房需求。发展安居房是海南在住房保障领域的重要实践创新，其出发点是为了解决海南自由贸易港快速发展形势下，本地居民和引进人才的住房困难问题。2021 年 12 月 1 日，海南省第六届人大常委会第三十一次会议审议通过了《海南自由贸易港安居房建设和管理若干规定》，自 2022 年 1 月 1 日起施行。该规定结合海南自由贸易港建设实际，明确了安居房的保障范围、支持政策和上市交易、封闭流转、换购等基本制度，规范了安居房的建设和管理。至2021年底，全省开工建设安居房3.9万套。2020年底，全省城镇居民人均现住房建筑面积达到34.56平方米，农村居民人均现住房建筑面积达到34.59平方米。2017—2021年，全省改造城镇棚户区住房6.97万套，开工建设公共租赁住房3192套，居民住房条件明显改善。“十四五”期间，海南坚持住房市场体系和保障体系并行，继续压实市县主体责任，实行“一城一策”，合理制定住房发展规划，有序推进各类住房建设，充分满足本地居民和引进人才的住房需求，努力把本地居民的房价收入比控制在10以内。

文化体育事业是民生的重要组成部分。“十三五”以来，海南大力提升公共服务水平，推动文化体育事业开启新篇章。公共文化体育服务设施日渐完善，省图书馆二期、非物质文化遗产展示中心等省会城市十大公共文化设施项目开工建设，形成了覆盖省、市县（区）、乡镇（街道）、村（社区）四级行政区域，以博物馆、图书馆、文化馆为龙头，以乡镇综合文化站为重点，以村级文化服务中心为基础的公共文化设施网络。至“十三五”末，全省共有博物馆35个，公共图书馆24个、文化（群艺）馆23个、艺术表演场馆15处、乡村（街道）文化站219个、村级综合文化服务中心2638个、社区综合文化服务中心380个。全民健身中心、智慧体育公园等加快建设，完成海南东、南、西、北、中足球训练网点布局。文艺精品创造成果丰硕，海南省艺术作品及表演者获得“文华大奖”提名奖、中国戏剧“梅花奖”、国家艺术基金立项等国家级奖项9项，省“文华奖”作品奖14项，省“文华奖”个人奖58项。海南紧扣时代主题，组织创作《红旗不倒》《白马泉涌》《黎族家园》《锦绣家园》等系列艺术作品，在国家专业艺术评奖中获得佳绩。圆满完成“少儿民歌文化季”“旅读海南”“民间文化艺术季”等文艺展演活动。成功举办三届海南岛国际电影节。非物质文化遗产保护传承成效明显，共有联合国教科文组织“急需保护的非物质文化遗产名录”项目1项、国家级非物质文化遗产代表性项目32项、省级非物质文化遗产代表性项目82项、省级以上非物质文化遗产代表性传承人149人，全省建立非遗传习所132个。纳入国家传统工艺振兴目录5项，10个地区获评2021—2023年度“海南省民间文化艺术之乡”。国家体育旅游示范区创建稳步推进，成功举办环海南岛国际大帆船赛、环海南岛国际公路自行车赛、海口马拉松等体育赛事，带动体育事业发展。下一步，海南将按照省第八次党代会的部署，努力提供优质普惠的公共文化服务，传承发展好优秀传统文化、黎苗文化和海洋文化，保护和利用好东坡文化、海瑞廉政文化、“船形屋”等文化遗存；进一步扩大琼剧等海南特色文化的影响力，推出一批文艺精品，塑造海南文化品牌；全面发展文化事业，办好海南岛国际电影节，高标准建设图书馆、博物馆、科技馆、美术馆等一批公共文化项目；广泛开展群众体育活动，擦亮琼中女足品牌，大力发展帆船、帆板、冲浪等特色水上运动，提高全民体质。

第四节　和风应律

平安是人民幸福安康的基本要求，是改革发展的基本前提。平安的社会环境关系到每个人的切身利益，只有社会平安，人民居家才能更安心，出行才能更放心，生活才能更舒心。党的十八大以来，海南深入学习贯彻习近平总书记关于平安稳定工作的重要论述和重要指示精神，切实增强做好平安建设工作的思想自觉、政治自觉和行动自觉，准确认识和把握平安建设工作面临的新情况、新问题，深入推进“平安海南”建设，守土有责、守土尽责，为建设美好新海南、推进海南全面深化改革开放和自由贸易港建设以及人民幸福安定营造了安全有序的社会生态。

省第七次党代会报告明确提出，深入推进“平安海南”建设，坚持综合施策，打造海岛型立体化、信息化、智能化治安防控体系，持续开展禁毒大会战，强力整治涉黑涉赌、涉枪涉爆、破坏生态、盗抢骗等违法犯罪活动，增强群众安全感。坚持重心下沉，强化领导干部接访下访督访，及时排查化解基层矛盾纠纷。完善突发事件应急处置机制，提升防灾减灾能力，抓好安全生产，努力营造稳定祥和的社会环境。

加快推进海南自由贸易港建设，迫切需要更加安全的政治环境、更加稳定的社会环境。面对新形势新要求，海南不断加强党对平安建设的领导，成立由省委主要领导担任组长的平安建设领导小组，发挥党总揽全局、协调各方的政治优势，形成左右协同、上下联通的工作格局，构建社会管理信息化平台、综治中心、网格化服务管理、矛盾纠纷多元化解“四位一体”新机制，全天候、全方位、全流程加强“平安海南”建设。树牢底线思维，坚决捍卫政治安全，持续落实常态化疫情防控措施，持续强化社会治安和网络安全等风险防控，严厉打击“黄赌毒”、“私彩”、电信诈骗等违法犯罪行为，减少存量、遏制增量，充分发挥司法调解、网格员作用，及时化解社会突出矛盾。“平安海南”建设取得新成效，人民群众的安全感、获得感、幸福感进一步增强。

海南是个人口小省，但曾经有一段时期，吸毒人数占全省人口比例却在全国排名靠前，吸毒、贩毒活动也屡禁不止。由此导致刑事案件高发，一些地方“两抢一盗”案件中吸毒人员作案比例高达60%。2016年底，全省现有吸毒人数占比为8.3‰，即一千个海南人中就有8个人吸毒，这个比例高居全国第一。针对这一严峻形势，2016年底，省委、省政府启动了禁毒三年大会战。在大会战中，海南建立“五级党政”抓禁毒工作机制，各级党委或政府主要负责同志担任禁毒委主任，每年召开党委常委会和政府常务会议研究部署禁毒工作；市（县）委副书记、政法委书记具体研究、具体部署、具体抓落实，形成了“一级抓一级、层层抓禁毒”的工作格局。成立大会战总指挥部，由省委副书记任总指挥长，代表省委指挥整个大会战，并建立统一指挥的调度机制，确保整个体系指挥顺畅、运转高效、执行有力。根据禁毒工作的固有规律，实施“八严工程”（严打、严收、严管、严堵、严整、严教、严奖、严责），形成一整套既重治标又重治本的战术体系。其中，“严打”工程：全省公安机关以打开路，始终保持严打高压态势，一个战役接着一个战役，持续猛烈地打击毒品犯罪；全省检察机关采取“捕诉合一”的方式，快速逮捕毒品犯罪嫌疑人；全省审判机关依法从重从快顶格处罚毒品犯罪。“严收”工程：强力推进吸毒人员特别是病残吸毒人员全员收治。“严管”工程：对社会面吸毒人员进行全面排查评估和分级分类管控，并将管控责任落实到乡镇街道、派出所、村居干部、禁毒专干，确保各项管控措施落实到位。“严堵”工程：根据海南是一个毒品输入省、消费省和受害省的状况，强力推进“三道防线和两个加强”（岛外防线、海上防线、口岸防线和加强物流寄递查缉、岛内查缉）建设，并将关口前移到广东徐闻海安港。“严整”工程：对毒品问题严重的市县和乡镇进行重点整治，对涉毒娱乐场所坚决执行“一次性死亡”，有效铲除毒品滋生蔓延的土壤。“严教”工程：大力开展禁毒宣传教育，组织公开宣判活动，教育广大群众特别是青少年，积极引导全社会参与禁毒、支持禁毒。“严奖”工程：支持对有功者进行重奖，树立鲜明的激励导向。“严责”工程：支持对有过者进行重罚，对部分履职不力的市县禁毒部门主要负责人进行组织调整，对一批基层干部、派出所所长作出免职处理。同时，坚持以问题为导向，积极探索适应海南实际的新招法、新打法，解决禁毒工作中的痼疾。比如：针对长期以来存在的病残吸毒人员“收戒收治难”问题，制定《海南省收戒收治病残吸毒人员暂行办法》《海南省戒毒场所病残吸毒人员死亡处置办法》，解决戒毒人员在戒毒场所死亡的纠纷问题；采取派驻医务人员、设立监管住院病区等方式统筹利用地方医疗资源，解决戒毒所医疗力量不足的问题；通过搭建板房、改造楼层、设置平铺床等方式，解决收治床位不够的问题。针对吸毒人员“精准管控难”，研发建设吸毒人员智能化精准管控系统和戒毒人员信用管理服务系统，社区戒毒和社区康复执行率达 99.9%，大大降低吸毒人员脱管失控、肇事肇祸的风险。针对戒毒康复人员“回归社会难”，建设半强制性的戒毒康复工场、基地和社区，鼓励戒毒人员通过劳动生产自食其力，持续巩固戒毒康复的成果。

不搞“黄赌毒”是海南建设自由贸易试验区和中国特色自由贸易港的底线要求。省委、省政府牢牢守住这一底线，在顺利完成 2016 年至 2019 年禁毒三年大会战目标任务的基础上，全面启动 2020 年至 2022 年新一轮禁毒三年大会战。截至 2021 年底，全省现有吸毒人数占比降至 1.7‰；人民群众对禁毒工作满意度创历史新高，达 99.08%，排名全国第一；缉毒执法效能、禁吸戒毒成效、堵截毒品能力、禁毒整治管理水平、人民群众的禁毒意识和参与禁毒的积极性明显提升；刑事案件发案数、新增吸毒人数、毒品社会危害明显下降。自 2018 年 2 月至今，全省未发生吸毒人员肇事肇祸案（事）件，社会治安达到近年来最好水平。2017 年至 2020 年，海南在全国禁毒工作考评中，连续四年进入全国优秀行列。2018 年 12 月，国家禁毒委在海南召开全国禁毒重点整治示范创建暨宣传教育工作会议，总结推广海南禁毒工作模式。2020 年 4 月，海南在全国禁毒工作电视电话会议上作交流发言。2021 年，海口市被列入首批“全国禁毒示范城市”；5 月，环琼毒品查缉工作推进会在海口召开，国家禁毒委对海南禁毒工作给予充分肯定。

黑恶势力是破坏社会安定的重要因素，严重危害人民群众的生命财产安全，人民群众对黑恶势力深恶痛绝。民之所愿，剑之所向。2018年，省委、省政府按照中央部署，开始开展为期3年的扫黑除恶专项斗争。省委、省政府高度重视扫黑除恶专项斗争，主要领导多次研究扫黑除恶工作，听取扫黑除恶工作汇报，多次指示批示、调研指导，推动扫黑除恶专项斗争向纵深发展。省、市、县层层设立扫黑除恶专项斗争领导小组及办公室，党政主要领导亲自挂帅，党委政法委书记统筹协调，全省上下凝聚起扫黑除恶专项斗争的强大工作合力。2020年7月30日，黄鸿发被执行死刑，结束了他在昌江黎族自治县横行约30年的罪恶一生。黄鸿发案是海南建省以来涉案人数最多、牵涉范围最广、受关注度最高的黑社会性质组织犯罪案件。该团伙在昌江地区通过暴力、威胁等手段有组织地实施大量违法犯罪活动，为非作恶，欺压、残害群众，称霸一方。“有黑必扫，有恶必除。”摧毁以黄鸿发为首的特大黑社会性质组织，无疑是海南扫黑除恶专项斗争中的重要一笔。

2018年开展扫黑除恶专项斗争以来，至2021年底，全省打掉的涉黑组织、抓获的涉黑涉恶犯罪嫌疑人分别是前10年总和的7.3倍、2.5倍，共打掉涉黑涉恶犯罪团伙335个，破获刑事案件4000多起，查封、扣押、冻结涉案资产140多亿元，主要指标按10万人口占比排在全国前列；全省实现网络安全案件、劫持犯罪案件等“八个零发生”。2021年，刑事案件立案数为近11年最低，命案发案数为建省以来最低；人民群众安全感综合指数从

2018 年的 93.67% 上升到 98.24%，创历史新高。

只有人与人和谐相处，社会才会安定有序。建设更高水平的平安稳定的社会环境，需要打造共建共治共享的社会治理格局。共同建设、共同治理、共同享有，是我们党的重要治理理念，体现了我们党对社会治理规律认识的不断深化和精准把握。海南坚持“共建共治共享”理念，加强和创新社会治理方式，进一步完善党委领导、政府负责、社会协同、公众参与、法治保障的社会治理体制，加强预防和化解社会矛盾机制建设，不断提高社会治理社会化、法治化、智能化、专业化水平。针对自由贸易港建设“一线放开、二线管住”的新要求，面对自由贸易港建设对社会治理领域带来的风险与挑战，海南紧扣自由贸易港建设需要，推进海南社会管理信息化平台建设。海南社会管理信息化平台接入遥感卫星、雷达、船舶自动识别系统（AIS）基站、北斗、人脸识别、光电、无人机等多种前端感知手段，汇聚融合党政军警民等数据资源，对全省船舶、车辆、飞行器开展监管，形成近海、岸线、岛内三道防控圈，实现对社会动态的全天候、全地域、全覆盖的可视化管控。不仅如此，海南社会管理信息化平台还可对人流、物流、资金流等社会治安要素进行数据化、标准化、结构化分析，主动预测预警，为社会治理决策提供科技支撑。同时，海南切实抓好市（县）域社会治理现代化试点，创新社会治理机制，加快推进综治中心、社管平台、网格化服务管理、矛盾纠纷多元化解“四位一体”建设，不断夯实社会治理的基层基础。

社会治理的重心必须向基层下移。在强化农村社会治理过程中，海南积极探索构建了“一核两委一会”乡村治理机制。“一核”就是村党组织，是领导核心；“两委”就是村民委员会和村务监督委员会，是自治组织和监督组织；“一会”就是村务协商会，是村民协调议事组织。建立村务协商会，主要是为了推进乡村协商民主。凡是事关全村群众利益的重大事项，都放到村务协商会来协商，充分讨论，征询意见，集思广益，推动实现“有事好商量，众人的事情由众人商量”。目前，海南农村已经实现了村务协商会全覆盖。海南农村社会治理的创新，有效减少了矛盾的发生，推动了“小事不出村，大事不出镇，矛盾不上交”，使农村社会一直保持平安有序。2021 年，全省群体性事件的数量、参与人数为近 11 年来最低、最少。

海南的建设发展离不开每一个普通海南老百姓。在建设国际旅游岛、建设美好新海南、推进海南全面深化改革开放和自由贸易港建设过程中，海南涌现了一批批道德模范、先进典型，为海南发展营造了崇德向善、见贤思齐的浓厚氛围。

自 2012 年开始，海南每年开展“感动海南”年度人物评选活动，一直延续至今。每年评选出的感动人物，都像一颗颗正能量的种子，在琼崖大地上生根发芽，迎来新生。他们不忘初心、身体力行，不断践行社会主义核心价值观，成为正能量的传递者、倡导者和推动者。一个个平凡的身边人，以他们不平凡的壮举，为海南这片热土树立榜样、再续温情、凝心聚力。

2020 年初，新冠肺炎疫情来袭。随着确诊病例数的迅速攀升，自 1 月 23 日 10 时起，武汉全市城市公交、地铁、轮渡、长途客运暂停运营；湖北各市相继启动“封城”。神州患难，中华共渡。这是一场谁也无法置身事外的战斗，当湖北告急，缺少床位、缺医少药之时，中央号召各省区市派出医疗队，全力支援湖北。从 1 月 27 日开始，截至武汉“解封”，海南连续派出 7 批共 865 人医疗队，奔赴湖北。他们之中，有人临近退休，仍义无反顾地投入这场远征；有人初出茅庐，以少年报国志，奔赴抗疫主战场。他们来自平凡的岗位，以无畏生死逆行而上的身影，带给所有人希望，为抗击新冠肺炎疫情的战斗注入信心。四海共是一轮月，不用长江分南北。865 名援鄂医疗队员在湖北的日夜奋战，留下了无数让人动容的瞬间。他们用奋斗的汗水，刻下最美劳动者的身影。他们是白衣执甲的无畏战士，他们的不屈与顽强，牢牢守住荆楚大地的每一寸战场。3 月 25 日，湖北（除武汉市外）解除离鄂通道管控，有序恢复对外交通；4 月 8 日，武汉“解封”。海南支援湖北的 7 支医疗队至此圆满完成任务。他们“琼”尽全力、坚定逆行的英勇事迹感动了全省人民，被评为“感动海南”2020—2021 十大年度人物。

在脱贫攻坚斗争中，全国有 1800 多名同志将生命定格在了脱贫攻坚征程上，生动诠释了共产党人的初心使命。海南在这场载入史诗的攻坚战中，先后有 40 名扶贫干部倒在扶贫路上。24 岁的中西部计划志愿者纪华东是其中最年轻的一位。2016 年初，海南启动五年脱贫攻坚大会战，纪华东准备大干一场。2016 年中，共青团海南省委重新调整基层志愿者的服务岗位，鼓励青年志愿者到基层第一线，尤其是扶贫任务艰巨的地区。纪华东背起行囊，从澄迈来到了白沙，走上了更具挑战性的志愿服务新征程。在白沙，他扎根基层，走村入户，逐一摸清贫困户情况，热心细致的服务得到了服务单位、同事和村民的高度肯定。然而，12 月的一天，在去加班的路上，一起交通事故夺走了他年轻的生命。

脱贫攻坚督查是脱贫攻坚成果的“试金石”，关乎贫困群众的切身利益，容不得半点马虎。李龙生生前肩负省委脱贫攻坚战第一督查组组长的重任。临高是全省纳入贫困县最晚、贫困面最广、贫困程度最深的市县，扶贫督查任务尤为艰巨。李龙生总是以解决问题为导向，先调研分析问题、找出症结、给出方法，“手把手”地教基层干部如何解决问题，再通过一次次“回头看”，推动问题的最终解决。他有个习惯，每到一镇督查，开完会后，总是不打招呼，随机找个贫困村检查。到了村委会，他先去档案室，把贫困户的资料都过一遍，找出 5~10 户，挨个上门家访。古柳村是临高县波莲镇的人口大村，也是贫困大村。2014 年，古柳村共有 940 多户村民，建档立卡贫困户 720 多户。到了 2016 年，仍有 356 户建档立卡贫困户。村民们以低效的水田农业为生，没有致富产业。村干部不熟悉政策，找不到脱贫的路子。省委脱贫攻坚战第一督查组成立后，李龙生对副组长杨光润说，古柳村的问题不解决，临高的脱贫攻坚就无法成功。从 2018 年 4 月开始，李龙生带领督查组成员先后 12 次奔赴古柳村。每次听说李龙生要来，村委会主任刘道松都赶紧在脑子里过一遍关于扶贫的各项政策和文件，确保万无一失，才敢走到李龙生面前。“以前觉得，村干部就是热心一点，多帮助贫困群众就好。后来才发现，村干部同样需要帮助。”刘道松说。李龙生会时不时检查刘道松的知识储备，像个考官一样，随机抽查，但找到不足的时候，却不随便发脾气，而是像个辅导员一样，耐心教导刘道松。各项政策文件经过李龙生的嘴，变成了老百姓的家长里短，很快被村干部牢记于心。“村干部一定要提升能力和觉悟，才能带动村民致富。”这句话，刘道松记在心里。他熟读政策和文件，很快找到了扶贫路子。根据帮扶政策，古柳村村委会在村里成立了园林公司，吸纳贫困户入股，还调整农业种植项目，实现产业发展。2020 年，古柳村实现年人均纯收入超过 5000 元，940 多户村民中，贫困户为 0，实现高标准脱贫。2020 年 2 月 29 日，海南省人民政府召开新闻发布会，正式宣布临高等 3 个市县脱贫摘帽，退出贫困县序列。3 月 2 日，李龙生重返临高，计划走遍临高各乡镇，检查指导新冠肺炎疫情下的脱贫攻坚工作。3 月 5 日晚上，李龙生还在撰写督查报告。几个小时后，3 月 6 日凌晨 2 时 50 分，李龙生因心源性疾病抢救无效，在临高县人民医院逝世，年仅 57 岁。

“我是一名普通党员，虽然我不是最优秀的，但我一定是最能吃苦的。”这是万宁市北大镇民丰村原驻村第一书记李夏冰生前常挂在嘴边的话。2016 年初，身为万宁市旅游委主任科员的李夏冰主动申请到脱贫攻坚一线。3 年里，李夏冰先后转战万宁市礼纪、后安、北大等乡镇，驻点石梅、茄新、太阳、曲冲、后安、民丰等 6 个村庄，帮扶贫困群众 64 户 166 人脱贫，帮助 1 个贫困村实现整村脱贫。“这是 3 年扶贫工作的最后一天，让我站完最后一班岗吧。”2018 年 2 月 25 日是李夏冰在扶贫岗位上的最后一天，第二天他就要赴任新职了，这天晚上，他还在组织村民观看《脱贫致富电视夜校》，与村民讨论如何发展养殖产业，一直工作到凌晨3点，这位年仅50岁的共产党员坚守到了最后一班岗。

“我志愿加入中国共产党……随时准备为党和人民牺牲一切，永不叛党。”40位倒在脱贫攻坚一线的海南基层扶贫干部，大多是共产党员。入党誓词很短，但他们却用一生践行了这个誓言。

一件件凡人善举，一个个平凡英雄，影响了身边的人，哺育了青年一代，促进了良好社会风尚的形成。他们以普通人的力所能及为海南这片热土奉献汗水与热血，在海南的发展历程中书写出奋斗者的慷慨激昂。我们因这些平凡英雄而感动，我们要带着这份传承砥砺前行。

第六章　前沿地带的党建引领

办好中国的事情，关键在党，关键在党要管党、全面从严治党。党的十八大以来，以习近平同志为核心的党中央以力挽狂澜的浩然气魄和卓越胆识，以坚毅的政治勇气和历史担当，为着力解决管党治党出现的“宽松软”问题，提出一系列原创性新理念新思想新战略，作出一系列重要制度安排，并取得了一系列重大实践成果，步伐铿锵，撼人心魄，其力度之强劲、成效之显著、影响之广泛令世人瞩目，开辟了管党治党的新境界。

在新时代十年伟大变革中，坚持加强党的全面领导和党中央集中统一领导，是海南推进全面深化改革开放和自由贸易港建设的根本政治保证。十年来，省委坚定不移地把全面从严治党贯彻到海南改革开放发展的全过程、各领域，切实提高管党治党水平，使全省各级党员干部在思想上更加统一、政治上更加团结、行动上更加一致，党的政治领导力、思想引领力、群众组织力、社会号召力明显增强，为推动中国特色自由贸易港建设进入不可逆转的历史进程提供了强大的精神力量和组织保障。

第一节 正确方向

抓工作、办事情，方向问题至关重要。方向对了，行则将至；方向不对，南辕北辙。推进海南全面深化改革开放和中国特色自由贸易港建设，把握正确的政治方向是干好一切工作的根本前提。

第一，改革开放前沿的更高要求。

党的十八大以来，以习近平同志为核心的党中央旗帜鲜明地提出，党的领导是党和国家的根本所在、命脉所在，是全国各族人民的利益所系、命运所系，全党必须自觉在思想上政治上行动上同党中央保持高度一致，提高科学执政、民主执政、依法执政水平，提高把方向、谋大局、定政策、促改革的能力和定力，确保充分发挥党总揽全局、协调各方的领导核心作用。党中央集中统一领导是党的领导的最高原则，加强和维护党中央集中统一领导是全党共同的政治责任，坚持党的领导首先要旗帜鲜明讲政治，保证全党服从中央。

坚持党的领导，全面从严治党，是改革开放取得成功的关键和根本。经济特区处于改革开放前沿，对全面加强党的领导和党的建设有着更高要求。自由贸易港是当今世界最高水平的开放形态，比经济特区、自由贸易试验区开放程度更高，海南建设中国特色自由贸易港，对党的建设的要求必须更高、更严。

2018 年 4 月 13 日，习近平总书记在庆祝海南建省办经济特区 30 周年大会上的重要讲话中强调，海南要坚持和加强党的全面领导，确保全面深化改革开放正确方向。广大党员、干部要坚定维护党中央权威和集中统一领导，自觉在思想上政治上行动上同党中央保持高度一致，自觉站在党和国家大局上想问题、办事情，在践行“四个意识”和“四个自信”上勇当先锋，在讲政治、顾大局、守规矩上做好表率。《中共中央　国务院关于支持海南全面深化改革开放的指导意见》进一步明确要求，坚持党对一切工作的领导，充分发挥党总揽全局、协调各方的作用。海南省委要把党的政治建设摆在首位，用习近平新时代中国特色社会主义思想武装海南党员干部；着眼于健全加强党的全面领导的制度，优化党的组织机构，建立健全对全面深化改革开放工作的领导体制机制，更好发挥党的职能部门作用，提高党把方向、谋大局、定政策、促改革的能力和定力；加强基层党组织建设，着力提升组织力，增强政治功能，引导广大党员发挥先锋模范作用，把基层党组织建设成推动海南全面深化改革开放的坚强战斗堡垒。

2020 年，习近平总书记就海南自由贸易港建设作出重要指示，再次强调要坚持党的领导，把准方向、敢于担当、主动作为。2022 年 4 月，习近平总书记在海南考察时又特别强调，要坚持严的主基调，深入推进全面从严治党，以党的政治建设为统领推进党的各方面建设。习近平总书记的这一系列重要讲话和指示批示精神，为加强党对海南全面深化改革开放和自由贸易港建设的全面领导提供了根本遵循。

2018 年以来，海南推进全面深化改革开放和自由贸易港建设的实践充分证明，坚持党的领导，是推动海南全面深化改革开放的关键和根本，是中国特色自由贸易港建设的最大特色和最根本保障。无论改什么、改到哪一步，都要坚持党的领导，确保党把方向、谋大局、定政策，确保党始终总揽全局、协调各方。各项改革越是进入“深水区”，越是离不开党的领导这个“定海神针”，这是确保海南全面深化改革开放和自由贸易港建设方向不偏不倚的“定盘星”。

第二，把握中国特色的核心要义。

习近平总书记明确强调：“海南建设自由贸易港要体现中国特色，符合中国国情，符合海南发展定位。”什么是中国特色？其核心要义就是“五个坚持”，即坚持中国共产党的领导、坚持中国特色社会主义道路、坚持以人民为中心、坚持社会主义核心价值观、坚持新发展理念。这是海南必须始终把牢的政治方向，也是判断大是大非的工作标尺。

面对国内国际百年未有之大变局和自由贸易港建设艰巨繁重的改革开放任务，海南必须旗帜鲜明地加强党的政治建设，坚持党对自由贸易港建设的绝对领导，保证党的政治方向对头、政治原则坚定、政治路线正确；必须坚持用习近平新时代中国特色社会主义思想武装党员干部的头脑，走中国特色社会主义道路，建设社会主义制度下的自由贸易港；必须坚持重大改革事项由党中央决定、整体工作进度由党中央把握、政策实施情况及时向党中央报告；必须坚持以一流党建引领一流开放，着力解决一些领域党建工作与自由贸易港建设不适应、不相符、不协调的问题，探索建立一套与世界高水平开放形态相适应的党建工作新模式；必须充分发挥上下一盘棋和集中力量办大事的制度优势，积极参与全球资源配置，推动海南经济社会高质量发展，努力蹚出一条具有中国特色的自由贸易港建设之路，以实际行动和成效让中国特色社会主义更有说服力。

第二节　党旗漫卷

党的十八大以来，以习近平同志为核心的党中央高度重视党建工作，先后召开全国国有企业党的建设工作会议、全国高校思想政治工作会议、全国农村基层党建工作座谈会等系列重要会议，分别对各领域基层党组织建设作出全面部署，不断健全基层党组织体系。同时，以提升组织力为重点，增强党组织政治功能和组织功能，树立大抓基层的鲜明导向，推动党的组织和党的工作全覆盖。这为海南加强和改进基层党建工作提供了根本遵循和强大思想武器。

第一，推动党建引领全覆盖。

海南省委把党建引领自由贸易港建设作为“置顶工作”，坚持以一流党建引领一流开放，把坚持和加强党的全面领导作为谋划工作的坐标原点、推进工作的根本原则、检验工作的根本标尺，贯穿海南全面深化改革开放和自由贸易港建设各领域各方面各环节。全面深化改革开放推进到哪里，党建工作就引领到哪里，党组织的战斗堡垒作用和党员先锋模范作用就发挥体现到哪里。

2021 年 8 月，《中共海南省委关于坚持以党建引领海南自由贸易港建设的意见》（以下简称《意见》）正式印发。这是海南自由贸易港党建的第一个纲领性文件，对于贯彻落实新时代党的建设总要求和新时代党的组织路线，进一步弘扬伟大建党精神，着力发挥好党建在自由贸易港建设中引领方向、改革创新、攻坚克难、服务保障的作用，以高质量党建引领海南自由贸易港高质量发展，完成好党中央赋予海南的重大历史使命，具有重要意义。《意见》纲举目张、总揽全局，并相应配套出台9个文件，分别对农村和城市两个重点领域，以及中央驻琼企业、园区、外资企业、境外高校独立办学和中外合作办学机构、境外人员担任法定代表人的单位等5个新兴领域的党建工作，作出安排部署、制定实施办法，同时出台乡村人才振兴十条措施和村级组织活动场所标准化建设指导细则，形成“1+2+7”层次分明的制度体系，真正把党的领导贯穿海南自由贸易港建设各领域各方面各环节。

省委构建党（工）委统一领导、组织部门牵头抓总、相关部门协调配合的机制体系，坚持“五级书记抓党建”，不断压实管党治党政治责任。各级党（工）委对《意见》实行清单化管理、项目化推进，纳入重点督办内容，将贯彻落实情况与单位绩效考核、党政领导班子年度考核、抓基层党建工作述职评议考核挂钩。目前，我省已连续8年开展抓基层党建工作述职评议考核工作，这成为抓基层党建工作的一项重要制度。同时，将党建引领自由贸易港建设与党史学习教育、作风整顿建设和“查堵点、破难题、促发展”活动紧密结合起来统筹推进，建立市县委组织部部长年度述职评议制度和基层党建亮点工作承诺制度，以严实作风和过硬措施推动党建工作各项任务落实。

第二，基层组织力全面提升。

新时代十年来，海南全省党员人数增长了17%，基层党组织数量增长了20%，党的组织体系更加严密。省委高度重视基层党建工作，坚持大抓基层导向，高站位部署基层党建工作，推动各领域基层党建形成整体提升、全面加强的工作格局，不断增强基层党组织政治功能和组织力、战斗力，着力打造自由贸易港建设的坚强战斗堡垒。

一是夯实农村基层党建，筑牢全面小康社会建设的坚强堡垒。党的十八大以来，省委以村（居）“两委”换届为契机，既从现任村干部中择优“留”，又从农村致富能人、大学毕业生和复退军人中择优“推”，还从务工经商能人中择优“引”。驻村第一书记“传帮带”，内“推”外“引”建强农村基层党组织队伍。全省驻村第一书记帮助培养村级后备干部近3000名。注重健全完善村级民主议事决策和管理监督机制，建立村务监督机构，从源头上遏制农民身边的不正之风和腐败问题。因地制宜推行村党支部书记、村委会主任“一肩挑”和村“两委”干部交叉任职。省委大力推动人往基层走、钱往基层投、政策往基层倾斜。截至2020年底，省委选派赴市县挂职扶贫干部94名、驻村第一书记1298名、乡村振兴工作队队员8583名，乡村振兴工作队抽调人数占全省公务员人数的13%，我省成为全国唯一实现乡村振兴工作队覆盖所有乡镇、村的省份。按中组部要求，我省建立“短期培训、职业教育、持续提升”相结合的培养体系，稳步推进农村党员群众“双学历双轮训”教育工程和四个“乡土工程”。省委实施农村基层党建“先锋引领”工程，打造40个省级农村党建示范点，选树300名省级农村党组织书记标兵，培育2000个村级集体经济项目，培养1万名有模范带头作用的农村党员。党建强了，经济也活了，全省无村级集体经济收入的空壳村减少到362个，同比下降38.54%。过去十年，海南在脱贫攻坚战中筑牢基层党组织战斗堡垒，农村基层治理能力得到提升，涌现出无数勤勤恳恳、勇于担当的优秀扶贫干部。

二是加强城市、企业、机关、事业单位、社区等各领域党建工作，推动基层党组织全面进步、全面过硬。近年来，海南不断优化“两新”组织党建体制机制，“两新”组织“两个覆盖”百日攻坚、机关党的组织体系优化升级、城市党建“赋能强基”、城乡接合部等区域党建“织网”等“四大行动”相继启动，“五级书记抓自由贸易港建设”的严密组织体系进一步筑牢。

在城市党建方面，海南贯彻落实中共中央办公厅《关于加强和改进城市基层党的建设工作的意见》，成立商圈楼宇党建联盟，推动不同行业、不同隶属关系的党组织之间互联互动，形成齐抓共管、整体推进的城市大党建格局，增强城市基层党建整体效应。截至2021年底，海南全省党建联盟共有20个，覆盖各类党组织140多个，“两新”组织党建工作也从“单干型”转变为“联营型”，从“封闭型”转变为“开放型”，商圈楼宇党建联盟的建立也促进了营商环境的优化，助推区域经济持续快速健康发展。

“两新”组织党建、园区党建是自由贸易港党建的“急先锋”，省互联网行业党委等 14 个省属综合（行业）党委相继成立，示范带动各市县成立 57 个“两新”组织综合（行业）党组织；海南自由贸易港 11 个重点园区全部成立党委，党建工作体制机制逐步完善；全省“两新”组织专职、兼职党建工作指导员达 3000 名，大大加强了工作力量。随着“园区党旗红、企业发展强”等党建创新工程深入推进，“两新”组织“两个覆盖率”不断巩固提升。

省直机关“当好排头兵 建功自由贸易港”、省直机关“椰树杯”党建创新引领工作创优大赛等活动开展得如火如荼。在各市县的“候鸟”工作站、“候鸟”聚居的小区等，“候鸟恋红巢”党建工程深化推进。截至 2020 年底，全省已创建“候鸟”党支部 85 个，凝聚各行各业“候鸟”党员的智慧力量参与自由贸易港建设。

截至 2021 年底，全省非公企业党的组织覆盖率达 82.53%，社会组织党的组织覆盖率达 66.12%，工作覆盖率达 98% 以上。2021 年，全省在商圈楼宇、物业小区、快递行业等新兴领域建立党组织 284 个。与此同时，摸排“空壳”“两新”组织党组织 126 个，发展“两新”组织党员 5608 名，300 个基层党建示范点创建工作得到加强。全省各类园区建立“两新”组织党组织 418 个，打造党群服务中心 15 个，推动成立党建联盟 15 个，覆盖各类企业党组织 190 个；在园区推出“城小二”“党员企业秘书”等服务举措，“园区党工委—非公有制企业党委—基层党组织”党建工作体系初步形成。

三是用优质服务不断提升人民群众幸福指数，打造社会治理的生力军。党的十八大以来，我省不断创新探索党建引领社会治理的有效途径，推行社区网格化管理，支持有条件的地方打造“15分钟党建圈”，党员干部“网格员”走家串户的繁忙身影处处可见。在抗击新冠肺炎疫情期间，数千名青年志愿者集结奔赴疫区，城市街道（社区）党员干部用“脚力”摸排疫情，推动党领导下的“多网融合、一网联动”模式，做好群众服务工作。在基层农村，面对各种社会治理中的痛点难点问题，由党员组成的“突击队”成为社会治理的“先锋队”。目前全省已设乡镇服务中心195个，村级便民服务站点1500多个，服务范围基本覆盖全省2561个行政村，基层党组织服务群众、服务发展的服务体系不断健全、机制持续完善。近年来，我省打造了海口施茶村、海口日月广场、三亚博后村等8个自由贸易港基层党建新标杆示范点，三亚大茅村、文昌凤会村等村被评为全国乡村治理示范村，琼海“‘四级化事法’巧解治理难题”入选第二批全国乡村治理典型案例。三亚、海口的党建案例分别获评全国城市基层党建创新案例最佳案例和优秀案例。

“战斗堡垒”就是“发展引擎”，在海南自由贸易港建设的各个领域，一面面鲜红党旗猎猎飘扬，党组织挺在一线、党员冲锋一线已成为辉映椰风海韵的亮丽风景线。

第三，高素质干部人才队伍集聚成势。

高标准高质量建设海南自由贸易港，干部是决定性因素。党的十八大以来，特别是2018年4月13日以来，海南高度重视干部队伍建设，坚决贯彻新时代党的组织路线，坚持党管干部原则，坚持严管厚爱，坚持新时代好干部标准，突出政治素质要求，抓紧抓实高素质干部队伍建设，树立正确选人用人导向，打造良好的选才、用才、尊才环境。海南认真贯彻落实《党政领导干部选拔任用工作条例》，严格执行“认识好干部、培养好干部、用好好干部”10 条措施，全面推进领导班子和干部队伍建设，逐步建立科学规范的党政领导干部选拔任用制度，形成有效管用、简便易行、有利于优秀人才脱颖而出的选人用人机制。

省委千方百计把自由贸易港建设需要的好干部发现出来、培养起来、使用起来。突出政治标准，坚持事业为上，选优配强各级领导班子，把合适的人放到合适的岗位上，让有为者有位、能干者能上、吃苦者吃香、优秀者优先。中组部大力支持，连续 4 年从中央有关单位和省市选派 415 名干部来海南挂职，他们在自由贸易港建设重点领域和关键岗位发挥了重要作用，得到了习近平总书记的充分肯定。同时中组部支持海南选派 5 批 677 名年轻干部走出去跟班学习，支持海南“西部之光”访问学者到东部地区重点院校等开展访问研修。通过开展“作风整顿建设”“能力提升建设年”“查堵点、破难题、促发展”等活动，帮助干部坚定信念、更新观念、转变作风、提升本领。目前，全省干部作风和精神面貌焕然一新，干事创业能力进一步提升，习近平总书记评价道：“全省上下干事创业热情高涨，干部能力素质明显提高。”

党的十八大以来，海南坚持把人才作为第一资源，坚持党管人才原则，坚决扛起“聚四方之才”使命担当，坚定实施“百万人才进海南”战略，坚持人才引进、培养、使用一体推进，不断推出更加积极、更加开放、更加有效的人才政策，加快建设世界重要人才中心和创新高地，聚天下英才而用之。2018 年启动实施“百万人才进海南”行动计划以来，为进一步打造人才集聚的良好政策环境，吸引各类人才来海南发展，海南省陆续出台了《关于推进“1+N”人才评价机制改革的实施意见》《海南自由贸易港享受个人所得税优惠政策高端紧缺人才清单管理暂行办法》《海南自由贸易港高层次人才分类标准（2020）》等一批具有自由贸易港特色的人才政策。推出创建市场导向人才评价引进新机制，全国首创设立“候鸟”人才工作站，推出“旺工淡学”旅游业人才培养新模式，实行引进人才社保关系转移“一次申请、全程代办”。海南坚持引进与本土培养双轮驱动人才战略，精心实施“千人专项”引才、“南海系列”育才、海南省人才团队建设等重大工程，积极引进自由贸易港建设所需要的高层次人才及团队。加大“候鸟”人才开发力度，实施“银发精英”汇聚计划，采取项目合作、顾问指导、短期兼职等多种方式柔性引进人才，将海南的生态优势转化为人才优势。进一步完善海南自由贸易港高层次人才分类标准，以薪酬水平为主要指标评估人才，以市场为导向、以贡献论英雄。聚焦重点产业项目，更大范围实行“揭榜挂帅”，坚持谁能干就让谁干，不唯年龄、学历、职称和地域选拔使用优秀人才。完善人才落户、住房购车、子女教育、配偶就业、医疗保障等一系列服务保障措施，完善人才服务“单一窗口”，让各类人才在海南无后顾之忧，心无旁骛地参与自由贸易港建设。

海南把人才制度集成创新摆在突出位置，对标国际规则，建立市场导向的人才评价机制。出台《关于开展海南自由贸易港国际人才服务管理改革试点工作的实施方案》，成为全国首个在省级层面出台的国际人才服务管理改革系统性文件。出台《海南自由贸易港聘任境外人员担任法定机构、事业单位、国有企业领导职务管理规定（试行）》，面向全球选聘高端管理人才。发布《海南自由贸易港境外人员参加职业资格考试管理办法（试行）》《海南自由贸易港境外人员执业管理办法（试行）》，开放境外人员参加职业资格考试 38 项，单向认可境外职业资格 219 项，数量和开放度居全国首位。优化国际人才服务环境，在全国首创推出外国人工作、居留许可联审联检一体化政务服务平台，实现在琼外国人申请工作许可、居留证件“一次提交、一网联审、一窗办理”，基本做到同步受理、同步审批，审批时间一般不超过 7 个工作日，有效解决外国人办理工作许可和居留许可来回跑、多头跑和多次等待的问题，每件业务办理效率提高 20%。印发《海南自由贸易港外籍“高精尖缺”人才认定标准（2020—2024 年试行）》，发布 2020 年度外国人来海南工作岗位目录，为企业引进外籍技能型实用人才提供政策支持。开通海南自由贸易港人才服务热线，目前已实现中英日韩多国语言 7×24 小时服务。

2018 年 4 月至 2022 年 6 月底，海南累计引进各类人才 43.2 万人，全省认定高层次人才 2.6 万人次，省外户籍落户 48.2 万人；

累计柔性引进 70 多名院士专家、453 名高层次人才，联系使用 1.3 万多名“候鸟”人才，这些人才已成为自由贸易港建设的重要力量。

第三节　作风锤炼

党的十八大以来，以习近平同志为核心的党中央从巩固党的执政地位、实现党的初心使命的高度，强调加强作风建设的现实意义和长远意义，从制定和落实中央八项规定精神破题，从中央政治局做起，从领导干部抓起，以上率下改进工作作风，持之以恒纠治“四风”，全党上下作风建设取得了明显成效。

第一，持之以恒落实中央八项规定精神。

《十八届中央政治局关于改进工作作风、密切联系群众的八项规定》发出了全党改进作风的动员令，从立规矩开始，开启了党的十八大以来全面从严治党的序幕。十年徙木立信，十年春风化雨，中央八项规定深入人心，已成为作风建设的代名词、全面从严治党的金名片。

十年来，海南省坚持以上率下，以踏石留印、抓铁有痕的决心和毅力正风肃纪，坚持不懈推动落实中央八项规定精神，从人民群众反映强烈的违规公款吃喝、公款旅游、大办婚丧喜庆事宜等具体问题抓起，从月饼粽子、烟花爆竹、贺卡挂历等“小事小节”入手，一个节点一个节点坚守，一个问题一个问题解决，遏制“舌尖上的浪费”，整治“车轮上的腐败”，清理“超标办公用房”，纠治“会所里的歪风”，治理“指尖上的形式主义”，对歪风邪风露头就打，对顶风违纪严肃查处，奢靡之风、形式主义、官僚主义等作风顽疾得到有效治理，党风政风焕然一新。

2013 年初，海南制定印发了《中共海南省委　海南省人民政府关于改进工作作风、密切联系群众的规定》（简称“二十条规定”），对领导同志开展调研、出访活动、公务用车、公务接待，以及宣传报道、精简会议文件、控制考核检查评比活动等提出具体严格的要求，从热点问题和具体问题抓起，建立常态化监督检查机制，及时查处顶风违纪行为，持续开展整治“庸懒散奢贪”专项活动，制定实施问责办法，以强有力的举措确保中央八项规定精神落到实处。各市县、省直各部门制定具体措施和办法，基层部分乡镇、社区、村（居）委会也制定了有本地特色的操作办法，形成覆盖全省不留死角、涵盖各级领导干部的制度规定体系。2017 年 12 月 11 日，省委常委会议审议通过了省委、省政府关于深入贯彻落实中央八项规定精神的实施细则，从改进调查研究、精简会议活动、精简文件简报、规范出访活动、改进新闻报道、厉行勤俭节约、狠抓贯彻落实等八个方面对贯彻落实中央八项规定精神提出具体明确的要求。2021 年 4 月 15 日，省委常委会议审议通过了《关于进一步严格贯彻落实中央八项规定精神的意见》，驰而不息纠正“四风”，持续释放越往后越严的强烈信号。

中央八项规定一出，犹如一把激浊扬清的利剑，党风政风为之一新。在海南，公款购买月饼、粽子等节礼，这些在以往看似“惯例”的做法被一一叫停，以考察学习的名义到景区观光旅游现象也得到遏制，违规公款吃喝、违规收受礼品、违规发放津补贴等行为也逐渐销声匿迹。

习近平总书记强调，中央八项规定不是五年、十年的规定，而是长期有效的铁规矩、硬杠杠。纠正“四风”不能止步，作风建设永远在路上。贯彻落实中央八项规定精神是一项严肃政治任务，必须保持战略定力。至今，中央纪委已连续超过100个月通报纠治“四风”情况、查处违反中央八项规定问题的情况，全国纪检监察机关查处违反中央八项规定精神问题70多万件，党纪政务处分60多万人。海南七届省委共查处“庸懒散奢贪”和“四风”问题5822件，问责7329人，其中给予纪律处分2797人、组织处理611人、诫勉谈话2598人。

第二，严明政治纪律和政治规矩。

正风必先肃纪。党中央把纪律建设纳入党的建设总体布局。党的十八大和十九大后，党中央两次修订《中国共产党纪律处分条例》，形成了党的六大纪律体系，以抓“关键少数”带动“绝大多数”，以严明的纪律管全党治全党。

对于海南各级领导干部而言，推进海南全面深化改革开放和建设中国特色自由贸易港，绝不是一项轻轻松松的事业，必须以严的纪律、严的作风作保障。能不能严格执行党的纪律，关系到自由贸易港建设各项政策能不能落地落实，关系到自由贸易港建设能不能凝聚强大合力，关系到自由贸易港能不能形成风清气正的政治生态环境。省委坚持把严明政治纪律和政治规矩放在首位，把纪律教育作为增强党员纪律观念最直接、最有效的途径，印发

《关于进一步加强党员干部纪律教育工作的意见》，以纪律教育为抓手，深化标本兼治，严肃查处违反政治纪律和政治规矩的人和事，推动党的各项纪律立起来、严起来、执行到位。从 2018 年以来，省纪检监察部门坚持把督促落实习近平总书记重要讲话精神作为全省纪检监察工作“一号工程”，连续 4 年开展日常监督、集中监督和专项检查，对检查发现的 5111 个问题梳理分析，省委专门召开推进会部署整改工作，已督促整改问题 4775 个，纠正政治偏差，推动政策落地。各级纪检监察部门围绕贯彻习近平总书记重要讲话、指示批示精神和党中央重大决策部署强化监督执纪问责，深入开展耕地保护、粮食购销、教育、人防等领域腐败问题专项治理，严肃查处非法采砂、非法编印和传播销售有害出版物、错报多获中央疫情防控补助资金以及中央环保督察发现问题等背后的腐败、责任和作风问题。严明换届纪律，开展嵌入式全过程监督，审慎回复党风廉政意见，对违反换届纪律行为严查快办，确保各级换届风清气正。

“关键少数”是政治生态的风向标，突出抓好“关键少数”的纪律教育，具有牵一发而动全身的作用。海南把党员干部纪律教育列入党校（行政学院）、干部学院等干部培训机构教学计划，作为党委（党组）理论学习中心组学习内容，开展经常性纪律教育。通过组织撰写警示教育材料、旁听庭审、督促发案单位召开专题民主生活会和警示教育会等形式，抓好“关键少数”的纪律教育。此外，海南省各级纪检监察机关把纪律教育抓在经常、融入日常，督促全省各级领导干部开展谈话提醒，做实日常监督，同时对新提拔和重用的干部进行廉政谈话。通过把纪律教育作为党员领导干部的必修课，抓在经常，使“关键少数”既是纪律教育的受教者，又是纪律教育的施教者，既管好自己，又履行好职责，做到一级带一级、一级管一级，推动各级领导干部带头转变作风，身体力行，以上率下，形成“头雁效应”。

海南坚持以上率下和分级分类相结合、正面引导和反面警示相统一，在开展集中教育的基础上，注重在推进常态化、长效化纪律教育上下功夫。纪检监察机关深化运用监督执纪“四种形态”，实现以“惩治极少数”为基础向“管住大多数”拓展，使广大党员干部切实感受到纪律和监督就在身边，纪律意识、规矩意识逐步增强。围绕近期违法违纪典型案例，突出本地特点，选取身边事教育身边人，以常态化的警示提醒，引导广大党员干部在润物无声的持续教育中紧绷思想之弦，在潜移默化中不断提升思想觉悟。

第三，结合海南实际创新开展党内集中教育。

党的十八大以来，面对新的形势和历史使命，党中央紧紧围绕加强党的执政能力建设和先进性建设这一条主线，在党内集中教育方面打出“组合拳”，先后部署开展了党的群众路线教育实践活动、“三严三实”专题教育、“两学一做”学习教育、“不忘初心、牢记使命”主题教育和党史学习教育等五次集中学习教育，教育引导广大党员、干部特别是领导干部，从思想上正本清源、固本培元，筑牢信仰之基、补足精神之钙、把稳思想之舵。海南紧密结合实际，坚持高标准要求、高质量推进，在扎实做好中央

“规定动作”的同时，创新“自选动作”，有力推进一系列党内集中学习教育取得重大成果。

一是深入开展党的群众路线教育实践活动。2013 年，海南省委启动群众路线教育实践活动，全省 21877 个党组织、48.46 万名党员分两批积极参与活动。省委坚持以“为民、务实、清廉”为目标，以中央八项规定精神为切口，以作风建设为重点，以涤荡“四风”为靶标，以解决问题为抓手，以群众评价为标准将教育和实践并行，扎实推进党的群众路线教育实践活动。活动开展一年里，省委常委会采取召开座谈会、下点调研、个别访谈、书面征询、设置意见箱、开通电子邮箱、公布热线电话、党风政风评议等方式，广泛征求群众的意见建议，全省上下联动查找“四风”突出问题 24012 个，提出整改措施 25111 项。针对这些问题，海南以正风肃纪的“铁扫帚”清扫“舌尖上的浪费”“车轮上的铺张”“舞台上的奢华”“会所中的歪风”等群众反映强烈的作风之弊、行为之垢。省委率先向省级领导干部享有的特权开刀，在用车用房、因公出国等方面自标红线、自设雷区，向社会开放公务用车“琼 EA”号段、上交超配的越野车、腾退多占的办公用房，提出并严格执行严禁公款打高尔夫球等“五严禁”。全省上下共计压缩“三公”经费 6 亿多元，清退超标超配公务用车 737 辆，调整多占办公用房 17 万平方米，清理清退“吃空饷”400 人；查处收“红包”及购物卡 201 人；深入开展解决“裸官”、领导干部参加天价培训、未经批准在企业兼职、超职数配备干部、干部档案造假、公务人员违规持有因私出国（境）证件等专项治理；各市县压缩会议202个、文件808份、评比表彰活动57个，讲短话、发短文、求实效蔚然成风。省委常委带头包案解决跨度时间长、案情曲折复杂、牵涉群众切身利益的信访积案15件；带头用行动转变作风，带动全省集中解决涉及房屋拆迁安置、企业改制、劳动社保等信访积案2726起；开展党政机关执行人民法院生效裁判专项积案清理工作，化解长年得不到执行的积案192宗。全省清理处置闲置土地1105宗13.24万亩，处置率超过95%；着力解决边远地区教师生活补贴、环卫工人高温补贴、失地农民养老保险等实事。坚持“立破并举”，列出46项制度建设清单，制定出台“庸懒散奢贪”行为问责办法、严格规范公款报销接待费用、规范评比达标表彰活动，以及加强省级干部办公用房、公务用车、国内差旅管理等方面的34项制度，堵塞了滋生不正之风和特权行为的制度漏洞；全省各级各单位建立制度2720项，修订制度2292项，废止制度736项，有力促进了作风建设常态化、长效化。

二是扎实开展“三严三实”专题教育。2015年5月开始，海南省在19个市县、128个省直部门单位的1.74万名县处级以上干部中，不分批次、不设环节，结合领导干部经常性学习教育，统筹推进“三严三实”专题教育。省委常委班子成员带头上“三严三实”专题党课，其他省级党员领导干部陆续在各自分管工作领域或联系点讲授专题党课。为推动“三严三实”专题教育走深走实，海南深入学习贯彻习近平总书记会见全国优秀县委书记时的重要讲话精神，选树了被评为“全国优秀县委书记”的乐东黎族自治县原县委书记林北川同志作为践行“三严三实”的重大先进典型。2015年7月8日至9日，在乐东黎族自治县召开的海南全省践行“三严三实”真抓实干促发展现场会，掀起了全省“学乐东见行动”热潮，产生了强大的示范推动作用，推动了干部实干担当、正气高扬，带动全省解决了一大批征地搬迁、社会治安管理、环境卫生整治等“老大难”问题。中组部、中宣部组织中央媒体联合报道“乐东经验”，在全国产生强烈反响。全省县处级以上干部通过自己找、群众提、上级点、互相帮、集体议等多种方式，查摆“不严不实”问题5.5万多个，制定整改措施7.2万余条，并坚持立行立改，有效推进改革发展稳定各项工作。

三是聚焦改革开放开展“两学一做”学习教育。2016年4月下旬，海南省启动“两学一做”学习教育，全省2.1万多个党支部、50多万名党员参加学习教育。省委坚持问题导向、“严”字当头，举办2期全省“两学一做”学习教育基层党务骨干示范培训班，对各市县和省直各部门各单位组织人事部门负责人、部分党支部书记等250人进行培训。各级党组织坚持每月开展1~2次集中学习研讨，各级党委（党组）理论学习中心组平均开展5次以上专题学习研讨，县处级以上党员领导干部讲党课2.81万堂。全省1061个党委和1.91万个党支部深入开展形式丰富的主题党日活动，各级党员干部讲党课2.5万次，各级理论学习中心组开展专题学习4408次，各党支部开展学习研讨4.2万次。创办《“两学一做”电视夜校》，邀请有关党组织负责人授课，参与视听累计256万人次。全省各级党组织在岗位履职、项目建设、打违拆迁、救灾抢险等急难险重任务中，涌现出一批优秀基层共产党员和先进基层党组织。

为迎接海南建省办经济特区30周年，促进广大党员干部思想大解放，进一步革除影响海南发展的思想障碍、体制机制障碍，科学谋划海南新一轮改革开放发展，从2016年6月下旬开始，省委组织开展全省“深入学习贯彻习近平总书记视察海南时的重要讲话精神、建设美好新海南”大研讨大行动。这是海南推进“两学一做”学习教育常态化制度化的一次具体行动。大研讨大行动重点聚焦做好体制机制、改革开放、建设国际旅游岛、“三农”服务、基本公共服务体系、生态文明建设、产业结构、南海维权维稳、人才队伍建设、干部队伍建设等10个方面的工作，开展思想大解放、发展大行动。积极谋划海南经济特区未来30年的改革开放发展，省四套班子领导带头研讨并撰写了42篇专题调研报告，省委组织57家单位开展了46项专题研究并派调研组赴香港等地考察学习，各级各部门结合工作实际也形成了一批调研成果，在这个基础上省委研究制定了深化海南全面改革开放发展的方案，为争创中国特色社会主义实践范例打下重要的思想基础和工作基础。

四是高质量开展“不忘初心、牢记使命”主题教育。按照党中央统一部署，海南省“不忘初心、牢记使命”主题教育从2019年6月开始，到2019年12月基本结束。全省共有2.6万多个党组织、52万多名党员积极参加。省委紧密结合海南自由贸易试验区和自由贸易港建设这个最大实际，扎实深入开展主题教育。省委主要领导多次主持召开省委常委会会议、省委主题教育领导小组会议和专题会议部署推进工作，坚决落实习近平总书记关于“四个到位”的要求，确保了主题教育始终沿着正确的方向扎实开展。全省上下聚焦解决制度创新、十二个重点产业发展、优化园区布局等方面短板，紧密结合工作实际，深入贯彻落实党中央决策部署以及“守初心、担使命，找差距、抓落实”总要求，做到“四个贯穿”。主题教育期间，省委先后围绕“充分认识主题教育重大意义，切实增强政治责任感和使命感”等 10 个专题，采取集中研讨、读书班、专题会、革命传统体验教育、警示教育等多种方式开展学习。在省委的率先垂范下，各级党组织开展传承红色基因学、新兴媒体生动学、先进典型引路学等活动。

我省把主题教育与正风肃纪反腐结合起来，着力抓好党中央部署的 8 个方面突出问题整治，以及领导干部利用名贵特产类特殊资源谋取私利问题、“景观亮化工程”过度化等“政绩工程”“面子工程”问题的整治，并根据海南实际情况，将海南黄花梨、海南沉香、海南珍珠项链确定为整治领导干部利用名贵特产特殊资源谋取私利问题的重点项目。编撰《镜鉴——警示教育案例选编》，并举办纪律教育专题班，组织 8000 余人次到警示教育基地接受教育。“削文山”“填会海”成效明显，核发省委文件同比减少 45%，召开全省性及省委重要会议同比减少 31%。

为巩固深化和拓展“不忘初心、牢记使命”主题教育和“勇当先锋、做好表率”专题活动的成果，从 2019 年 12 月到 2020 年底，在全省广泛开展“我为加快推进海南自由贸易港建设作贡献”活动，从理论武装作贡献、开拓实干作贡献、制度创新作贡献、文明行动作贡献、舆论引导作贡献、乡村振兴作贡献、聚揽人才作贡献、强化党建作贡献、凝心聚力作贡献、廉洁自律作贡献等10个方面推动活动取得成效。

五是创新开展党史学习教育和“作风整顿建设年”“能力提升建设年”“查堵点、破难题、促发展”活动。2021年3月1日，海南召开全省党史学习教育动员大会，把作风整顿建设作为党史学习教育的“自选动作”，在全省开展“查堵点、破难题、促发展”活动，聚焦制约海南全面深化改革开放和中国特色自由贸易港建设的突出问题和群众“急难愁盼”问题，坚持学干结合，创新“自选动作”，谋划推出一批改革开放举措，办实办好一批民生实事，将党史学习教育引向深入，把“我为群众办实事”落到实处。聚焦自由贸易港政策早期安排落实、“十四五”规划落实、优化营商环境等重点任务，明确要重点整顿责任意识不强、文山会海等加重基层负担的形式主义、官僚主义等3个方面10种作风突出问题。省作风整顿建设领导小组随即成立，领导小组办公室设在省纪委监委。每两个月，省委就召开一次全省“作风整顿建设年”暨“查堵点、破难题、促发展”活动推进会。“作风整顿建设年”活动与2021年6月启动的“查堵点、破难题、促发展”活动全面联动、同向发力，让干部作风在推动一个又一个问题解决的过程中得到检验和锤炼。截至2022年1月底，全省累计查摆作风问题3458个，完成整改3439个，整改完成率99.5%。全省上下以务实作风解决了许多难题堵点，也发现了自身短板。

作风和能力如鸟之双翼、车之两轮，缺一不可。2022 年 2 月 7 日，春节假期结束后第一个工作日，全省“作风整顿建设年”活动总结暨“能力提升建设年”活动动员部署会在海口召开。省委印发了《关于在全省开展“能力提升建设年”活动的实施方案》《关于深化拓展“查堵点、破难题、促发展”活动的实施方案》。“能力提升建设年”活动以各级领导班子和领导干部为重点，在全体干部中开展，着力于基础能力和专业能力两大能力的提升。活动从 2022 年 2 月开始，至 2022 年 12 月结束。活动按照干部管理权限，分层分类实施，把学习研讨、检视问题、组织实施、建章立制贯穿活动全过程。全省各级各部门揭榜挂帅，围绕自由贸易港政策落地、重点园区建设、重大项目（产业）推进、历史遗留问题、核心技术攻关等，从中梳理、遴选出事关全局、亟待解决的问题，向社会发布竞标榜单，签订“军令状”，力促跨部门、跨地区、跨领域、全链条联合攻关。

第四，创造令人刮目相看的“海南速度”。

党的十八大以来，在全面从严治党、不断加强和改进作风建设的带动下，“海南速度”一再被刷新，成为海南高质量发展的突出标识。

2016 年，在海南西环高铁征地拆迁工作中，沿线 8 个市县的村“两委”干部坚决贯彻上级部署，较好地发挥了骨干示范作用，使征地拆迁任务仅用 1 个多月就圆满完成，创造了“零上访”“零冲突”“群众和社会较为满意”的和谐征地拆迁局面。博鳌机场从开工到试飞仅用了 10 个月，创造了世界民航机场建设史上的奇迹，博鳌亚洲论坛2016年年会期间圆满完成了李克强总理专机、13架次公务机和8批重要贵宾及1万多人次旅客的服务保障工作；博鳌国宾馆6个改造项目，按常规做法600天才能干完，但海南实际仅用150天就高质高效完成，博鳌亚洲论坛2016年年会期间，李克强总理会见嘉宾，对话中外工商、金融、智库等多场重要活动在此举行；建设面积达4158平方米的博鳌亚洲论坛新闻中心从动工到验收只用了174天，比常规缩短了5个多月，为1000多名媒体记者提供了舒心的服务。成美国际医学中心，用3个多月就建成了150张床位的一期工程；占地225亩的三亚亚太国际会议中心仅用20个月建成，确保澜湄会议顺利召开。西南电厂两台机组只用1年2个月就建成投产，创造了全国同类项目建设工期的最快速度。博鳌亚洲论坛第二通道10个月建成，社管平台综合楼项目开工后“平均5天一层楼”，“海南速度”不断刷新。2018—2021年，海南3年新增市场主体76.3万户，超过过去30年的总和；实际利用外资连续3年翻番，累计达52.7亿美元，超过过去30年实际使用外资总量的一半；3年来，落户海南的央企及央企子公司实现营业收入增长超20倍。

这些事实向人们生动地诠释了“海南速度”，成为党的十八大以来我国有效应对严峻复杂的国际形势和接踵而至的巨大风险挑战，踔厉奋发、勇毅前行，依靠顽强斗争打开事业发展新天地的生动实例，充分体现了海南各级党员干部廉洁实干、敢打必胜、比学赶超、攻坚克难的过硬作风和精神面貌。

第四节 清廉本色

治国必先治党，治党务必从严。党的十八大以来，以习近平同志为核心的党中央以刀刃向内的勇气向党内顽瘴痼疾开刀，以雷霆万钧之势推进全面从严治党，以零容忍的态度坚定不移惩治腐败，以“恶竹应须斩万竿”的坚定意志、坚如磐石的决心，与腐败作斗争，“老虎”“苍蝇”一起打，以“钉钉子”精神把管党治党要求落实落细，刹住了一些多年未刹住的歪风邪气，解决了多年都没有解决的顽瘴痼疾，清除了党、国家、军队内部存在的严重隐患，探索形成了我们党自我净化、自我完善、自我革新、自我提高的有效路径，全面从严治党取得了历史性、开创性成就，产生了全方位、深层次影响。

2013 年以来，习近平总书记多次视察海南，对海南的党风廉政建设、反腐败斗争以及全面从严治党提出明确要求。省委坚决贯彻落实党中央决策部署，把全面从严治党作为重要政治任务，带领全省各级党组织与各种不正之风和消极腐败现象作坚决斗争，党的领导和党的建设全面加强，全省政治生态持续优化，为海南全面深化改革开放和自由贸易港建设提供了强有力的政治保障和纪律保障。

第一，坚持“老虎”“苍蝇”一起打。

反腐败是党心民心所向。党的十八大以来，海南深入推进反腐败斗争，坚决清除党的队伍中的腐化变质分子，以全面从严治党的实际行动和成效回应人民期盼，人民群众对正风肃纪的获得感不断增强、信心逐步提升，厚植了党执政的群众基础。

一是严肃查办“关键少数”中的腐败案件。海南把查办案件作为推进党风廉政建设和反腐败工作的重要抓手，紧盯领导干部这个“关键少数”，重点查处十八大后不收敛、不收手，问题线索反映集中、群众反映强烈，现在重要岗位且可能还要提拔使用的领导干部，坚持有案必查、有腐必惩，对腐败分子发现一个就坚决查处一个，原副省长冀文林，省委原常委、原副省长谭力，省委原常委、海口原市委书记张琦，省政协原副主席王勇和省委原常委、三亚原市委书记童道驰等一批重要岗位的腐败分子应声落马，传递出海南对腐败“零容忍”，有腐必反、有案必查、一严到底的强烈信号。2012—2017 年，全省纪检机关共立案 6418 件，给予纪律处分 7378 人，移送司法机关 355 人，挽回经济损失 24.8 亿元。七届省委坚持以“零容忍”的态度反腐惩恶，全省纪检监察机关共立案 16062 件，处分 14339 人，移送检察机关 788 人，挽回经济损失 42.68 亿余元。突出“关键少数”，查处厅级干部和市县党政“一把手”57 人，严肃惩处杨思涛、裴成敏等以权谋私、亲清不分的腐败分子，严厉查处林东、张美文等官商勾结、插手工程的反面典型，坚决清除张家慧、宋顺勇等政法队伍的害群之马，重拳惩治朱清敏、吴川祝等黑恶势力的“保护伞”。贯彻宽严相济政策，深挖彻查东方市、临高县系列腐败案件。坚持受贿行贿一起查，监察机关向检察机关移送审查起诉行贿人 114 人。

二是严肃查办重点领域的腐败案件。土地交易、工程建设领域腐败问题高发频发，一些领导干部与不法商人相互勾结，大搞违规开发、“人情工程”，严重损害海岛自然环境，扰乱海港市场秩序，破坏海南政治生态。2020 年，海南在全省开展公共工程和土地出让项目跟踪监督工作，省委、省政府制定《关于开展公共工程和土地出让项目跟踪监督工作的意见》，并统筹纪检监察、巡视巡察、审计等监督力量，把省、市、县重大项目全部纳入跟踪监督范围，上下联动、分级监督，实现跟踪监督项目全覆盖。全省各级纪检监察机关紧盯“工程腐败”“因地生腐”“靠海吃海”等问题，对发现的相关问题线索优先办理、优先处置、快查快结。截至 2020 年底，全省共有 7198 个项目被列入跟踪监督清单，全省跟踪监督推动发现问题 10200 个、完成整改 7218 个，推动 1049 个序时滞后项目得到加快建设、1699 个项目超过序时进度。

海南纪检监察机关聚焦生态环保领域整改工作中的突出问题，做实专责监督，针对两轮中央环保督察移交的问题，印发《关于全力配合环境保护督察工作进一步强化监督执纪问责的通知》，要求全省纪检监察机关贯彻省委关于全力配合做好环境保护督察工作的有关要求，强化监督执纪问责，确保中央环保督察的各项部署要求落到实处。通过公开通报曝光追责问责典型案例，持续释放严肃追责问责的强烈信号。聚焦建筑工程、交通运输、矿产资源、商贸集市、集资放贷等行业领域，会同政法机关建立问题线索双向移送、协同办案等工作机制，综合运用提级办理、指定管辖等措施，合力攻坚，逐案筛查，“官伞”“警伞”“庸伞”一起打，深挖彻查、标本兼治涉黑涉恶腐败和“保护伞”问题，整改中央扫黑除恶第18督导组反馈的问题，中央督导组在“回头看”中，评价海南省“打伞破网”成效明显。

三是严肃查处损害群众切身利益的“微腐败”。党的十八大以来，海南坚定不移推动党风廉政建设和反腐败斗争向基层延伸，坚决整治和查处侵害群众利益的不正之风和腐败问题。加强基层纪检组织建设，在全省197个乡镇、21个街道办事处建立建强纪委（纪工委）。将治理基层“微腐败”问题作为重要抓手，通过巡视巡察、专项治理等有效手段，直击“微腐败”，紧盯“微权力”，在严肃查处“吃拿卡要拖”、与民争利、“雁过拔毛”、虚报冒领、私分侵占、优亲厚友等侵害群众利益的突出问题的同时，深入开展扶贫领域腐败和作风问题专项整治，注重把反腐“拍蝇”和扫黑除恶结合起来，严惩“蝇贪”和“蚁贪”，维护群众切身利益，增强人民群众的获得感。各级纪委监委领导包案督办信访举报案件，推动化解一批侵害群众利益的突出问题。七届省委五年期间，省纪检监察部门开展扶贫领域腐败和作风问题专项治理，集中整治扶贫物资采购、公共工程、产业项目等领域突出问题，查处扶贫领域腐败和作风问题2042个，处理3744人，其中处分1630人，有力保障脱贫攻坚决战决胜。聚焦教育、医疗、食品药品等民生热点，严肃查处民生领域腐败和作风问题2182个，处理3076人，其中处分2214人，以正风肃纪实效取信于民。全省共查处涉黑涉恶腐败和“保护伞”问题990个，处分910人，移送检察机关149人，坚决打掉吴宗隆、黄鸿发等黑社会性质组织的“保护伞”。

四是持续加大反腐败追逃追赃力度。根据党中央决策部署和省委工作要求，2015 年，省委反腐败协调小组建立国际追逃追赃工作协调机制，设立省委反腐败协调小组国际追逃追赃工作办公室（以下简称“省委追逃办”），加强省委对追逃防逃追赃工作的统一领导，明确省委追逃办和各成员单位的工作职责。省委追逃办设立后，连续 7 年开展反腐败国际追逃追赃“天网行动”，成立追逃追赃督导攻坚小组，紧盯重点案件，将“百名红通人员”案件、中央追逃办公布的重点外逃人员案件等作为追逃工作的重中之重，一案一专班、一案一策，实行定任务、定人员、定措施、定时限的包案责任制，逐案逐人督导攻坚。通过法律威慑和政策感召，2015 年至 2021 年 12 月，我省共追回外逃人员 97 人，追回赃款共计 3.118 亿元人民币。目前，全省有 15 个市县已实现存量外逃人员“清零”目标，追逃追赃整体效应初步显现。

在开展追逃追赃的同时，海南坚持追逃防逃一起抓，压实防逃工作主体责任，围绕人、钱、证三个方面，构建严密的防逃体制机制。主动加强与公安、检察、法院、组织人事、外事、边检、人民银行等部门的协同联动，对出国（境）的党员干部严格把关，开展全省监察对象证照专项清理，定期开展“裸官”清理、个人有关事项报告抽查核实等工作；组织开展打击利用地下钱庄和离岸公司转移赃款专项行动，加强反洗钱和外汇管理，完善防逃机制，从源头上解决问题。2018 年以后，海南新增外逃党员和国家工作人员较之前明显减少，防逃成效凸显。

第二，扎牢“不能腐”的制度笼子。

近年来，海南各级纪检监察机关在高压反腐、形成震慑的同时，准确把握“惩、治、防”辩证统一关系，更加注重从源头上有效防治腐败，严格落实标本兼治要求，将“改”作为监督执纪问责和监督调查处置之后的一项重要内容，做实以案为鉴、以案促改，加强对典型案例的剖析，从中找出规律性的东西，深化腐败问题多发领域和环节的改革，最大限度减少体制障碍和制度漏洞，持续扎牢不能腐的笼子，制度的执行力也得到空前释放，逐步形成不敢腐的惩戒机制、不能腐的防范机制、不想腐的保障机制。

扎实做好查办案件“后半篇文章”，从立案开始就研究部署止损挽损、以案促改、以案促治等工作，找准案件背后的教育不力、制度缺失、监管缺位等突出问题，用好纪检监察建议书，通过召开专题民主生活会，推动相关单位举一反三、建章立制、强化监管。筛选典型案例，分析共性问题，督促土地、工程、规划、交通、农业等重点领域开展集中整治，补齐制度短板，防范腐败风险，努力做到“查处一案、警示一片、治理一域”。

2022 年 1 月，省委正式印发实施《中共海南省委关于推进清廉自贸港建设的决定》。清廉是中国特色自由贸易港的题中应有之义，中国特色自由贸易港建设必须充分发挥清廉建设的政治保障作用。该决定明确提出建设清廉自贸港分“三步走”：到 2025 年，清廉自贸港建设取得阶段性明显成效；到 2035 年，清廉自贸港建设积厚成势；到本世纪中叶，具有中国特色、海南特点的清廉自贸港全面建成。特别是针对自由贸易港建设中的重点腐败领域，部署推进清廉贸易、清廉金融、清廉教育、清廉园区建设，严查走私、偷税漏税等腐败行为，加强对离岛免税“套代购”走私违法行为监管不力的追责问责，一体推进惩治金融腐败和防治金融风险，防范在园区招商引资、土地出让、举债融资、投资项目中利用优惠政策贪腐谋利。

省委持续推进纪检监察机关规范化建设，不断优化线索处置、立案报批、案件审理等工作流程，形成集中统一、运转高效的制度机制。积极推进纪律监督、监察监督、派驻监督、巡视监督贯通融合，进一步增强监督合力。主动对接以审判为中心的刑事诉讼制度改革，规范与司法机关、执法部门协作配合机制。加快构建一体推进不敢腐、不能腐、不想腐的体制机制。七届省委五年期间，省纪检监察部门深化运用监督执纪“四种形态”批评教育帮助和处理干部 38363 人次，四种形态占比分别为 61.01%、28.05%、7.1%、3.84%，综合发挥惩治震慑、惩戒挽救、教育警醒的功效。

第三，深化纪检监察体制改革。

党的十八届三中全会作出了改革党的纪律检查体制这一重大部署，构建起党统一领导、全面覆盖、权威高效的监督体系，强化对权力的制约和监督，以党内监督为主导，有效带动各项监督相互贯通。海南坚决贯彻党中央决策部署，坚持立行立改，一体推进党的纪律检查体制改革、国家监察体制改革和纪检监察机构改革。

一是深化巡视巡察制度改革。巡视是党之利器、国之利器。党的十八大以来，党中央把巡视作为加强党内监督的战略性制度安排，纳入全面从严治党总体部署，深入推进巡视工作理论创新、实践创新、制度创新，不断赋予巡视制度新的活力。海南省紧扣中央和省委重大决策部署开展巡视，制定《海南省委巡视工作领导小组工作规则》《海南省委巡视工作领导小组成员工作职责》《海南省委巡视工作领导小组办公室工作规则》，进一步规范了省委巡视机构运行的体制机制，明确了领导小组及其组长、副组长、成员以及巡视办的工作职责、议事程序。六届省委共组织开展了13轮巡视，完成对111个市县、单位党组织的巡视，完成中央确定的六届省委任期内巡视全覆盖的目标；七届省委共组织开展了10轮巡视，累计巡视了148个党组织，顺利完成了一届任期巡视巡察全覆盖任务，同步开展脱贫攻坚、行政审批等专项巡视，并对50个党组织开展“回头看”，推动解决了在党的领导、党的建设、全面从严治党等方面存在的一些突出问题，移交查处了一批腐败案件，形成了有力震慑。

海南坚持巡视巡察一体谋划、部署、推进，扎实推进全省18个市县（不含三沙市）巡察全覆盖，让巡察“利剑”直插基层。加强对市县巡察工作的领导指导，压实党委主体责任，向村（社区）全面延伸。统筹11个市县开展交叉巡察，探索破解“熟人社会”监督难题新路径。党的十九大以来，海南市县（区）党委共巡察党组织5268个，其中村（社区）3209个，共发现问题69770个，移交问题线索7442件。纪检监察机关据此立案查处3398人，移送检察机关141人。

二是深化派驻制度改革。派驻监督是党和国家监督体系的重要组成部分，被喻为权力监督的“千里眼”“顺风耳”。按照党中央、中央纪委关于派驻监督的要求和省委的决策部署，海南分别于 2016 年 7 月实现对 99 家省一级党和国家机关派驻监督全覆盖，于 2017 年 8 月实现市县派驻监督全覆盖，在全国率先全面完成省和市县派驻监督全覆盖。海南省纪委派驻监督改革工作科学整合原先分散的力量，优化结构、形成监督合力，将监督范围扩大到省、市（县）两级上千家单位。一大批政治素质过硬、学历较高、工作经验丰富的干部加入派驻纪检组行列。2018 年，海南结合国家监察体制改革对派驻工作提出的新任务、新要求，赋予派驻纪检组监察职能，成立 27 个派驻纪检监察组，修订出台了《海南省纪委监委派驻机构工作规定》，进一步理顺工作关系，提高监督效能，对监督检查适当放权、审查调查强化制约，把改革实践中行之有效的做法固化为制度。目前，全省设立派驻党和国家机关纪检监察组 168 个，设立派驻国企高校纪检监察机构 42 个，对 11 个重点园区管理机构和 7 个法定机构探索开展派驻（出）监督，向 216 个乡镇（街道）派出监察室，持续强化“室组”联动监督、“室组地”联合办案，“派”的权威和“驻”的优势不断彰显。

三是深化监察体制改革。党的十九大作出深化国家监察体制改革，将试点工作在全国推开的战略部署。按照中央精神和省委部署，2018 年 1 月 31 日，海南省监察委员会组建完成。截至 2 月 12 日，全省 19 个市县、8 个区和洋浦经济开发区监察委员会领导班子全部按照法定程序产生，海南省、市、县（区）三级监察委员会全部组建完成。组建后的各级监察委员会与同级纪委合署办公，对党委全面负责，履行纪检、监察两项职能，监委主任由同级纪委书记兼任。2018 年 4 月，省监委建立监察对象信息采集管理系统，按照监察法明确的六类监察对象范围，对全省范围内的监察对象逐一认定，统计出全省监察对象共有 28.8 万人，相较监察体制改革前增加了 23.3 万人。制定县（市、区）监委向所辖乡镇（街道）派出监察室的指导意见，探索推动监察工作向基层拓展延伸，实现对所有行使公权力的公职人员监察全覆盖。组建以来，全省各级监委严格执行监察法，依法开展工作，加强与审判机关、检察机关、执法部门的有机衔接，不断深化人员融合和工作磨合，有效把“合署”制度优势转化为治理效能，加强党章党规党纪和宪法法律法规的学习培训，把执纪和执法贯通起来，监督执纪和监察执法一体推进，统筹运用纪法“两把尺子”，深化运用监督执纪“四种形态”，持续深化监察体制改革，加快建立集中统一、权威高效的监察体系，“打虎”“拍蝇”“猎狐”多管齐下，一批腐败分子被查处，一批外逃职务犯罪人员回国投案，充分彰显了深化改革背后党集中统一领导的体制机制优势。

第四，培育廉洁文化和家风教育。

习近平总书记反复强调要注重家庭家教家风，一再提醒党员干部要带头树立良好家风，加强对亲属和身边工作人员的教育和约束。党中央先后出台了《中国共产党廉洁自律准则》《关于新形势下党内政治生活的若干准则》《中国共产党党内监督条例》《关于加强新时代廉洁文化建设的意见》等一系列党内法规，推动廉洁文化、家风建设由“软要求”变成“硬约束”。

党的十八大以来，省委高度重视廉洁文化建设，把加强廉洁文化建设作为一体推进不敢腐、不能腐、不想腐的基础性工程抓紧抓实抓好，大力弘扬海南优秀文化，加强廉洁文化阵地建设，重视家庭美德建设，抓好家风教育。省委注重加强顶层设计、系统谋划、整体推进，抓实主体责任这一“牛鼻子”，以“关键少数”为重点，构建党委领导专题授课、警示教育展、警示教育片和“家庭式”廉政谈话“四位一体”的家风教育格局。从 2021 年 9 月起，省委先后组织 653 名“一把手”、新提拔和进一步使用省管干部及其配偶和成年子女前往省反腐倡廉警示教育基地接受纪律教育和家风教育。全省各市县区、省直单位参照省委做法，分级分类组织开展集中纪律教育和家风教育活动 209 场次，组织参观省反腐倡廉警示教育基地和警示教育巡回展 2065 场次，公职人员及家属累计 212964 人次接受了教育，引导党员干部和家属共同加强家教家风建设，筑牢反腐倡廉的家庭防线。

第五节　风险防控

党的十八大以来，以习近平同志为核心的党中央高度重视防风险、守底线、应对各类重大挑战，统筹发展和安全，作出一系列重要论述和重大部署。海南省委、省政府把防范化解重大风险作为重大政治职责，坚持底线思维、增强忧患意识，坚持守土有责、守土尽责，聚焦全面深化改革开放和自由贸易港建设中的重大领域风险挑战，做实做细各项防范化解重大风险工作，不断提升风险发现预警防控能力，坚决打好防范化解重大风险攻坚战。

第一，深刻吸取三次“大起大落”的历史教训。

从1988年海南建省办经济特区，到2009年底海南建设国际旅游岛，再到2018年中央支持海南全岛建设自由贸易试验区，逐步探索、稳步推进自由贸易港建设，虽然海南改革开放发展取得了很大的成绩，但也经历了三次“大起大落”，离中央的要求、离海南人民的期望还有一定的差距，其中有一些深刻的经验教训值得吸取。

海南历史上的“大起大落”主要有三次：第一次是汽车走私事件，第二次是房地产泡沫，第三次是海南国际旅游岛建设初期房价大涨。

——汽车事件。1983年4月，中央转批《关于加快海南岛开发建设问题讨论纪要》，其中指出：“海南行政区可以根据需要，批准进口工农业生产资料，用于生产建设，可以使用地方留成外汇，进口若干海南市场短缺的消费品（包括国家控制进出口的商品）。”同时，该文件也明文规定：“上列进出口物资和商品只限于海南行政区内使用和销售，不得向行政区外转销。”为了又快又多地利用政策，完成原始积累，1984年海南开始进口汽车，然后转卖内地。当时弄到一张批文，倒卖一辆汽车就可以赚到上万元。暴利引来汽车走私规模的迅速扩大，汽车事件无疑是给海南开了一个极恶劣的投机赚快钱的先例。

——房地产泡沫。海南建省初期，在特区巨大光环的笼罩下，

2万多家房地产公司出现在海南，数十万房地产从业者、数千亿热钱扑向总人口不过160万的边陲之岛。短短两年时间，海南房价从1993年的1440元/平方米，烈火烹油一般蹿升，两年涨了5倍。一场击鼓传花的资本盛宴，催生了房地产的巨大泡沫。民企、国企包括银行都参与了这场击鼓传花的游戏，数百亿的资金涌入房地产。1993年6月，国务院出台《关于当前经济情况和加强宏观调控的意见》，房地产炒作资金被釜底抽薪，海南房价应声下跌，海南的房地产泡沫瞬间破裂。泡沫破裂后，留下两大后遗症，一个是“烂尾楼”，另一个是金融风险。从1999年至2007年，海南用了8年多时间才把“烂尾楼”盘活。直到2018年，海南才摘掉了“金融高风险区”的帽子。在这个过程中，海南无疑付出了高昂的成本，代价惨重！

——海南国际旅游岛建设初期房价大涨。2009年12月31日，《国务院关于推进海南国际旅游岛建设发展的若干意见》出台，海南国际旅游岛建设正式上升为国家战略。此消息刚刚发布，各种房产界人士蜂拥而至。海南的房价由2010年初的每平方米6000多元涨至2011年底的过万元。其中，海口房价由每平方米5000多元涨至近9000元，三亚房价由每平方米1万元涨至近2万元，飙升近一倍。但好景不长，由于产业过于单一以及海南薄弱的经济基础，到2013年，海南整体房价大幅下跌，海口一度成为当时全国房价最低的省会城市。

海南历史上这三次“大起大落”值得深刻反思，一次次的政策利好被一些投机者当成赚快钱的机会，看似快，实则慢，因为走的是弯路，反而贻误了宝贵的发展时机。海南走这些弯路从表面上看是由于投机和外部的冲击，但根子上是对中央政策的理解不深、掌握不准、落实不到位。这也充分说明，改革开放不能急于求变，不能急功近利，必须坚持稳扎稳打、步步为营，成熟一项推出一项，确保既“放得开”又“管得住”。在推进自由贸易港建设过程中，海南必须深刻吸取“大起大落”的历史教训，时刻把风险防控抓在手上，精准吃透中央精神，崇尚实干苦干，谋定而后动，保持战略定力，保持历史耐心，有“功成不必在我”的精神境界和“功成必定有我”的历史担当，多做打基础、利长远的工作，坚决防止空喊口号、纸上谈兵，不切实际、头脑发热，朝令夕改、决策摇摆，等待观望、无所作为，投机取巧、一夜暴富等不良倾向。

第二，把风险防控作为事关海南自由贸易港建设成败得失的最关键变量。

习近平总书记反复叮嘱海南加强风险防控体系建设，并就吸取海南历史上三次“大起大落”教训、防范化解风险作出一系列重要指示批示。海南地处改革开放的前沿，也是应对各类风险挑战的“前哨”，随着自由贸易港建设深入推进，开放水平不断提高，人流、物流、资金流、数据流大量进出，难免出现泥沙俱下、鱼龙混杂的情况，特别是输入性风险和内部风险交织叠加，将使海南经济社会发展中不稳定不确定因素增多，风险和挑战更加严峻。

2021 年 11 月 15 日至 16 日，海南省委七届十一次全会在海口召开。在这次省委全会上，风险防控得到了前所未有的重视，被提到了前所未有的重要高度。会议指出，风险防控是事关海南自由贸易港建设成败得失的最关键变量。必须时刻保持如履薄冰的谨慎、见叶知秋的敏锐，坚决守住不发生系统性风险这条底线，不犯方向性、颠覆性的错误，确保重大风险找得准、控得牢，把可能带来重大后果的风险隐患发现和处置于萌芽状态。

海南省委高度重视自由贸易港风险防控工作。自习近平总书记出席庆祝海南建省办经济特区30周年大会并发表重要讲话以来，特别是《海南自由贸易港建设总体方案》发布以来，省委、省政府坚定不移把习近平总书记关于风险防控的重要论述和系列指示批示精神作为风险防控工作的根本遵循和行动指南，把做好风险防控工作作为增强“四个意识”、做到“两个维护”的必然要求，作为事关海南自由贸易港建设成败得失的最关键变量，作为对全省干部能力素质的重大考验，增强忧患意识，坚持底线思维，统筹发展和安全，牢牢把握“管得住”才能“放得开”这一原则，一手抓各项政策措施落地，一手抓防范化解各类风险挑战，科学构建风险防控工作机制，着力提升风险防控意识，精准梳理重点领域风险点，稳步提升风险防控基础设施和信息化水平，严格落实风险防控工作措施，在风险防控方面做了大量工作。省委要求将风险防控作为推动自由贸易港政策落地的常态化工作。全面建立“风险官”制度，省委主要负责同志担任自由贸易港“首席风险官”，各市县、各部门党组织主要负责同志担任本地区、本部门“首席风险官”。“风险官”负责牵头制定本地区、本部门风险防控工作方案，部署风险防控工作任务，组织落实风险防控体系建设，对本地区、本部门的风险防控工作负总责。

党的十八大以来，习近平总书记多次强调，要牢牢守住不在根本性问题上犯错误、不犯颠覆性错误的底线。2022 年考察海南期间，习近平总书记特别强调：要坚持中国特色社会主义制度不动摇，牢牢把握中国特色社会主义这个定性；要坚持维护国家安全不动摇，加强重大风险识别和防范，统筹改革发展稳定，坚持先立后破、不立不破。面对中国特色自由贸易港建设的新形势新任务，海南必须旗帜鲜明把住正确方向、走好正确道路。省委、省政府在分类别、专业化推进风险防控工作的同时，划出“六个不允许”的“高压线”，即不允许危害国家安全，不允许在意识形态领域破坏社会主义制度，不允许通过货物贸易走私，不允许搞“黄赌毒”，不允许破坏海南良好的生态环境，不允许在海南自由贸易港建设过程中产生腐败和不廉洁的行为，牢牢守住不碰根本性问题、不犯颠覆性错误的原则底线。

第三，有力有序推进重点领域风险防控。

近年来，海南围绕全面深化改革开放的重要任务和重点工作加强风险防控。为统筹协调风险防控工作，省委成立了思想作风、国家安全、意识形态、走私、税收、金融、数据流动、人员跨境便捷流动、投资、服务贸易、房地产、生态、公共卫生安全、民生保障和廉政等 15 个风险防控专项工作组，每个工作组均由省领导任组长，高位统筹谋划安排各专项领域重大风险防控工作。省委深改委（自贸港工委）每半年听取一次各领域专项风险防控工作汇报。《海南自由贸易港建设重大风险防控工作任务分工

（2020—2022 年）》分 11 个领域列出了 36 项风险防控工作任务，明确责任省领导和责任部门，挂图作战、整体推进。15 个风险防控专项工作组由分管省领导定期研究部署、职能部门协作联动、工作信息及时共享、突发事项协同处置的工作机制和体系已基本成形。15 个风险防控专项工作组把及时精准发现苗头性问题作为首要任务，梳理出 100 多个风险点，对每一个风险点按照红、橙、黄、蓝（重大风险、较大风险、一般风险、低风险）评定风险等级，同时建立月度动态评估调整机制，为开展精准防控奠定了良好基础。

一是贸易风险防控。围绕自由贸易港全岛封关运作，省委、省政府加强反走私风险防控管理体系建设，制定实施《海南省反走私暂行条例》，有效遏制了成品油走私蔓延势头。积极推进口岸规划建设工作。印发实施《海南自由贸易港缉私司法协作机制》。64 个非设关地综合执法点挂牌设立，完善琼粤桂反走私联防联控机制，出台实施《海南自由贸易港免税购物失信惩戒若干规定》，严厉打击免税“套代购”等违法犯罪行为。加快推进社会管理信息化平台建设，构建近海、岸线、岛内三道防控圈，实现对进出岛人流、物流、资金流的全天候全方位精准管控。增设反走私综合治理机构，重组海岸警察和港航公安队伍，加强基层一线警力配备，强化全岛闭合的反走私执法力量建设。

二是投资风险防控。聚焦《海南自由贸易港外商投资准入特别管理措施（负面清单）》和《关于支持海南自由贸易港建设放宽市场准入若干特别措施的意见》等投资政策，对可能存在的风险进行评估，加强过程监管。建立以信用监管为基础的新型监管机制，事前环节重点开展信用查验，事中环节重点开展差异化监管，事后环节重点开展联合惩戒。实施好外商投资安全审查，有效防范国家安全风险。

三是金融风险防控。建立健全跨境资金流动监测和风险防控体系，强化对重大风险的识别和系统性金融风险的防范。积极开展海南省金融科技创新监管工具实施工作，运用金融科技创新监管工具实现对金融科技创新行为全生命周期的包容审慎监管。海南省智慧金融综合服务平台成功上线，建立和完善具有风险识别和分析功能的海南省金融风险防控系统。对银行信贷风险、地方法人银行风险、房地产金融风险、资本市场风险、非法集资等依法进行妥善处置，稳步有序推进海南省农信社改革。

四是税收风险防控。研究构建实质性运营风险分析指标模型，运用税收大数据对利用“空壳企业”套用海南自由贸易港企业所得税、个人所得税税收优惠政策及虚开增值税发票开展常态化风险分析，通过风险提醒、评估核查、税务稽查等差异化方式开展风险应对。加强实质性运营监管，强化对偷税漏税风险的识别，防范税基侵蚀和利润转移。加强企业所得税、个人所得税年度汇算清缴申报享受自由贸易港优惠政策的重点企业、人群的政策辅导和核查，防范违规享受税收优惠。

五是房地产市场风险防控。在 2016 年实行“两个暂停”政策的基础上，2017 年永久停止四个中部市县开发新建外销房地产项目，2018 年 4 月实施全域限购，2020 年 3 月率先全面推行现房销售，坚决遏制投机炒房，持续加码调控力度。2021年召开进一步做好全省房地产市场平稳健康发展工作会议，高位推进房地产风险防控工作。依托省房地产联席会议制度，加强对房地产市场监测、风险研判、联动处置，有效防范和化解各类房地产风险。加强重点城市房地产市场调控，全面开展房地产市场专项整治，全力防范化解重点房地产企业风险。大力开展安居房建设，2021年全省开工建设安居房39114套，超额完成3.5万套年度计划任务，促进解决本地居民和引进人才住房问题，同时发挥稳地价、稳房价、稳预期的作用。

六是公共卫生风险防控。制定《海南自由贸易港公共卫生安全风险防控专项工作组工作机制》《海南自由贸易港公共卫生安全风险防控工作方案》，建立公共卫生风险发现机制。完善公共卫生突发事件应急处置预案，坚持早发现、早报告、早治疗，建立“属地处置、区域协作、高效联动”的应急处置机制和社区疫情防控工作体系，建立省、市（县）两级联防联控机制。不断完善公共卫生预防、救治、保障和应急“四大体系”，设立海南热带病研究中心，大力加强核酸检测能力建设，加强流动人员管理。建立全球传染病疫情采集、分析等监测机制，及时全面收集各国重点传染病疫情信息，提升疫情预警能力。

七是生态环境风险防控。坚持所有新上项目都不允许对生态环境造成增量压力，不折不扣抓好中央环保督察和国家海洋督察反馈问题整改，统筹推进生态环境六大专项整治、海岸带整治、农村人居环境整治，积极开展热带雨林国家公园体制试点，稳步推进国家生态文明试验区建设。按月对大气污染防治工作进行调度，确保近岸海域水质总体稳定保持优级。碳达峰行动方案形成阶段性成果，扎实开展禁塑专项整治。开展全省生态环境安全风险排查，发现的风险隐患均已完成整改。

八是数据流动风险防控。制定《海南自由贸易港数据跨境流动风险防控机制》《海南省数据流动风险防控应急预案》，切实做好数据领域重大风险防控工作。对各行业关键信息基础设施和信息系统进行安全隐患排查，全面加强我省网络安全防护水平。

海南自由贸易港建设开局以来，风险防控总体上成效明显，没有产生重大系统性风险。针对风险防控工作中存在的问题和挑战，海南将进一步强化风险意识、形成工作合力、强化基础设施和信息化建设，建立健全体制机制、加强国际国内合作、加强督导问效，切实提高风险防控的实战化水平，坚决守住不发生系统性风险的底线，确保海南自由贸易港建设行稳致远。

结　语　不可逆转的新长征路

“每一代人有每一代人的长征路，每一代人都要走好自己的长征路。”今天，中华民族伟大复兴已经进入不可逆转的历史进程。展望民族复兴的伟大征程，到本世纪中叶中国将建成富强民主文明和谐美丽的社会主义现代化强国，中华民族将以更加昂扬的姿态屹立于世界民族之林。对海南来说，要在本世纪中叶率先实现社会主义现代化，全面建成具有较强国际影响力的高水平自由贸易港，建成经济繁荣、社会文明、生态宜居、人民幸福的美好新海南，那么当前的关键任务就是在“顺利开局”“蓬勃展开”“进展明显”的基础上，做好长期奋斗的思想准备和工作准备，解放思想、创新实干，奋力把中国特色自由贸易港建设也推向不可逆转的发展轨道。

新时代十年来，海南在中央关怀下勇担重任，在坚实基础上接续奋斗，在变革图强中探索前行，经济社会发展取得重大成就，全面建成小康社会如期实现，并再次站在改革开放的最前沿。可以说，这份成绩来之不易，发展态势喜人，征途未有穷期。当前该以什么样的政治担当、精神状态、思路举措学习和贯彻党的二十大精神，更好地推进海南全面深化改革开放和中国特色自由贸易港建设？认真梳理、客观总结新时代十年来海南改革开放发展的经验启示，并将之转化为未来的镜鉴、前行的智慧、奋进的力量，是很有意义的。

通过观察新时代十年来，海南强化“赶考者”意识，坚持“答卷人”定位，深入学习贯彻落实习近平新时代中国特色社会主义思想，落实开放为先战略、全面深化改革、贯彻新发展理念推动高质量发展、生态文明建设、民生事业发展、坚持和加强党的全面领导等六个方面的执行逻辑和扎实成效，可以得出以下启示。

一是必须坚持党的领导，牢牢把握正确政治方向。坚持党的领导、全面从严治党，是改革开放取得成功的关键和根本。历史和现实都表明，无论海南改什么、怎么改、改到哪一步，都要坚持党的全面领导，确保党把方向、谋大局、定政策，确保党始终总揽全局、协调各方。经济特区处于改革开放前沿，对全面加强党的领导和党的建设有着更高要求。这与“弄潮儿向涛头立，手把红旗旗不湿”有相似之意。所谓“涛头立”是使命担当，敢于走别人没有走过的路；“把红旗”是方向坚定，心中知道要往什么地方走；“旗不湿”是本色不改，在前进过程中初心如磐、不畏浮云，永葆先进性和纯洁性。要挺进改革深水区、开放最前沿，这三者是不可割裂的有机整体，而最关键的是高举旗帜、把正方向。海南建设的是中国特色自由贸易港，不是别的什么自由贸易港，党的领导正是中国特色社会主义最本质的特征，是中国特色社会主义制度的最大优势。只有坚持和加强党的全面领导，海南才能确保在改革开放前沿地带始终把握正确的政治方向，才能充分发挥“举全国之力、聚四方之才”等集中力量办大事的体制优势，才能在风雨兼程中不断攻坚克难、探索经验、夺取胜利，也才能在此过程中把党组织建设得更加坚强有力。面向未来，必须坚定捍卫“两个确立”，坚决做到“两个维护”，真正做到坚持党的领导不动摇、坚持中国特色社会主义制度不动摇、坚持维护国家安全不动摇，牢牢把握“中国特色”核心要义，强化“中央统筹、部门支持、省抓落实”的工作推进机制，全面落实“一本三基四梁八柱”战略框架以及党建引领自由贸易港建设、清廉自贸港建设等工作部署，为海南全面深化改革开放提供坚强有力的政治保障。

二是必须胸怀“国之大者”，不折不扣落实国家战略。“国之大者”事关人民幸福，事关民族复兴，事关党和国家的前途命运。对海南来说，要了然于胸的“国之大者”，就是确保全面深化改革开放和中国特色自由贸易港建设的正确政治方向、保护得天独厚的生态环境、守好祖国“南大门”。建设全面深化改革开放试验区、国家生态文明试验区、国际旅游消费中心和国家重大战略服务保障区，是中央基于当今国际国内发展大局和海南独特的地理区位、最大的经济特区、良好的生态环境、丰富的自然资源等优势条件作出的战略部署。面向未来，海南必须自觉站在党和国家大局上想问题、办事情，“多打大算盘、算大账，少打小算盘、算小账”，坚定不移实施好这些重大战略举措，实现好中央战略意图，在有力服务国家发展全局中推动各项事业更加兴旺发达。

三是必须大胆解放思想，用好改革开放关键一招。海南因改革开放而生，因改革开放而兴。建省办经济特区的奋斗历程表明：发展才是硬道理，才有说服力；奋斗皆因使命感，皆获幸福感。当前，海南全面深化改革开放更加需要砥砺奋进，但面临的要求已然不同，其方向是“深化”，要害是“全面”。所谓“深化”，就是“好吃的肉”都吃掉了，必须去啃“难啃的硬骨头”，必须让开放的大门越开越大，打造我国深度融入全球经济体系的前沿地带，把改革开放的旗帜举得更高，为全国探索更多可复制可推广的经验。所谓“全面”，习近平总书记曾指出，“全面者，就是要统筹推进各领域改革，就需要有管总的目标，也要回答推进各领域改革最终是为了什么、要取得什么样的整体结果这个问题”，并要求海南把制度集成创新摆在突出位置。全面深化改革开放的目的，是完善和发展中国特色社会主义制度，推进治理体系和治理能力现代化。这就要求，海南一方面要坚持实事求是的思想路线，大胆试、大胆闯、自主改，坚决破除一切阻碍解放和发展生产力的体制机制弊端，敢于“真刀真枪”调整深层次利益格局，积极对接国际高标准经贸规则，把握以高水平开放倒逼深层次改革、以深层次改革促进高质量发展的推动路径；另一方面要统筹谋划、协调推进深化改革和扩大开放，注重改革开放各项举措的系统性、整体性、协同性，变“先破后立”为“先立后破”，做到“一线”放开但不是国门洞开、“二线”管住但不管死，用好制度集成创新这把“万能钥匙”，提高改革开放的突破性、协调性、适配性、收益率。这实际上比过去的难度更大，对能力的要求更高。面向未来，海南必须大力弘扬敢闯敢试、敢为人先、埋头苦干的特区精神，具备一往无前的胆略、攻坚克难的智慧、善作善成的韧劲，以及容错纠错、鼓励创新的制度环境，努力在把握新发展阶段、贯彻新发展理念、构建新发展格局、推动高质量发展等方面走在前、作表率，以发展的眼光看待发展问题，以改革的办法破解改革难题，以开放的胸襟顺应开放潮流，努力成为新时代全面深化改革开放的新标杆，形成更高层次改革开放新格局。

四是必须把握科学节奏，蹄疾步稳保持战略定力。从国际经验看，自由贸易港一般都需要经过几十年甚至上百年的发展与积累才能建好。海南经济体量较小，发展基础薄弱，人流、物流、资金流、信息流也相对不足，不可能一蹴而就建成高水平的自由贸易港，只能是久久为功、打牢基础、遵循规律、循序渐进，既要只争朝夕"慢不得"，也要防止冒进"急不得"。海南历史上"大起大落"的深刻教训也表明，宏伟目标重要，但过程控制也不可小觑；把握方向重要，但科学节奏也不可小觑，需要防止空喊口号、纸上谈兵，不切实际、头脑发热，朝令夕改、决策摇摆，等待观望、无所作为，投机取巧、一夜暴富等五种不良倾向。坚持"闯"为基调、"稳"为基础、远近结合、小步快跑的工作节奏，做到蹄疾步稳、稳中求进、进中提质增效，这才是可取的策略。面向未来，海南必须要有跑好"马拉松"的清醒，有甘当"栽树人"的情怀，不为任何风险所惧，不为任何干扰所惑，不断增强工作的科学性、预见性、主动性和创造性，以时不我待的担当和久久为功的定力推动自由贸易港建设。

五是必须精心呵护生态，确保只能更好不能变差。良好的生态环境不仅是海南人民的宝贵财富，也是全国人民的宝贵财富。生态环境保护和生态文明建设对海南极其重要。从自身来看，良好生态是海南发展的最强优势和最大本钱，岛屿型生态系统虽然得天独厚，但也十分脆弱，一旦破坏就难以恢复；从全国来看，海南生态环境（特别是热带雨林和广阔海洋）十分独特，环境质量也长期保持全国一流水平，正成为中华民族的四季花园；从世界来看，如果不注重生态保护，气候变暖导致海平面上升，对其他地区只是潜在威胁，对海岛而言则是灭顶之灾。因此，保护生态环境是事关海南生存发展的重大问题，是海南必须了然于胸的“国之大者”。党的十八大以来，如果说生态文明建设的第一阶段侧重于生态保护、治理突出问题，海南曾经走在前列；那么第二阶段则侧重于生态建设、实现生态效益，海南要想继续走在前列，就要在国家生态文明试验区建设上努力探索、作出表率，特别是要在“双碳”工作和“两山”转化等课题上尽快突破、探出路子。面向未来，必须始终坚持生态立省，以习近平生态文明思想为指导，正确处理保护与发展的关系，把国家生态文明试验区建设好、发展好，当好“双碳”工作优等生，争做“两山”转化先行者，让青山绿水、碧海蓝天成为子孙后代赖以生存、永续发展的“金饭碗”，倾力谱写美丽中国的海南篇章。

六是必须奉行人民至上，矢志不渝推动共同富裕。人民立场是党的根本政治立场。让老百姓过上好日子，是海南自由贸易港建设的出发点和落脚点。与此同时，没有人民的支持和参与，任何改革都不可能取得成功。只有坚持发展为了人民、发展依靠人民、发展成果由人民共享，才能发挥好人民群众的积极性、主动性、创造性，使之成为推动海南全面深化改革开放和中国特色自由贸易港建设的磅礴力量。以人民为中心、坚持人民至上，既是世界观，也是方法论。当然，抓好民生工作，有其自身规律，比如既要尽力而为，又要量力而行；既要问需于民，又要问效于民；既要“输血”，更要“造血”，等等。只有一心为民、把握规律，才能把好事办好、实事办实。面向未来，海南必须牢记党的根本宗旨，想群众之所想，急群众之所急，把所有精力都用在让老百姓过好日子上，把人民群众满意不满意、高兴不高兴、答应不答应作为评价改革开放发展成效的根本标准，实施更多有温度的举措，落实更多暖民心的行动，用心用情用力解决好人民群众的“急难愁盼”问题，不断提供更加优质普惠的社会公共服务，积极探索共同富裕的实现途径，让人民群众有更多获得感、幸福感、安全感。

七是必须增强底线意识，提高防控重大风险能力。海南自由贸易港建设是面向世界、开放为先的，而当今世界百年变局、世纪疫情和地缘冲突交织叠加，“黑天鹅”“灰犀牛”事件层出不穷，防控风险事关重大。面对波诡云谲的国际形势、复杂敏感的外部环境、艰巨繁重的改革发展任务，只有坚持底线思维、做到未雨绸缪、落实“管得住”才能“放得开”，海南自由贸易港建设才能在不断战胜风险挑战中求得生存、获得发展、赢得胜利。面向未来，海南必须把风险防控作为事关海南自由贸易港建设成败得失的最关键变量，恪守“诸葛一生唯谨慎，吕端大事不糊涂”的古训，下好“先手棋”、打好“主动仗”，全面提高应对各类风险挑战能力，建立健全重大风险识别、预警、防范和化解机制，精准防范化解贸易、投资、金融、数据流动、生态和公共卫生等领域的重大风险，确保自由贸易港建设安全有序、风险可控、行稳致远。

八是必须广泛凝聚力量，画好同心圆激发向心力。使命越光荣、责任越重大、任务越繁重，就越要最大限度地汇聚各方智慧和力量，广泛凝聚共识，不断增进团结，有效运用制度优势寻求最大公约数、画出最大同心圆。基础薄弱、人才短缺是海南自由贸易港建设的最大短板，各类优秀人才、市场主体对海南而言必是多多益善。前进路上，不仅要靠1000多万海南人民，还要靠一切关心、支持、参与海南自由贸易港建设的各方力量。面向未来，海南必须海纳百川、同心同德、万众一心，团结一切可以团结的力量，调动一切可以调动的积极因素，形成推动海南自由贸易港建设的强大合力。

“雄关漫道真如铁，而今迈步从头越。”一切伟大成就都是接续奋斗的结果，一切伟大事业都需要在继往开来中推进。在海南自由贸易港建设的新长征路上，依然是机遇与挑战并存、使命与责任同在，要时刻不忘来时路、对标新目标，解放思想、开拓创新，团结奋斗、攻坚克难，以“功成不必在我”的精神境界和“功成必定有我”的历史担当，奋力推进海南全面深化改革开放和中国特色自由贸易港建设，为全面建成社会主义现代化国家、实现中华民族伟大复兴的中国梦贡献海南力量。

后 记

“欲知大道，必先为史。”勤于学习，善于总结，主动运用历史经验校正前进方向、凝聚奋进力量，是推动事业兴旺发达的重要法宝。认真总结新时代十年来海南强化“赶考者”意识，坚持“答卷人”定位，深入学习贯彻落实习近平新时代中国特色社会主义思想，在改革开放进程中不断更新思路、完善举措、提升成效、推广经验，并着重考察时代背景、梳理历史脉络、把握执行逻辑，对于海南发挥独特优势、大胆探索创新、积极担当作为，更好地推进全面深化改革开放和中国特色自由贸易港建设，更好地服务中华民族的伟大复兴战略全局，具有重大意义。

《磅礴新时代：海南答卷》是海南省 2022 年图书出版重点选题。撰写小组由省委政策研究室宣传思想研究处处长、保密办主任董三仁，省委政策研究室经济研究处处长蒋子军，省委深改办（自贸港工委办）机关党委专职副书记郭晋等组成。序章、第一章由董三仁撰写，第三、四、五章由蒋子军撰写，第二、六章由郭晋撰写。结语由郭晋、董三仁撰写。本书撰写过程中，得到多方大力指导和支持，在此一并表示衷心感谢。

由于能力、资料、时间等因素所限，书中难免存在不足之处，恳请读者多加批评指正。

2022 年 9 月